U0541203

陕西师范大学优秀著作出版基金资助出版

国家社科基金项目"'三权分置'背景下农村宅基地利用主体制度创新研究"（项目编号：21BFX085）的阶段性成果

RESEARCH ON THE INSTITUTIONAL CHANGE
AND PROTECTION
OF CHINESE FARMERS'
PROPERTY RIGHTS

中国农民财产权的
制度变迁与保护研究

惠建利　著

中国社会科学出版社

图书在版编目（CIP）数据

中国农民财产权的制度变迁与保护研究 / 惠建利著. —北京：中国社会科学出版社，2023.7

ISBN 978-7-5227-2055-5

Ⅰ.①中… Ⅱ.①惠… Ⅲ.①农民—土地所有权—法律保护—研究—中国 Ⅳ.①D922.304

中国国家版本馆CIP数据核字（2023）第106634号

出 版 人	赵剑英
责任编辑	孔继萍
责任校对	王　龙
责任印制	郝美娜
出　　版	中国社会科学出版社
社　　址	北京鼓楼西大街甲158号
邮　　编	100720
网　　址	http://www.csspw.cn
发 行 部	010-84083685
门 市 部	010-84029450
经　　销	新华书店及其他书店
印刷装订	北京市十月印刷有限公司
版　　次	2023年7月第1版
印　　次	2023年7月第1次印刷
开　　本	710×1000　1/16
印　　张	14.75
插　　页	2
字　　数	251千字
定　　价	88.00元

凡购买中国社会科学出版社图书，如有质量问题请与本社营销中心联系调换
电话：010-84083683
版权所有　侵权必究

摘　　要

　　农民财产权是农民生产、生活动力的源泉，其保障程度直接影响着农村社会的和谐稳定、农村经济的可持续发展、全面乡村振兴的推进以及农民农村共同富裕的促进。1978年改革开放以来，我国农村改革始终坚持以农民财产权保障为核心，开展渐进式的市场化改革，农民的生活水平大幅度提升。1992年社会主义市场经济体制确立以来，农村土地制度改革不断深化，农民财产权的立法不断完善。赋予农民更加充分的财产权益问题也受到学者普遍关注，成果丰硕。绝大多数学者主要研究了农民的土地财产权，部分学者对农民在集体经济组织中的收益分配权进行了研究，部分学者对农民入股新型经济主体的财产权进行了研究。从制度变迁视角，将农民财产权作为一个整体进行研究的学术成果较少。传统意义上的农民财产权，主要是指农民的土地财产权，但是，随着社会主义市场经济的不断推进完善，我国农村经济社会发生了深刻变化。农地"三权分置"政策已经入法，宅基地"三权分置"已进行两轮全国试点，农民入股新型农业经营主体所获财产权、农村集体经济组织成员闲置宅基地盘活利用所获财产权等新型财产权纷纷涌现，农民的财产权益更加充分多元。

　　这些新涌现的财产权突出反映了制度的力量，通过制度变迁考察农民的财产权，能更好把握农民财产权的内容、本质及发展演变。党的二十大报告强调，"深化农村土地制度改革，赋予农民更加充分的财产权益"，这为我国农民财产权制度改革完善和农民财产权保护提出了更加明确的要求，因此，本书基于"改革开放—制度变迁—农民财产权保护"的分析框架，拟将农民财产权作为一个整体，以制度变迁为视角，采用历史研究方法、跨学科研究方法、实证研究方法等研究我国农民财产权保护问题。

除绪论外，本书主要包括六章内容：

第一章"农民财产权的基本理论"，本章首先对农民、财产权、农民财产权的概念进行解析，界定农民财产权的概念，分析农民财产权的性质，对农民财产权进行分类。其次，阐释农民财产权保护的价值基础。认为中国特色社会主义道路下的财产权与正义观念，其特征是以人民为中心，保障其合法财产权。但并不是机械、消极地保护人民财产权，而是将人民财产权放置于特定社会背景下的一种全面的、积极的保护。因此应作为中国农民财产权保护的个人正义价值选择。最后，分析乡村振兴战略下农民财产权保护的关键是有效处理制度与效率、平等的关系。论证了制度与农民财产权保护的内在关联。

第二章"农民财产权制度变迁"，本章对改革开放以来农民财产权保护的制度变迁进行了系统梳理，总结每阶段的特点。具体分四个阶段：（1）社会主义市场经济探索时期的农民财产权保护（1978—1991年），认为这一时期的制度变迁主要集中于农民土地承包经营权上；（2）社会主义市场经济确立初期的农民财产权保护（1992—2002年），这一时期农民土地承包经营权的保护重视程度前所未有，农民土地承包经营权之外的其他财产权制度稳中有升；（3）社会主义市场经济发展时期的农民财产权保护（2003—2011年），这一时期农民土地承包经营权更加发展完善，土地征收补偿权、宅基地使用权开始受到国家重视，相关制度逐渐建立；（4）社会主义市场经济完善时期的农民财产权保护（2012年至今），这一时期，农民土地承包经营权一如既往受到重视，宅基地使用权、集体收益分配权等其他财产权也多次在中央政策文件中提及，体现出国家对农民财产权的全面发展改革的重视。改革开放以来，我国农民财产权制度变迁的总趋势是顺应城乡融合发展总发展趋势，农民财产权保护力度不断加大，特别是农民土地财产权能够更加自由地流动。

第三章"农民财产权的制度变迁逻辑——以宅基地权利制度为例"，本章以农民宅基地权利制度变迁为例，分析了制度变迁过程遵循的发展逻辑。具体体现为：（1）正式制度与非正式制度的合力作用。改革开放以来，正式制度对我国农民宅基地权利发展起着核心的推动作用，非正式制度对正式制度有效实施的影响作用也不可忽视。并且，正式制度与非正式制度之间互相促进和影响；（2）坚守公平与兼顾效率的原则。改革开放以来，农村宅基地权利制度最初主要体现为社会保障功能。2017年党的十九大报告提出宅基地"三权分置"以来，中央文件针对宅基地制度改革，连续提出探索宅基地三权分置及其实现形式。根据中央文件精神，鼓励地方在宅基地向非集体经济组织成员开放上进行试点探索。农村宅基地权利制度也开始走向重视宅基地财产功能的方向。

第四章"农民土地财产权保护"，本章首先对农民土地承包经营权的保护进行研究，梳理并阐释了土地承包经营权保护制度的变迁轨迹与规律，对土地承包经营权保护制度的立法现状进行了分析。认为与我国农民其他土地权利保护制度相比，土地承包经营权保护制度更为完善、全面。其次，对农民宅基地权利的保护进行了论述。分析了农村宅基地使用权制度改革的理论基础、农村宅基地使用权的性质，对农村宅基地使用权制度存在的突出问题及改革争议进行了论证，并对农村宅基地使用权制度改革提出具体建议。分析农民住房财产权的保护，论证农民住房财产权与宅基地使用权的关系。最后，以美国"公共利益"界定为借鉴，对土地征收中农民土地财产权的保护问题进行了研究。对比了我国2020年1月1日修订实施的《土地管理法》中的"公共利益"规定与美国征收权行使中"公共利益"范围的改革。

第五章"农村集体产权制度改革中农民财产权的保护——以农村妇女权益保障为例"，本章以农民妇女财产权益保障为例，对农村集体产权制度改革中妇女财产权的保护进行了分析。基于女性主义经济学视角，结合中国农村集体产权制度改革实践，研究发现，开展农村集体产权制度改革以来，妇女权益纠纷逐年递增。制约因素主要有：法律制度存在漏洞；村民自治存在有限性；经济利益关系失衡。针对制约因素，提出：首先，对农村集体经济组织成员资格的认定，应全国统一立法；其次，完善村民自治制度，实现依法管理、民主治村；最后，农村妇女在集体产权制度改革中得到与农村男子平等的权益，对于提高农村妇女社会地位、促进经济增长以及实现两者的综合发展，均具有积极作用。

第六章"小农户入股新型农业经营主体财产权保护"，本章主要论证了小农户以土地经营权入股公司中的风险识别及权益保障问题。第一，提出小农户是农村发展的基础，是实施乡村振兴战略的主体，因此应发挥政府引导作用，鼓励小农户以土地经营权入股龙头企业，将地方经验总结纳入法制轨道。第二，论证了小农户土地经营权入股公司的政策目标与政府扶持的作用区间。认为当前土地经营权入股公司法制不完备及农村经济环境薄弱，需要政府适度扶持。第三，分析了小农户土地经营权入股公司的风险识别与类别划分。从小农户财产权益保护角度出发，根据不同标准对土地经营权入股公司风险进行分类。第四，论证了土地经营权入股公司风险的消极影响。包括公司因经营不善而导致农户生计保障的缺失、农户失地、土地经营权"入股出租化"倾向等。第五，构建系统的土地经营权入股公司风险的防控机制。第六，提出土地经营权入股公司风险的治理对策。

关键词： 农民　财产权　乡村振兴　土地　制度变迁　三权分置

Abstract

Peasants' property rights are usually the most important source of production and living for peasants. Peasants' property rights have always taken as the core of reform in rural China since the Reform and Opening-up policy was introduced in 1978. The living standards of peasants have been greatly improved, and the relevant legislations on peasants' property rights have been constantly improved since the establishment of the socialist market economic system in 1992. The topic of protecting peasants' property rights is increasingly being concerned by many scholars. Most scholars mainly study the peasants' land property rights. Some scholars study the collective benefits distribution right of peasants, and some scholars study the rural land contracting right buying shares. There are few academic achievements studying the peasants' property rights in perspective of institutional change.

"Deepening the reform of the rural land system and giving farmers more full property rights and interests" was emphasized in the report of the 20th National Congress of the Communist Party of China, which put forward more clear requirements for the reform and improvement of farmers' property rights system. The research takes peasants' property rights as a whole, and study the protection of peasants' property rights in China from the perspective of institutional change. The research adopts historical research methods, interdisciplinary research methods, empirical research methods, and so on.

The research consists of six chapters. Its basic structure is as follows:

The first chapter is mainly about "the basic theory of peasants' property rights and systems". This chapter analyzes the concepts of peasants, property rights and peasants' property rights, and so on. This chapter explains the value basis of peasants' property rights. This chapter analyzes the key of protection of peasants' property rights is to deal with the relationship between system, efficiency and equality.

The second chapter is mainly about "the system change of peasants' property rights since Reform and Opening-up in 1978". It can be divided into four stages: (1) The protection of peasants' property rights during the period of exploring our country socialist market economy system (1978 – 1992); (2) The protection of peasants' property rights at the early stage of establishing our country socialist market economy system (1992 – 2002); (3) The protection of peasants' property rights during the period of our country socialist market economy system development (2003 – 2011); (4) The protection of peasants' property rights during the period of our country socialist market economy system perfecting (2012 –).

The third chapter is mainly about "the basic logic of peasants' property rights institutional change". (1) This part analyses the joint effect of formal system and informal system; (2) This part analyses how to adhere to the principle of fairness and efficiency in the reform of rural homestead system. .

The fourth chapter is mainly about "to protect the peasants land property rights". Firstly, this chapter studies peasants land contracting authority protection; Secondly, the this chapter analyses peasants residential land use right protection; Thirdly, it studies peasants land property rights protection in the land acquisition using for reference of "public interest" definition in the United States.

The fifth chapter is mainly about "the protection of women's rights in rural areas during the collective property rights system reform: from the perspective of feminist economics". The study points out that the flaws in the legal system, limitations on villagers' self-governance and an imbalance of economic interest relationship are the main factors that hinder the protection of rural women's rights and interests. In the process of comprehensively deepening the collective property rights system reform in rural areas, China should improve the legal system and villagers' self-governance system to protect rural women's rights and interests. Meanwhile, a new objective of protecting rural women's rights and interests in the new era should be defined as comprehensive development of gender equality and economic growth.

The sixth chapter is mainly about "the property rights protection of small holders as shareholders of new agricultural management entities". Firstly, it studies that small farmers are the basis of rural development and the main body of implementing the strategy of rural revitalization; Secondly, it demonstrates the policy objectives and the role of government support; Thirdly, it studies the risk identification and classification; Fourthly, it studies the negative impact of the risks of buying shares with land management rights; Fifth, it builds a systematic risk prevention and control mechanism; Finally, it puts forward the countermeasures of risk management.

Key words: Peasants, Property Rights, Rural Vitalization, Land, Institutional Change, Three Rights Separation

目 录

绪 论 …………………………………………………………（1）
  一 选题的背景及其意义 ……………………………………（1）
  二 研究现状述评 ……………………………………………（4）
  三 研究视角：制度变迁视角 ………………………………（21）
  四 主要观点及创新点 ………………………………………（27）
  五 研究思路、研究方法及研究意义 ………………………（27）

第一章 农民财产权的基本理论 ………………………………（30）
  第一节 农民、财产权、农民财产权的概念 ………………（30）
    一 农民的概念 ……………………………………………（30）
    二 财产权的概念 …………………………………………（32）
    三 农民财产权的概念 ……………………………………（33）
  第二节 农民财产权保护的价值基础 ………………………（35）
    一 古典自由主义关于财产权与个人正义价值的论述 …（35）
    二 中国特色社会主义道路下的财产权与个人正义价值 …（38）
    三 中国农民财产权保护的个人正义价值选择 …………（40）
  第三节 乡村振兴与中国农民财产权保护 …………………（41）
    一 乡村振兴战略的提出 …………………………………（41）
    二 制度与农民财产权保护 ………………………………（42）
    三 乡村振兴背景下农民财产权保护的制度要义 ………（43）

第二章　农民财产权制度变迁 (47)

第一节　社会主义市场经济探索时期的农民财产权保护 (1978—1991年) (48)
一　社会主义市场经济探索时期的农民财产权制度演变 (49)
二　社会主义市场经济探索时期农民财产权制度的特点 (51)

第二节　社会主义市场经济确立初期的农民财产权保护 (1992—2002年) (53)
一　社会主义市场经济确立初期农民财产权制度的演变 (53)
二　社会主义市场经济确立初期农民财产权保护的特点 (56)

第三节　社会主义市场经济发展时期的农民财产权保护 (2003—2011年) (57)
一　社会主义市场经济发展时期的农民财产权制度的演变 (58)
二　社会主义市场经济发展时期农民财产权保护的特点 (62)

第四节　社会主义市场经济完善时期的农民财产权保护 (2012年至今) (63)
一　社会主义市场经济完善时期农民财产权制度的演变 (64)
二　社会主义市场经济完善时期的农民财产权保护的特点 (69)

第三章　农民财产权的制度变迁逻辑
——以宅基地权利制度为例 (72)

第一节　正式制度与非正式制度的合力作用 (73)
一　正式制度的核心地位 (74)
二　非正式制度的重要辅助作用 (89)

第二节　坚守公平与兼顾效率的原则 (95)
一　农民宅基地权利制度变迁的经济背景 (97)
二　适度开放宅基地使用权和农房所用权，体现效率原则 (99)
三　坚守公平原则 (100)

第四章　农民土地财产权保护 (104)

第一节　农民土地承包经营权的保护 (106)
一　土地承包经营权制度的变迁轨迹与规律 (106)
二　土地承包经营权保护制度的立法现状 (111)
三　农村土地承包经营权制度的发展 (120)

第二节　农民宅基地权利的保护 (122)
一　农民宅基地使用权制度的改革 (122)
二　农民住房财产权的保护 (137)

第三节　土地征收中农民土地财产权的保护——美国"公共利益"界定的借鉴 (146)
一　Kelo 案后美国征收权行使中"公共利益"界定的改革 (148)
二　Kelo 案后美国各州"公共利益"改革效果不明显的原因分析 (151)
三　美国征收权行使中"公共利益"范围改革与中国新《土地管理法》"公共利益"规定的比较与借鉴 (155)

结　论 (159)

第五章　农村集体产权制度改革中农民财产权的保护
——以农村妇女权益保障为例 (161)

第一节　农村集体产权制度改革中的"妇女权益"问题 (162)
一　问题的提出 (162)
二　研究视角："女性主义经济学" (164)

第二节　农村集体产权制度改革中"妇女权益"的制约因素 (167)
一　法律制度的漏洞对妇女权益的制约 (167)
二　村民自治的有限性对妇女权益的制约 (170)
三　成员资格的经济价值对妇女权益的制约 (172)

第三节　农村集体产权制度改革中"妇女权益"的回归 (173)
一　完善农村集体经济组织成员资格确认制度 (174)
二　创新村民自治制度 (176)

三　明确新时代农村妇女权益保障的新目标 …………………(178)
结　论 ……………………………………………………………(180)

第六章　小农户入股新型农业经营主体的财产权保护 …………(181)
第一节　小农户是农村发展的基础 ………………………………(182)
　　一　保护小农户基本权益是农村发展的基础 ………………(182)
　　二　鼓励小农户以土地经营权、林权等入股龙头企业，
　　　　增加财产收益 ………………………………………………(183)
第二节　小农户与新型农业经营主体有效链接的意义 …………(185)
　　一　小农户入股农民合作社组织 ……………………………(186)
　　二　小农户入股龙头企业 ……………………………………(187)
第三节　乡村振兴战略下小农户土地经营权入股公司的
　　　　风险识别与防控对策研究 …………………………………(190)
　　一　小农户土地经营权入股公司的政策目标与政府扶持的
　　　　作用区间 ……………………………………………………(190)
　　二　小农户土地经营权入股公司的风险识别与类别划分 ……(192)
　　三　土地经营权入股公司风险的消极影响 …………………(196)
　　四　土地经营权入股公司风险的防控机制 …………………(199)
　　五　土地经营权入股公司风险的治理对策 …………………(202)
结　论 ……………………………………………………………(206)

参考文献 …………………………………………………………(208)

致　谢 ……………………………………………………………(221)

绪 论

一 选题的背景及其意义

农民财产权是农民生产、生活动力的源泉。农民财产权保护程度直接影响着农村社会的和谐稳定和农村经济的可持续发展。1978年改革开放以来，中国农村发生了翻天覆地的变化。突出表现是农民财产收益的增加，农民生活更加富裕。国家统计局数据显示：中国农村居民家庭平均每人每年可支配收入，1980年为191.3元，2012年为8389.3元，2018年为14617元，2021年为18931元。从1978—2017年，农村居民人均可支配收入从133.6元增加到13432.4元，增长了99.6倍，年均实际增长7.73%，比城镇居民高0.46个百分点。以上数字表明，改革开放以来农民收入快速递增，中国农村改革始终坚持家庭承包经营的基础性地位，以农民财产权的保障为核心，以经济体制改革的完善为主轴，开展渐进式的市场化改革。这种改革脉络有效地激发了农民的积极性，使农村发展具备了改革活力，农民的生活水平也因此大大提升。中国当前及未来很长一段时间仍处于社会主义市场经济的完善阶段。改革开放40多年的农村成功经验启示我们，未来的农村深入改革，仍需坚持"维护农民财产权"的主线，确保农民在农村改革与发展中的受益主体地位，继续调动农民的积极性，激发农民的生产、生活的动力和活力。

农村财产权具体包括农民的土地财产权、集体经济组织股权、入股新型经营主体所获权益等。土地是人类珍贵的自然资源。在中国，土地使用权是农民最大的财产权。改革开放以来，中国历届中央一号文件都将农村土地制度改革作为一个核心的内容。此外，随着中国农村集体所有制的不断改革，建立在集体成员权基础上的股权，以及农民入股新型经营主体所获权益共同构成当前农民的主要财产权。根据权利主体与权利性质的不同，可以把财产权划分为公有财产权与私有财产权。农民财产权是一种典型的私有财产权。受中国传统文化中专制观念及传统计划经济体制的影响，改革开放开始的十多年时间，虽然相比改革开放之前，农民财产权的保护力度有所加大，但直到1993年宪法修正，明确提出"国家实行社会主义市场经济"，作为市场经济两大法律支柱的财产权（另一法律支柱为契约自由），才开始受到学者及社会各界的关注。农民财产权受保护的程度也随着社会主义市场经济体制的确立、完善而不断地加强、深化。

1992年社会主义市场经济体制确立以来，中国共产党的历届全国代表大会，不断充实、完善农民财产权的内容。一个里程碑式的法律事件是2007年《物权法》颁布，该法明确规定：私有财产权与公有财产权平等受保护。近年来，我国对农民财产权保护的重视程度更加深入、具体。2017年党的十九大报告首次提出的"乡村振兴战略"，强调深化农村土地制度改革，完善承包地"三权"分置制度。深化农村集体产权制度改革，保障农民财产权益，壮大集体经济。2018年中央一号文件对如何实施乡村振兴战略给予了指导性意见，指出必须把制度建设贯穿于乡村振兴战略实施中，以完善产权制度和要素市场化配置为重点，激活主体、激活要素、激活市场。2019年中央一号文件对十九大报告提出的乡村振兴战略进行了具体部署，再次重申深化农村土地制度改革，将完善承包地"三权"分置制度完整表述为：完善落实集体所有权、稳定农户承包权、放活土地经营权。同时补充提出在农村土地制度深入改革中坚持保障农民土地权益、不得以退出承包地和宅基地作为农民进城落户条件。2020年中央一号文件围绕如何激发农业农村发展活力开展改革，针对土地承包，提出再延长30年试点，针对宅基地"三权分置"改革，提出进一步深化试点，针对农村集体产权制度改革，提出全面推开试点。2021年中央一号文件和2022年中央一号文件的主题都是"全面推进乡村振兴"，其中，2021年中央一号文件着重对全面推进乡村振兴进行总体部署。更加明确提出保障进城落户农民的土地承包权、宅基地使用权、集体收益分配权等财产权，强调尊重农民意愿，依法、自愿、有偿转让。2022年中央一号文件，着重部署全面推进乡村振兴重点工作，要求乡村振兴取得新进展，对土地承包再延长试点具体到整县试点，对宅基地制度改革具体到开展房地一体宅基地确权登记。2022年党的二十大报告提出，全面推进乡村振兴还需继续深化农村土地制度改革，特别是要赋予农民更加充分的财产权益，意味着对农民财产权，不仅仅是一般意义上保护，而是要给予更加充分的保障，不仅仅是作出规定，还要贯彻落实见实效。

同时，农民财产权相关立法工作不断完善。以近些年的重大立法完善为例：农村土地承包经营权确权工作历经五年，已于2018年年底基本完成，对农民财产权的保护，起到了极为重要的历史作用；2018年修订的《农村土地承包法》对"进城农民土地承包经营权"作出重大修改。明确"承包期内不得随意调整农民的承包地，不得随意收回农民的承包地"。该法切实保障了农民土地承包经营权，稳定了农村土地承包关系。2020年1月1日修订实施的《土地管理法》，更是坚持土地公有制不动摇、坚持农民利益不受损。提出允许集体经营性建设用地入市，创新完善农民在征地补偿、宅基地权利保障等多方面的利益保护。2020年1月1日颁布实施的《民法典》的规定，与新修订的《农村土地承包法》完全对接，形成了"土地所有权、土地承包经营权和土地经营权"三权结构。规范了土地流转相关主体的利益，规定了土地承包经营权人可依法流转土地并通过自主经营取得收益的权利。

然而，实践表明，农民财产权保护的状况仍需继续完善、加强。表现在：（1）有关农村土地承包经营权纠纷的案件呈上升趋势；（2）农村闲置宅基地数量巨大，农民宅基地使用权流转受到限制；（3）集体经济组织成员权纠纷案件数量大，案情复杂；（4）土地经营权入股案件近年来递增；（5）征地纠纷屡治不衰。近年来，在中国农村，社会冲突和争议频发，尤其是征地、村集体财产被侵蚀等，爆发冲突主要原因是各级地方政府没有对农民的利益和权利予以关注。[①]

如何在全面推进乡村振兴战略大背景下完善农民财产权保护，不仅是一个重要的实践问题，更是一个重要的理论问题。农民财产权保护问题受到各个学科学者的普遍关注，研究成果丰硕。绝大多数学者主要研

---

① 何包钢、周艳辉：《中国农村从村民选举到乡村协商：协商民主试验的一个案例研究》，《国外理论动态》2017年第4期，第93页。

究了农民的土地财产权,部分学者对农民在集体经济组织中的股权进行了研究,部分学者对农民入股新型经济主体的财产权进行了研究。将农民财产权作为一个整体进行研究的学术成果较少,从制度变迁视角研究农民财产权的成果当前还没有发现。传统意义上的农民的财产权,主要是指农民的土地财产权,但是,随着我国农村社会的深入改革,农村集体经济组织成员的成员权(其中主要表现为农民的财产权),农民入股新型农业经营主体的权益也逐渐成为农民主要的财产权,成为农民生产、生活的主要来源。这种新涌现的财产权突出反映了制度的力量,通过制度变迁考察农民的财产权,能更好把握农民财产权的内容、本质及发展演变。因此,本书拟将农民财产权作为一个整体(包括土地财产权、集体成员获取集体收益权,农民入股新型农业经营主体所获收益权),以制度变迁为视角进行系统研究,具有一定的探索性。

二 研究现状述评

(一)研究的学科背景

农民财产权保护问题一直以来受到各个学科学者的高度关注,研究成果丰硕。

1. 部分学者从经济学角度进行研究。例如,有学者认为,改革开放以来,我国经济学界有三个重要经济理论,分别是"社会主义公有制与市场经济体制统一或兼容假说""经济体制渐进式转轨假说"和土地"三权分置"假说,而土地"三权分置"始终以土地产权制度改革作为核心。[①] 部分学者从经济效益角度进行研究。有学者运用产权经济学理论对农民财产权制度进行法经济分析,提出财产权制度的安排深刻影响农民财产性收入水平。因此,为增加农民财产性收入创造制度条件,需要从财产权制度完善着手。[②] 有学者提出,随着我国构建社会主义市场经济体制的改革深入推进,农村土地产权制度创新的重要性不容忽视。农地财

---

① 黄少安:《中国改革开放以来主要的经济理论创新》,《学术月刊》2019年第3期,第39页。

② 周林彬、于凤瑞:《我国农民财产性收入的财产权制度研究:一个法经济学的思路》,《甘肃社会科学》2011年第4期,第62页。

产权的制度构建，其价值取向是社会公正与人的全面发展。① 如有学者提出，新古典与新制度经济学虽然可解释我国农地部分发展变迁现实，但不能有效揭示其转型变迁的全部经验，对中国农政转型及变迁的理解，应基于中国发展经验多元杂糅的实用理论体系。②

2. 部分学者从政治学角度研究农民财产权。如有学者提出，农村问题不是单纯的农业生产问题，更是社会问题，是政治问题。因此乡村振兴战略的重点是开展新进步运动，推动乡村政治、社会和人的现代化，而非振兴乡村经济。③ 多数学者则认为，在国家权力与个人权利关系中，个人财产权最为重要。在现实社会中总存在政府以公共利益名义侵害公民财产权的情形，对此，需建立有限政府限制国家权力，防止公权力对个人财产权的侵犯。2004 年宪法修正案明确提出国家保护公民的合法的私有财产权。然而，私有财产权的真正保护，既需构建良好的政府体制，还需改变社会对私有财产权的传统偏见。

3. 部分学者从人权角度进行研究。财产权有公有财产权和私有财产权之分。针对私有财产权，有学者提出，需从人本身的角度出发进行理解其含义，将其放在人权范畴中进行研究。并据此提出，私有财产权是人权的一种，是市场经济发展及现代化的原因而非结果。认为从市场经济和效率的角度阐释私有财产权，并不能真正地认识到私有财产权内涵。④ 认为把财产权作为一种基本人权对待，一个重要的体现是，各国宪法对其都作出了规定。⑤

4. 部分学者从法学角度进行研究。这方面的研究成果较多，但也存在分歧。部分学者强调从农民本体出发研究农民财产权。认为农民是独

---

① 刘灿：《构建农民与农村经济长期发展的财产权基础——基于成都市改革经验的理论分析》，《经济理论与经济管理》2011 年第 11 期，第 5 页。
② 叶敬忠、王丹：《新古典与新制度经济学视角的农政问题及农政变迁》，《中国农业大学学报》（社会科学版）2019 年第 1 期，第 5 页。
③ 姚洋：《振兴乡村需要开展一场新进步运动》，《中国乡村发现》2018 年第 3 期，第 61 页。
④ 王夏昊：《私有财产权的人权底蕴——论私有财产权的性质与意义》，《云南社会科学》2004 年第 2 期，第 15 页。
⑤ 易继明、李辉凤：《财产权及其哲学基础》，《政法论坛》（中国政法大学学报）2000 年第 3 期，第 14 页。

立劳动者,应对其财产权给予切实保障。只有充分保障农民对股份合作制改革中的经营性资产的股权、农民的承包经营权和宅基地使用权等个人财产权,才能充分调动农民群众积极性,才能壮大农村集体经济,并推动乡村振兴战略。① 部分学者则批判以往研究的重点,只是侧重于农民个体权利的保护,对农民集体如何发挥其维护农民土地财产权的作用关注不够。提出未来立法应实现从偏重农民个体到重视农民集体的观念转变,在农民个体与农民集体关系上实现从失衡到均衡,因为农民土地财产权的切实保护离不开农村集体经济的有效实现。② 有学者提出,集体成员的财产权与集体的关联紧密。我国集体土地所有权设立的目标是保证集体成员无差别地享有土地收益。如果集体土地所有权制度不完善,集体成员在土地上的利益就常会受到来自其他利益团体的侵害。③ 意味着保护农民财产权,出发点和落脚点都是要确保集体土地所有权人的利益不受侵犯。

5. 部分学者从多角度出发进行研究。例如,有学者从财产权的拥有、获取、利用的三维视度,提出此三个方面的价值共同构成了财产权的价值。财产权是创造人类幸福的工具,它既包括拥有财产权的个体的幸福,也包括社会群体整体的福利。④

总结各学科关于农民财产权的研究,在价值取向上存在两大分歧:一种价值取向是强烈的个人主义。包括人权学、法学部分学者都强调了财产权的不可侵犯性。另一种价值取向是强调财产权的社会性,即财产权的社会义务。

这一价值分歧,也反映在国外学者的著作中。在国外,契约论和功利主义的学说都具有很强的个人主义倾向,强调个人财产的不可侵犯性,忽视了它与社会的内在关联。但这种观点越来越受到学者们的批判和修

---

① 许经勇:《改革开放以来农民个人财产权变迁的思考》,《北京行政学院学报》2018年第3期,第29—37页。
② 耿卓:《农民土地财产权保护的观念转变及其立法回应——以农村集体经济有效实现为视角》,《法学研究》2014年第5期,第98页。
③ 任丹丽:《关于集体成员资格和集体财产权的思考》,《南京农业大学学报》(社会科学版)2008年第1期,第64页。
④ 易继明:《财产权的三维价值——论财产之于人生的幸福》,《法学研究》2011年第4期,第74页。

正。更多的学者强调了财产权的社会性。例如：格林批判了把财产权看作个人权利的理论，主张把其理解为一种社会权利，并以此为19世纪英国社会改革辩护。他的财产权理论，把个人财产权和社会共同福利结合起来，推进了对财产权的认识。这一理论反映了西方社会在建设现代工业文明过程中，既想力图保护个人财产权，为经济发展提供动力，又想要满足社会民主需求，使经济发展为人的完善和社会全面发展服务而努力。[①] 波斯纳依经济分析方法，主张"对财产权利的法律保护具有非常重要的经济功能：产生对资源有效利用的刺激"。现代财产权相对性理论，在财产权具有相对性的理论指引下，有补偿的征税和有对价的征收作为对财产权的适当限制，具有了正当性基础。财产社会化理论必然导致财产权设计的重心从"拥有"到"利用"，即从强调"所有"的观念到强调"利用"，以发挥财产的社会意义。萨维尼有一句格言，表达了关于财产起源的通俗理论：一切"所有权"都是因"时效"而成熟的"他主占有"。为什么我们享有财产所有权的物或其他财产，经过一定时间之后就可以成为他人的财产呢？这从深层次上说明，财产权利的设计是以利用财产为出发点的。

本书认为，跳出为了农民而保护农民财产权的狭隘框架，从为了农村社会经济发展，从"物尽其用"而保护农民财产权的角度研究农民财产权符合中国农村发展的现状。因为，只有农村社会整体进步，才能更好地促进农民财产权保护。"物尽其用"也是现代物权法的一个基本立法目标。物权法作为一种解决因资源的有限性与需求的无限性而引发的紧张关系的法律手段，其功能不仅仅在于界定财产归属，明晰产权而达到定分止争、实现社会秩序的效果，更在于使有限的自然资源的效益得到充分发挥，从而更好地满足人类的需求。因此，物权法应以"物尽其用"作为其追求的立法目标之一。[②] 物权法"在使其利用，而不在使其所有，亦即法律所以保护所有权者，乃期其充分利用，以发挥物之效能，而裕

---

① 邓振军：《从个人权利到社会权利——格林论财产权》，《浙江学刊》2007年第3期，第126页。
② 王利明：《物权法论》（修订本），中国政法大学出版社2003年版，第72页。

社会之公共福利"①。我国物权法要真正成为市场经济法律体系建设的核心，则应将"物尽其用"作为物权法的目标和方针，以更好地发挥其在市场经济社会中的作用。② 早在《物权法》颁布之前，有学者就提出：我国现行的物权性立法奉行的安全（秩序）价值本位，已不适应我国经济社会发展的需要，当前我国的物权立法在价值配置上要突出效益价值，实现从安全（秩序）价值本位到效益价值优位的转向。社会资源具有稀缺性，人类永远面临着资源的有限性和需求的无限性的矛盾。物权立法不仅是为保障财产的安全，实现"定分止争"的安全价值，同时还要通过设计一系列的规则，以最大限度地发挥物的效益，实现"物尽其用"的效益价值。"物尽其用"是物权立法的重要指导思想，在特定历史时期甚至可以说是最高指导思想。③

（二）研究的主要内容

1. 多数学者对农民的土地财产权进行了研究

（1）国内学者关于农民土地财产权的研究

对农民土地财产权进行有效保护是包括马克思主义理论、经济学、法学等不同学科学者热烈讨论的重大理论问题。具体包括：

第一，关于农民土地财产权的内涵。部分经济学家认为土地财产权、产权与所有权三者是等同关系。④ 部分经济学家则提出了不同的观点，认为财产权与产权既有联系，又有区别。⑤ 法学学者多认为，物权、债权、继承权、知识产权等各种具体的有财产内容的民事权利的集合，构成完整的财产权。⑥ 政治学学者将农民土地财产权作为人权的一种来进行分析

---

① 郑玉波：《民法总则》，中国政法大学出版社2003年版，第17页。
② 屈茂辉：《物尽其用与物权法的立法目标》，《当代法学》2006年第4期，第57页。
③ 洪学军、谢尹琳：《物尽其用与物权立法——关于物权法草案立法价值取向的一点宏观性思考》，《学术交流》2006年第1期，第43页。
④ 刘灿：《社会主义市场经济与财产权制度的构建》，《福建论坛》（人文社会科学版）2004年第11期，第4页。
⑤ 程承坪：《所有权、财产权及产权新辨——兼论马克思所有制理论与现代产权理论的异同》，《经济问题》2007年第1期，第7页。
⑥ 魏盛礼、赖丽华：《私有财产权法学论纲》，《南昌大学学报》（人文社会科学版）2006年第1期，第77页。

研究。① 本书认为产权是一个经济学概念,主要适用于经济学领域,财产权是一个法学概念,主要适用于法学领域。从法学角度讲,财产权是一系列权利的总称,不仅包括民法学中的物权,还包括债权、知识产权等。本书在此意义上理解土地财产权。

第二,关于农民土地财产权与社会主义市场经济的关系。在我国学术界的讨论中,虽有一些长期对改革开放政策持有异议的论者,攻击以公有制为主体,多种经济成分共同发展的方针,反对赋予农民长期、完整的土地财产权。但绝大多数学者,诸如刘诗白②、裴小革③等学者认为,实行社会主义市场经济,必须切实维护农民的土地财产权。但对于如何保护农民土地财产权,特别是在农民土地财产权与国家、集体财产权是否平等保护的问题上存在争议。例如,在物权法草案是否违宪问题上,学者普遍主张,物权法应当遵循平等保护原则。如郑新立④认为城乡居民基本权益的最大不平等是财产权的不平等。蔡继明⑤提出,应赋予城乡土地同等的权能。部分公法学者却尖锐地指出:这部草案违背宪法和社会主义基本原则。事实上,平等保护原则是民法的基本原则,自然适用于物权法领域。中共十七大、十八大报告也特别指出,坚持平等保护物权,形成各种所有制经济平等竞争、相互促进新格局。截至目前,城乡土地财产权平等受保护政策在新修订实施的《土地管理法》中已有落实,允许集体经营性建设用地入市,改变了以前农村土地必须征为国有才能入市的状况。

第三,关于集体土地所有权主体。对于我国集体土地所有权主体虚化问题,学界已达成共识,但如何改革,则争论不休。主要有"私有化""国有化""改良集体土地所有制"三种主张。"私有化"的讨论主要集中在海外华人经济学家,比如杨小凯、文贯中、陈志武等教授。国内的

---

① 王立兵:《宪法视野下财产权限制理由比较研究》,《学术交流》2007年第9期,第71页。
② 刘诗白:《论构建新的社会主义产权经济学》,《经济评论》1999年第2期,第63页。
③ 裴小革:《论社会主义市场经济的产权基础》,《中共南京市委党校南京市行政学院学报》2007年第6期,第28页。
④ 郑新立:《城乡一体化是最大的新动能》,《中国经贸导刊》2016年第36期,第19页。
⑤ 蔡继明:《"三权分置":农村改革重大制度创新》,《农家顾问》2016年第12期,第6页。

学者很少公开主张"私有化",多数学者,包括于建嵘①、茅于轼②、温铁军③、刘灿④等学者提出,应给予农民"更大的土地权利"。周天勇⑤最早提出农村土地国有化方案,建议废除农村的土地集体所有制。刘云生⑥也支持农村土地国有化改革。

第四,关于农民土地财产权的变迁。有学者对新中国成立以来我国农户宅基地产权制度变迁进行了梳理,认为经历了由农户拥有所有权向集体拥有所有权、农户拥有使用权转变,在此过程中,农户拥有使用权的权能也经历了从大(完全私有)到小(仅拥有使用权)再变大(转为用益物权)的过程;宅基地管理制度也经历了由宽松至严格、由宽泛至具体的转变。⑦ 经济转型需要深化现行的农村集体土地承包权体制的市场化、物权化改革,发挥农户土地承包权在市场化配置资源中的决定性作用,有效推进承包权与经营权的分离,实现产权制度变迁效率与公平的统一。⑧

(2) 国外学者对农民土地财产权的研究

中国当前农民土地财产权保护,是国外学者比较关注的问题之一。多数学者对中国近些年来的农民土地财产权的保护给予肯定。⑨ 例如[美]柴瓦尔兹瓦尔勒认为,中国2002年出台的有关保证长期使用土地的法律规定,是农民土地使用权方面的最大进步。[匈] 斯特芳·麦斯曼

---

① 于建嵘:《让农民行使主体权利》,《中国改革》2008年第11期,第120页。
② 茅于轼:《城市化要给农民自由选择的权利》,《农村工作通讯》2011年第10期,第32页。
③ 温铁军:《"三农"问题要有"本土化"思路》,《农村工作通讯》2009年第17期,第45页。
④ 刘灿:《构建农民与农村经济长期发展的财产权基础——基于成都市改革经验的理论分析》,《经济理论与经济管理》2011年第11期,第5页。
⑤ 周天勇:《对农地国有的一种设想》,《农村工作通讯》2004年第4期,第42页。
⑥ 刘云生:《农村土地国有化的必要性与可能性探析》,《河北法学》2006年第5期,第64页。
⑦ 周江梅、黄启才:《改革开放40年农户宅基地管理制度变迁及思考》,《经济问题》2019年第2期,第20页。
⑧ 程世勇:《中国农村土地制度变迁:多元利益博弈与制度均衡》,《社会科学辑刊》2016年第2期,第69—75页。
⑨ 中华人民共和国国家统计局《国家数据》网络数据库,2014年8月10日,http://data.stats.gov.cn/inde。

认为，2004 年宪法修正案确认国家征收集体土地必须是处于公共利益需要且需给予补偿，这是中国从平等主义走向市场经济的一个重要步骤。但同时，国外学者对中国当前的私有财产权保护也存在众多的质疑与批评。［美］多恩认为目前中国私有财产权的观念仍然受到很多限制。［美］普特曼等学者认为，中国的农村土地所有权与其说是农村集体所有权，不如说是一种地方政府的所有权，这种土地所有权制度不可避免地导致中国农村土地资源的过度开发和利用。他们认为必须将中国农村的集体土地所有权制度改革为土地私人所有权制度，才能避免农村土地的过度开发和利用，实现农业和农村经济的持续发展。迈尔斯认为，今天中国农业面临最严重的挑战之一是如何公平和有效地分配产权。

针对中国农民土地财产权保护中出现的问题，一些国外学者分析了其中的原因。如针对土地流转问题，［美］丁成日指出：目前中国缺乏一个农户所需要且出借人（如银行等金融机构）的权利得到有效保障的信贷市场。有学者分析认为，中国农村土地权能残缺的土地承包经营权制度安排是造成城乡收入鸿沟的制度原因（Benjamin W. James，2007）。很多学者也提出了比较中肯的建议。例如［德］弗朗兹·冯·本达-贝克曼认为，土地权利作为最重要的财产权利具有四个功能，即社会功能、经济功能、环境功能和政治功能；中国农村土地制度的改革和设计，必须充分考虑这四个方面的因素，否则，中国的农村土地制度就会阻碍社会经济的发展，造成环境退化，危害社会公共利益与政治稳定等。有学者主张赋予农民完全的土地转让权、继承权、抵押权和自主转让给非本集体经济组织成员的权利（Roy Prosterman，2000）。有学者认为目前农民承包经营权缺乏保障，主张修改《土地管理法》和制定《土地承包合同法》来保障农民的土地权利。[①] 可以看出，国外研究主要集中于土地产权、土地流转及农村土地承包经营制度等方面。这些研究尽管角度和侧重点不同，观点甚至针锋相对，但对于促进我国的农民土地财产权制度建设颇有益处。

概言之，国内农民土地财产权保护研究较为繁荣，呈现出研究人员

---

① Margo Rosato Stevens, "Peasant land tenure security in China's transitional economy", *Boston University International Law Journal*, Spring 2008, pp. 98-137.

众多、研究成果丰富、研究领域不断深化的态势。但是应该看到，目前农民土地财产权制度研究中存在严重缺陷，突出表现在集体土地所有权的主体、集体土地所有权和土地承包经营权的关系、集体建设用地流转方式以及土地承包期满后的制度安排等核心问题上尚未达成共识。国外这一问题研究虽然数量较少，但其提出的观点较为客观和具有参考性。总之，国内外已有文献对我国学者进一步的深入研究奠定了较好基础，但还存在以下不足：第一，关于农民土地财产权对农民财产性收入的影响缺少更为深入的制度研究。第二，"赋予农民更多财产权利"的关键是解决如何从法律上赋予和保障农民土地财产权。对此，不仅在农村土地制度改革的总目标上缺少理论与实践分析，而且现有研究在具体法律修订上提出的建议和对策也需要进一步深化和细化。第三，农民土地财产权制度改革，需要在城镇化、工业化大趋势下提出更富有前瞻性的对策。

2. 部分学者对农村集体产权制度改革中农民财产权的研究

2016 年 10 月 26 日出台的《关于稳步推进农村集体产权制度改革的意见》，依据我国多年来的理论及实践探索，明确了改革思路，为农村集体产权制度改革指明了方向。《意见》提出了农村集体产权制度改革须遵循的"完善农民对集体资产股份权能"的基本原则。对于创新农村集体经济运行机制、增加农民财产性收入具有重大意义。农村集体产权制度改革的基础是坚持集体所有制，以此为前提将农民持续增收视为根本目标。即农村集体产权制度改革的目标是：在促进产权清晰基础上完善农民对集体资产的股份（份额）权能。反过来，农村集体产权制度改革在维护集体所有制的前提下，如不能实现维护农民权益、增加农民收入的目标，此类改革也是失败并违背中央精神的。关于农民集体产权制度改革，国内外学者进行了较为深入的研究。

（1）国内相关研究

国内学者对农村集体产权制度改革进行了深入、全面的研究。主要涉及以下几个方面：

第一，关于农村集体产权制度改革中集体收益分配权问题，学者们的研究较为集中。有学者强调了农村集体产权制度改革中农村集体收益分配权的重要性。例如，有学者提出，集体产权制度改革中农民集体收益分配权的法律属性仅在政策文件中出现，为了更好地实现农民集体收益分配权，有必要进一步将其上升为法律权利。此外，完善农民集体收益分配权能，还需注意：清产核资是关键；合理认定农村集体经济组织成员身份，特别要注意保护妇女权益，切实避免多数人侵害少数人权益的情形；科学设计股权设置和股权管理的制度规则，并设计合理的股份（份额）权能实现机制等。① 有学者提出，农村集体产权制度改革既是我国新时代维护农民集体收益分配权、壮大农村集体经济的重要实现形式，又是农村改革发展中的具有方向性的重大课题。② 部分学者聚焦于农村集体产权制度改革中农村集体收益分配权的特性，且观点较为一致。学者多认为，农村集体产权制度改革中的股份，与一般公司股份有着显著的区别。如有学者提出：不同于一般公司股份，集体经济组织股份具有特殊性。包括：股份取得的身份性；股份份额的均等性；股份分割的一次性。③ 有学者提出：农村股份合作制改革后的集体资产仍归属农村集体经济组织集体所有，量化到人的股权只作为其享受集体收益分配的依据。从财产权属性看，农村各地进行的股份合作制改革不属于真正意义上的产权制度改革，只能说是集体收益分配制度改革。即先明确集体成员资格，然后将集体资产量化到成员，实行按股分红，解决集体与成员之间的利益分配关系。④ 有学者将农村股份合作制经济与社会经济作了区别，认为二者存在巨大差异。村级股份合作社建立在农村集体经济组织基础上，内部关注集体利益的共享、社会福利，及实行民主化的治理结构，这种发展本质上是一种地租经济。因为集体成员不参与劳动，分享的是土地非农使用的增值收益，没有体现劳动价值。但乡村振兴战略下的农村集体产权制度改革，应探索一种融入乡村的社会经济，避免这种不具有可持续性的地租经济。即应以集体经济组织成员需求为导向，发展一

---

① 房绍坤、林广会：《农村集体产权制度改革的法治困境与出路》，《苏州大学学报》（哲学社会科学版）2019年第1期，第31—41页。

② 翟峰：《农村集体产权制度改革试点中的八个问题和建议——基于四川省改革试点实践的调研思考》，《西部论坛》2021年第6期，第27页。

③ 王洪平：《农村集体产权制度改革的"物权法底线"》，《苏州大学学报》（哲学社会科学版）2019年第1期，第42—50页。

④ 农业部农村经济体制与经营管理司调研组：《浙江省农村集体产权制度改革调研报告》，《农业经济问题》2013年第10期，第4页。

种非营利性、村民广泛参与的、体现劳动价值的经济活动。①

第二，实践中各地集体产权制度改革中的股权固化问题，也引起学者较多关注。有学者分析某市2016年推行股权"生不增、死不减"的股份合作制改革的效果，提出股份合作制改革中围绕股权固化上访、诉讼的事件频繁发生。认为当前实施乡村振兴战略背景下，政府资源、工商资本大量注入农村，中西部地区的土地资源将获得更高定价的机会。在此过程中应谨慎实施股权固化。② 有学者提出，农村集体产权制度改革中的股权具有多重性特征，这种特征是农村股权纠纷持续发生、难以得到合理解决的内在性根源。多重性表现在农村集体经济股权既包括分享股份分红、参与管理集体经济组织等现代股份权利，还包括享受宅基地分配和土地开荒以及公益性福利分配等传统性权利。同时涵盖一般性股权权利和传统社区成员权利。承认股权的多重性特质，认识到股权纠纷产生的本质根源，是妥善解决农村股权纠纷、推动农村集体产权制度改革的基础。③ 有学者认为，集体股权分配固化的制度安排具有一定的条件，当外部环境、约束条件等影响因素发生变化，这一制度安排需要根据变化进行新的调整。股权固化虽有利于集体经济组织的稳定运行，但降低了集体资产的市场价值、不能有效解决股权管理僵化问题，集体产权制度改革的未来趋势是有条件地实现股权流动。④

第三，针对农村集体产权制度改革中矛盾较为突出的妇女权益保障问题，学术界研究也较为热烈。农村集体产权制度改革中妇女权益，主要包括出嫁女，离异、丧偶妇女，招婿女和纯女户等妇女及子女的土地权、知情权、集体收益分配权等权益。此问题的研究由来已久。从1983年第一轮土地承包时起，侵害妇女土地权益问题在中国农村已发生，学

---

① 杜园园：《社会经济：发展农村新集体经济的可能路径——兼论珠江三角洲地区的农村股份合作经济》，《南京农业大学学报》（社会科学版）2019年第2期，第63页。
② 温铁军等：《农村集体产权制度改革股权固化需谨慎——基于S市16年的案例分析》，《国家行政学院学报》2018年第5期，第64页。
③ 杜园园：《农村股份合作经济股权纠纷的特质与生成机制》，《深圳大学学报》（人文社会科学版）2018年第4期，第72页。
④ 郭晓鸣、王蔷：《农村集体经济股权分配制度变迁及绩效评价》，《华南农业大学学报》（社会科学版）2021年第1期，第1页。

者开始关注。如黄西谊①提出,承包土地后结婚的妇女到男家不能分得承包地,源于土地制度的不健全。1995年以来,中国城镇化进程加快,相关纠纷不断,引起更多学者关注。如许平②、徐薇和甘庭宇③、应瑞瑶、刘营军④等学者从不同视角研究土地调整政策对婚姻流动中妇女权益的影响。此阶段相关学术研究成果数量少,研究范围窄,仅限于妇女的土地权益。2002年后,《农村土地承包法》颁布,妇女权益保障得到学者普遍关注,涉及法学、社会学、政治学等不同学科。对相关法学研究成果的梳理发现,研究能与时代发展、国家政策紧密结合,不断深入,产生更多学术争论。如关于集体经济组织成员资格的认定,存在三种观点:陈小君⑤等学者认为应通过全国立法进行认定。郑鹏程、于升⑥等学者认为,不宜由法律作出统一规定。管洪彦⑦则提出渐进式的观点。近五年来,更多学术成果结合土地流转、土地市场化改革进程研究,体现出学者们期望从历史脉络来探究改革出口。如耿卓⑧提出把妇女姓名记载在登记簿上是对妇女土地权利的正式确认。湖南某法院行政审判庭课题组提出放任和忽视、侵害和剥夺农村女性土地权益的行为,不利于农村的社会稳定和经济发展。

此外,有学者针对农村集体产权制度改革中股权设置与管理中现实做法、存在问题进行深入分析与评价。并提出,农村集体产权制度改革中的股权管理基本单位应为户而非个人。我国现行有关资产持有、分配

---

① 黄西谊:《中国当代社会变迁中农村妇女经济身份的转换》,《社会学研究》1990年第12期,第72页。

② 许平:《婚姻流动与农村妇女的土地使用权益保护》,《中国农村观察》1997年第1期,第58页。

③ 徐薇、甘庭宇:《农村土地调整政策对妇女权属的影响分析》,《农村经济》1997年第12期,第29页。

④ 应瑞瑶、刘营军:《农村土地承包关系立法若干疑难问题研究》,《中国农村经济》2000年第1期,第53页。

⑤ 陈小君、麻昌华、徐涤宇:《农村妇女土地承包权的保护和完善——以具体案例的解析为分析工具》,《法商研究》2003年第5期,第77页。

⑥ 郑鹏程、于升:《对解决农村土地征收补偿收益分配纠纷的法律思考》,《重庆大学学报》(社会科学版)2010年第3期,第91页。

⑦ 管洪彦:《村规民约认定农民集体成员资格的成因、局限与司法审查》,《政法论丛》2012年第5期,第117页。

⑧ 耿卓:《家户视角下的妇女土地权利保护》,《法学》2016年第1期,第115页。

及处置的法规中，无论是农村还是城市，大多数采取了以户为基本管理单位的管理方式，并未有失公平。① 还有学者特别指出，农村集体产权制度改革应以物权法为基础。改革中凡是与农村集体物权有关的，都需遵循物权法中有关物权种类和内容的相关规定。② 有学者对农村土地股份合作社中农民成员的财产权进行了研究，提出农村土地股份合作社成员绝大部分为农民。土地股份合作社成员的财产权利实际上是一种身份权映照下的财产权。具体包括：占有权，即股权分配权及对确权股份的控制和支配权；使用权，即利用集体资产从事生产经营的权利。资产收益权和转让权。③

梳理以上国内相关学术研究成果发现，农村集体产权制度改革中农民财产权的保障问题依然较多。有关农民财产权的保障类别不断向纵深发展，学者们针对集体产权制度改革中的一些焦点问题进行了广泛探索。有关集体产权制度改革中的集体财产收益分配权、集体产权制度改革中的股权固化问题观点较为一致。但相关专门性、系统性研究成果不多，表现在相关学术专著、博士论文的稀缺上。农村集体产权制度改革是一项长期、系统的制度改革，还有许多问题值得深入探讨：（1）现行有关农村集体产权制度改革中农村财产权保障的法律制度还不完善，现有一些保障措施仅限于政策层面；（2）未来的研究还应更多地关注财产权益已受到侵害农民的维权和救济问题，探讨农民维权和救济的根本途径。

（2）国外学者相关研究

少数的国外学者对中国农村的集体产权制度、股份合作制进行了研究。如 Po 在对北京昌平区的观察，了解到农村集体财产的分配已经成为当地纠纷的根源。昌平地区实行了集体资产股份合作，成立了新的董事会，负责集体资产的管理，因此改革重新定义了党、乡政府和股权合作

---

① 《农村集体产权制度改革和政策问题研究》课题组：《农村集体产权制度改革中的股权设置与管理分析——基于北京、上海、广东的调研》，《农业经济问题》2020 年第 8 期，第 143 页。
② 王洪平：《农村集体产权制度改革的"物权法底线"》，《苏州大学学报》（哲学社会科学版）2019 年第 1 期，第 42 页。
③ 刘俊：《农村土地股份合作社成员财产权体系与权能》，《江西社会科学》2017 年第 11 期，第 163 页。

组织的权责范围，建立了新的基层治理结构，重塑了基层治理。① 另外，Levi 对中国农村股份合作作为一个多个利益相关者的组织进行研究，同时把中国农村的股份合作制的案例与其他国家的合作组织进行比较，研究不同组织不同利益相关者的权利。② 雅克·迪夫尼、帕特里克·德夫尔特雷等在其研究中曾特别提到，"我们应该关注一下中国股份合作社的兴起。这些组织过去常常被视为乡镇企业，并且因没有遵循正统的合作社实践而受到批判。然而它们如今不但是具有社会目的的企业——因此与私营企业不同——而且还是一种具有众多特质的新的合作形式"③。中国改革开放以来的农村土地制度改革得到国外学者的较多关注，但涉及农村妇女权益的研究成果较少，且多是在研究土地、基层政权或性别问题中有所涉及，缺乏系统研究。

3. 部分学者对农民入股新型经营主体权益的研究

党的十九大报告首次提出乡村振兴战略，2018 年中央一号文件对贯彻该战略进行了重要部署，乡村振兴离不开农村土地资源"盘活"，需要农民和现代农业发展的有机衔接。以土地经营权入股公司，发展专业化、标准化、规模化、集约化生产，是农民参与农业现代化的有效路径，也是实施乡村振兴战略的重要抓手。国内学者对农民入股新型经营主体，如农民入股股份合作社、入股合伙企业、入股有限责任公司后财产权的保护进行了研究。有学者分析了农民入股后作为股东参与经营管理的困境④、有学者分析了土地承包经营权入股农民专业合作社后的法律问题⑤。具体表现在：

---

① Po, L. (2011). Property Rights Reforms and Changing Grassroots Governance in China's Urban-Rural Peripheries: The Case of Changping Distriction Beijing. *Urban Studies*, 48 (3), pp. 509 - 528.

② Levi, Y. (1998). Beyond Traditional Models: Multi-Stakeholder Cooperatives and their Differential Roles. *Journal of Rural Cooperation*, 26, pp. 49 - 64.

③ 雅克·迪夫尼、帕特里克·德夫尔特雷、赵黎：《"社会经济"在全球的发展：历史脉络和当前状况》，《经济社会体制比较》2011 年第 1 期，第 146 页。

④ 徐文：《农地股份制改革的价值、困境及路径选择》，《中国农村观察》2018 年第 2 期，第 2 页。

⑤ 温世扬、张永兵：《土地承包经营权入股农民专业合作社法律问题探析》，《甘肃政法学院学报》2014 年第 3 期，第 88 页。

(1) 国内相关研究

截至 2016 年 6 月，全国 2.3 亿农户中流转土地的农户超过了 7000 万，比例超过 30%，东部沿海发达省份这一比例更高，超过 50%。随着我国城乡二元格局逐渐被打破，越来越多的农户将土地流转给他人经营，特别是入股给公司经营。土地经营权入股公司风险的消极影响愈加明显，迫切需要准确识别风险、精准分类、研判影响及制定应对策略。近年来，随着中国农村土地制度改革的不断深化，国内学者对农村土地流转入股问题的研究持续推进。纵向上看，早期主要围绕"入股的性质、形式——一种新事物探索"这一主线展开（高海，2010；吴越、吴义茂，2011；史卫民，2012）[1]，中后期则转向"破解实践难题的原因解析——风险识别与防控的对策研究"另一主线展开（李长健、刘磊，2020；王邦习，2020）[2]。随着农村土地三权分置政策的推进，有关土地经营权入股公司研究开始展开，但有关风险的研究相对薄弱和滞后。

对于土地经营权入股公司财产权风险的研究，主要集中于以下四个方面：

第一，土地经营权入股公司的财产权风险种类。对此，现有研究不统一。王邦习[3]，李长健、刘磊[4]等指出，农地经营权入股存在经营、法律、政策等多重风险，尤以法律风险为主。杨继瑞[5]等提出需关注农户入股后的失地风险。范丹、邱黎源、刘竞舸等则强调土地经营权入股公司

---

[1] 高海：《论农用地"三权分置"中经营权的法律性质》，《法学家》2016 年第 4 期，第 42 页；吴越、吴义茂：《农地赋权及其土地承包经营权入股范式》，《改革》2011 年第 2 期，第 104 页；史卫民：《土地承包经营权入股公司的法律规制》，《中州学刊》2012 年第 6 期，第 65 页。

[2] 李长健、刘磊：《代际公平视域下农村土地流转过度集中的风险防范》，《上海财经大学学报》2020 年第 1 期，第 46 页；王邦习：《农地经营权入股的法律风险及其防控——基于全国依法公开相关裁判文书的实证》，《农村经济》2020 年第 7 期，第 28 页。

[3] 王邦习：《农地经营权入股的法律风险及其防控——基于全国依法公开相关裁判文书的实证》，《农村经济》2020 年第 7 期，第 28 页。

[4] 李长健、刘磊：《代际公平视域下农村土地流转过度集中的风险防范》，《上海财经大学学报》2020 年第 1 期，第 46 页。

[5] 杨继瑞：《土地承包经营权市场化流转的思考与对策》，《经济社会体制比较》2010 年第 3 期，第 67 页。

的违约风险。陈小君①则指出土地经营权未来运行存在"租金侵蚀利润"、农地用途"非粮化"、农地变相私有化倾向等风险。

第二，土地经营权入股公司财产权风险的影响因素。范丹、邱黎源、刘竞舸②等认为土地经营权入股风险源于自然市场双重风险积聚、工商资本的逐利本质、土地征收以及市场机制不健全等因素。陈小君③等提出土地经营权入股风险主要来自农地细碎化现象严重、政府越权强制等因素。王邦习④等发现法律滞后及相互矛盾是导致土地经营权入股风险的主要因素。

第三，土地经营权入股公司财产权风险的影响后果。一些学者重点关注土地经营权入股后各种风险致使土地入股纠纷增多，影响社会稳定，造成流转双方"信任危机"、影响农业规模化经营的发展等。⑤ 一些学者提出土地经营权入股后因过度集中，极易导致原有的农业产业生产能力受损，危及产业安全与社会安全。⑥ 还有学者提出土地经营权入股立法缺失会导致农地入股法律地位不明确，影响农地入股进一步发展的信心。⑦

第四，土地经营权入股公司财产权风险的防控对策。有学者提出进一步扩大土地经营权入股试点范围，及时跟踪了解各地好做法好经验，

---

① 陈小君：《土地经营权的性质及其法制实现路径》，《政治与法律》2018 年第 8 期，第 22 页。
② 范丹、邱黎源、刘竞舸：《我国土地流转违约风险防范机制研究——以邛崃市开展履约保证保险为例》，《四川师范大学学报》（社会科学版）2018 年第 1 期，第 98 页。
③ 陈小君：《土地经营权的性质及其法制实现路径》，《政治与法律》2018 年第 8 期，第 22 页。
④ 王邦习：《农地经营权入股的法律风险及其防控——基于全国依法公开相关裁判文书的实证》，《农村经济》2020 年第 7 期，第 28 页。
⑤ 刘先江：《农村土地经营权流转的政治学分析》，《政治学研究》2014 年第 4 期，第 40 页。
⑥ 李长健、刘磊：《代际公平视域下农村土地流转过度集中的风险防范》，《上海财经大学学报》2020 年第 1 期，第 46 页。
⑦ 张桂颖：《基于社会嵌入视角的农户农地流转问题研究》，博士学位论文，吉林大学，2017 年；相蒙：《农民生存权法律保障研究——以家庭承包经营权入股为对象》，博士学位论文，辽宁大学，2012 年。

探索形成可复制、能推广的经验以防控风险。① 有学者则从完善具体法律条文角度提出限缩解释"农业用途"、取消"发包人的同意"等防控建议。② 有学者提出健全土地经营权主体准入和资质审查制度、配套土地经营权主体经营内容监管制度的建议。③ 还有部分学者从构建"土地经营权入股保险"、建立风险保障金制度等视角提出化解入股风险对策。④

现有文献对土地经营权入股公司财产权风险问题开展了广泛探索，取得很多值得借鉴的学术成果，但在一些领域仍存在不足：首先，对于土地经营权入股公司可能遇到的各种财产权风险的分类过于简单，只是从表征上加以笼统的识别，未能抓住各种风险的属性、入股公司所处各阶段和区域差异等方面的异质性；其次，只是简单罗列土地经营权入股公司财产权风险的具体防控方法，风险防控方法零散、仓促而混乱，尚未构建起科学完备的风险防控机制；最后，缺少从社会服务组织角度考察并规范相应的财产权风险防控对策，所提出的一些防控对策严重碎片化，尚未形成完整的政策体系。

（2）国外相关研究

国外发达国家，土地多属私有财产，但农业改革中的风险不因土地所有制的不同而有所减少，相应地，国外发达国家关于工商资本投资农业财产权风险研究较多，主要集中于两个主题：一是风险的特点与负面影响。在此基础上，有的研究侧重于保护农业改革中的农场公司⑤，有的

---

① 王乐君等：《土地经营权入股的实践探索与思考启示》，《农村经营管理》2018年第11期，第10页。

② 李长健、刘磊：《代际公平视域下农村土地流转过度集中的风险防范》，《上海财经大学学报》2020年第1期，第46页。

③ 陈小君：《土地经营权的性质及其法制实现路径》，《政治与法律》2018年第8期，第22页。

④ 范丹、邱黎源、刘竞舸：《我国土地流转违约风险防范机制研究——以邛崃市开展履约保证保险为例》，《四川师范大学学报》（社会科学版）2018年第1期，第98页；吴义茂：《土地经营权入股产业化经营的几点思考》，《农村经营管理》2017年第8期，第22页。

⑤ Brooks, Karen; Krylatykh, Elmira; Lerman, Zvi; Petrikov, Aleksandr; Uzun, Vasilii: Agricultural Reformin Russia: A View from the Farm Level, World Bank discussion papers 327, Washington, D. C., 1996.

研究侧重于保护农业改革中的家庭农场①。二是风险的防控措施。有的研究侧重于制度保障②；有的研究侧重于风险防控机制构建与监管③。国外相关文献对我国土地经营权入股公司风险的识别与防控研究有重要参考价值。

三 研究视角：制度变迁视角

道格拉斯·C. 诺思（Douglass C. North）认为，"制度变迁是制度创立、变更及随着时间变化而被打破的方式"④。制度变迁是新制度经济学的主要内容。以道格拉斯·C. 诺思等为代表的制度变迁理论强调，制度是内生变量，它对经济增长有着重大影响。可以把制度变迁理解为一种效益更高的新的制度对原有制度的替代。这种替代，既可以看成是一项具有更高效益的制度的产生，也可以看成是对原有规则的改变，或对原有权利的初始界限的重新界定。制度变迁的初始动因源于需求的变化，即按照现有的制度安排，已无法获得更多利益，而要获得在现有制度下得不到的更多利益，必须改变现有安排。可见，制度变迁理论与经济发展有着紧密的关联，通过制度变迁解释人类社会经济兴衰的历史。

"在中国的新制度经济学研究中，投入力量最多的是对制度变迁过程本身的研究。"⑤ 改革开放以来，中国农地制度变迁始终沿着市场取向、明晰产权、稳定地权的方向演进。制度变迁理论多年来一直被学者们用来研究农村发展问题，成果颇丰。学者们从不同角度分析了中国农村发展中的制度变迁，部分学者从整体上分析了农村土地改革中的制度变迁，部分学者分析了宅基地制度的变迁，部分学者分析了农村集体经济股权分配中的制度变迁。对未来农村土地制度发展走向基本上形成四种制度变迁思路。

---

① Nathan Wittmaack: Should Corporate Farming be Limited in the United States?: An Economic Perspective, Major Themes in Economics, Spring 2006: 45.

② Roger Bernhardt, Ann M. Burkhart: Real Property. West Group, 2000.

③ Douglas Macmillan, An economic case for land reform. *Land Use Policy*, Volume 17, January 2000（01）.

④ ［美］道格拉斯·C. 诺思：《制度、制度变迁与经济绩效》，刘守英译，上海三联书店1994年版，第225页。

⑤ 周业安：《中国制度变迁的演进论解释》，《经济研究》2000年第5期，第3页。

第一种认为，未来农村土地改革应坚持诱致性制度变迁与强制性制度变迁的结合。认为整体的制度创新是在两者之间的冲突与协调中逐步演进的。① 中国农村土地调整的制度演进具有诱致性制度变迁的特征，但同时，中国的经验表明，国家或政府在制度变迁中的角色非常重要。② 有学者认为，中国改革开放初期国家对农民自发兴起的包产到户的确认，到农村经济体制的改革，不是政府主动进行的制度创新，而是农民与国家的一个长期交易过程，实质上是政府对自发的民间改革的确认。这种制度变迁实质上是强制性制度变迁与诱致性制度变迁的不断冲突和协调的演化过程。③ 有学者强调制度变迁中各种制度的整合作用。如耿宝建、殷勤依据《土地管理法修正案草案》提出，在不改变制度结构中的其他制度安排，而仅凭一两项新制度自身，可能难以与旧制度"无缝衔接"，也难以完全实现制度变迁的目的。制度的变迁即意味着制度结构的耦合，需要改造和衔接一系列的相关制度安排，并避免新旧制度相互之间的排斥与排异。④

第二种认为，未来的改革应坚持诱致性制度变迁路径。例如，有学者追溯新中国成立以来土地产权制度的变迁历程，认为新中国成立以来，中国土地产权制度先后经历了强制性制度变迁——诱致性制度变迁的过程。未来的改革应坚持诱致性制度变迁的改革路径。⑤ 有学者根据新中国成立以来农地制度的变迁历程，提出未来农地制度变迁应该是市场主导型而非政府主导型。改革开放以来的两次制度变迁都属于诱致性变迁，都有着明显的自下而上的实践推动。⑥ 有学者分析了农村集体经济股权分配中的制度变迁。指出我国农村集体股权分配制始终坚持以保障成员经

---

① 周业安：《中国制度变迁的演进论解释》，《经济研究》2000年第5期，第3页。
② 丰雷、蒋妍、叶剑平：《诱致性制度变迁还是强制性制度变迁？——中国农村土地调整的制度演进及地区差异研究》，《经济研究》2013年第6期，第4页。
③ 周业安：《中国制度变迁的演进论解释》，《经济研究》2000年第5期，第3页。
④ 耿宝建、殷勤：《制度变迁：预征补协议在集体土地征收程序的引入——〈土地管理法修正案（草案）〉第47条第二款的完善建议》，《法律适用》2021年第7期，第12页。
⑤ 康妮、万攀兵、陈林：《新中国土地产权制度变迁的理论与实践——兼议深圳"小产权房"问题》，《财经问题研究》2017年第11期，第113页。
⑥ 郑淋议、张应良：《新中国农地产权制度变迁：历程、动因及启示》，《西南大学学报》（社会科学版）2019年第1期，第46页。

济利益、降低交易费用、提升制度效率的制度变迁方向。农村集体股权分配制度变迁的历程是"自下而上"式的，依托"成员个人—集体经济组织—地方政府"之间的非正式约束向正式约束的制度转变。①

第三种认为，未来的改革应坚持强制性制度变迁路径。认为通过政府主导供给新制度实现制度变迁。例如，有学者分析了新中国成立以来农村宅基地制度的变迁，认为未来较为可行的农村宅基地变迁路径为中央政府推动下的强制性制度变迁，形成改革共识，建立代表农民权益的经济组织，给予地方政府利益补偿，严控流转风险。② 有学者反思了新中国成立以来农村宅基地制度变迁的基本路径，发现宅基地所有权与使用权分离过程具有明显的阶段性特征，正式制度约束显著决定着宅基地的权利关系构成，也对宅基地制度变革中的国家、集体、农户和其他市场主体间利益博弈产生重要影响③。

第四种是强调制度变迁中三方主体的共同作用。例如有学者重点研究在向市场经济的过渡过程中中央、地方和微观主体之间的三方博弈过程及其经济后果，并重点论证正是由于地方政府的介入才使渐进式改革得以相对平稳地推进。④ 如有学者提出：农地使用权制度改革的成功源于诱致性变迁与强制性变迁的结合，即弹性的中央政策制定、渐进式的地方实施以及具有学习效应的农户认知三者的有机互动。⑤

中国的经济改革和对外开放引发了大规模的制度变迁。⑥ 正如有学者所言：我们的时代是一个大规模制度变迁的时代。改革开放以来，中国社会各领域经历了深刻的制度变迁，而且这些变迁仍在持续深化演变之

---

① 郭晓鸣、王蔷：《农村集体经济股权分配制度变迁及绩效评价》，《华南农业大学学报》（社会科学版）2019年第1期，第1页。

② 张义博：《我国农村宅基地制度变迁研究》，《宏观经济研究》2020年第4期，第35页。

③ 李泉：《农村宅基地制度变迁70年历史回顾与前景展望》，《甘肃行政学院学报》2018年第2期，第114页。

④ 杨瑞龙、杨其静：《阶梯式的渐进制度变迁模型——再论地方政府在我国制度变迁中的作用》，《经济研究》2000年第3期，第24页。

⑤ 丰雷：《新制度经济学视角下的中国农地制度变迁：回顾与展望》，《中国土地科学》2018年第4期，第8页。

⑥ 张守文：《改革开放与中国经济法的制度变迁》，《法学》2018年第8期，第19页。

中。① 尽管诺思制度变迁理论的主要目的，是要说明制度变迁对经济发展的影响，是要通过制度去解释人类社会经济兴衰的历史，制度和制度变迁是用来说明经济发展的工具②。但其诸多的思想观点对我国农民财产权的发展具有重要的启示作用。改革开放以来，中国农村社会的方方面面发生了翻天覆地的变化，农民的财产权得到前所未有的重视，农民财产性收益大大提升。多年来的农村土地制度改革一直主要围绕如何增加农民财产性收益方向演进，"还权赋能"、提高农民在土地产权交易中收益分配比例等政策积极开展。中国农民财产权保护制度的演化一定程度上折射出整个中国农村发展变迁的脉络。从制度变迁视角对农民财产权保护进行分析、总结和展望，可总结改革开放以来中国农村的发展脉络，对于乡村振兴战略下农村改革的未来走向也有重要启示意义。

诺思的制度变迁理论对我国农民财产权保护具有重要启示。改革开放以来，家庭联产承包责任制对中国农业经济非常规发展的促进，以及制度变革对沿海开放省份农村经济高速发展促进的原因，诺思的制度变迁理论一定意义上提供了解释。③ 当前我国农村发展中的农民财产权保护，不仅要从农民个体权益保障的要求出发，而且要通过保障个人的财产权利，通过促进个体生产生活的积极性来促进生产力的发展，并反思制度与农村经济发展的关系。首先，尊重并重视农民自发的制度改革。法律要体现、认可和保障农民个体权力和利益，使农民追求自身利益的行为合法化，从而激发出农民的创造性和进取心。同时，法律要确认和保护产权关系，鼓励农民以效益为目的而占有、使用或转让财产。其次，当前，国家仍是农民财产权保障的重要推动力。最后，在农民财产权的保护中不能忽视非正式制度的价值及作用。一般而言，制度可以分为两类：正式制度和非正式制度。正式制度包括政治规则（宪制）、经济规则（产权制度）、自愿性契约等，非正式制度包括价值观念、伦理规范、文

---

① 艾云：《多重逻辑下的制度变迁：一个分析框架》，《中国社会科学》2010年第4期，第132页。
② 张廉：《诺思制度变迁理论对我国法律发展的启示》，《法学研究》2005年第1期，第66页。
③ 张廉：《诺思制度变迁理论对我国法律发展的启示》，《法学研究》2005年第1期，第67页。

化传统、意识形态等。在《制度、制度变迁和经济表现》一书中，诺思指出，一个社会若想得到持久的经济发展，必须致力于建立一个交易费用低廉的制度环境，在这一过程中，非正式制度的作用异常重要。改革开放以来，家庭联产承包责任制对中国农业经济非常规发展的促进，以及制度变革对沿海开放省份农村经济高速发展促进的原因，诺思的制度变迁理论一定意义上提供了解释。[①]

本书认为，改革开放以来农民财产权是受强制性制度与诱致性制度共同影响而得到发展的，未来农村改革应坚持强制性制度与诱致性制度变迁的结合。本书所持的制度变迁视角，是在认可改革开放以来中国农民财产权制度变迁，系强制性制度变迁与诱致性制度变迁结合的基础上，将制度变迁对农村经济发展的影响作为主线进行的研究。

当前，中国农村土地制度改革仍需深化，集体产权制度改革也需深入。一些地方建立农村集体股份合作制后，股权分配形式依然频繁发生变动，各种制度是如何引发中国农村改革中农民财产权的保障等问题？农村各项制度建立之初的基本逻辑是什么？影响其变动的主要因素有哪些？各项制度变迁方向具体是如何演进的？新一轮的制度均衡是否取得制度效益？这些问题都将作为本书的重点予以分析。

制度变迁具有路径依赖性，中国改革开放以来农村的经济发展在其他国家找不到相同的蓝本。中国农村发展改革是经济体制变化下的改革，随着社会主义市场经济体制的建立和完善，农民财产权保护程度不断加强。因此，改革开放以来，农村财产权保护的转轨战略、保护的路线演变及相应的政策措施等都具有特殊性。追溯历史，改革开放以来，中国的农村制度改革一直围绕加强农民财产权的主轴前进，坚持与社会主义市场经济建立、完善保持一致的市场化方向。农民财产权保护是社会主义市场经济的主要基础。因此，农民财产权保护制度的改革，更多应体现在用有效率的制度取代低效率的制度，以改变我国"三农"发展中的体制僵化、机制落后等而造成的农村经济效益长期低下等状况。党的十九大报告提出："深化农村集体产权制度改革，保障农民财产权益，壮大

[①] 张廉：《诺思制度变迁理论对我国法律发展的启示》，《法学研究》2005年第1期，第67页。

集体经济。"① 可见，农村财产权保护与农村集体经济的发展是紧密相关、互相支持的。从财产权经济学的角度看，农民财产权有效保护对激活生产力、促进财产权的市场流转、纠正消极的外部性问题，以及消除集体行为等方面均有积极作用。

乡村振兴战略实施不是一个时间点问题，也不是一个短期的乡村发展问题，而是一个相对较为漫长的农村发展过程问题。因此，研究乡村振兴战略下的农民财产权保障，既需要现实的、实践的眼光，更需要用一种历史的、发展的眼光。源于社会主义计划经济体制传统的农民财产权，虽然经过社会主义市场经济体制的确立、发展及完善的熏陶，但在中国快速城镇化变革、农业现代化的发展改革中，仍存在难以挥去的传统影响，同时面对复杂、多元、不断推陈出新的农村改革浪潮，必然碰撞出许多的问题、难题，甚至是矛盾与纠纷。在这样的社会大背景下，如何有效保障农民财产权？有学者提出，无论是民法上的财产权保护，还是宪法上的财产权保护，多为一种面向结果的状态，即财产权如何排他支配或者应享有何种财产性权利的保护。②财产权传统观点往往仅关注权属问题，目前的财产权保护只能起到静态的私人财产"定分止争"的功用，并不能从分配正义的角度实现动态的财政资金的"物尽其用"。因此，乡村振兴战略下的农民财产权保护研究，需与时俱进。必须看到，当前中国农民财产权保护，不仅是农民基本生活的需要，也是农村经济发展的需要，是社会进步的需要。因此，从制度变迁的视角审视农民财产权保护，还需考虑的是：此项制度是否有利于公共利益？能否在整体上产生更高的制度效益？是否会有效平衡效益与公平的关系？

中国农民财产权制度的变迁仍在路上，对中国农民财产权制度的研究仍将是学科研究主题。

---

① 习近平：《决胜全面建成小康社会 夺取新时代中国特色社会主义伟大胜利——在中国共产党第十九次全国代表大会上的报告》，人民出版社2017年版，第32页。
② 刘剑文、王桦宇：《公共财产权的概念及其法治逻辑》，《中国社会科学》2014年第8期，第129页。

四 主要观点及创新点

（一）主要观点

（1）农民财产权是一个开放性的权利，随着社会的发展，一些隐形的、不受重视的权利逐渐显化。

（2）农民财产权是一个体系性的权利，这些权利之间是互为作用的。

（3）农民财产权保护需要更广的视野。这种视野要与一定历史条件相对应。当前的对应就是重视与经济发展的协调一致。并且对仍处于转轨中的我国农村而言，应进一步强调政府职能的重要性。

（二）主要创新点

（1）拓宽研究视野。我国已初步建立农民土地财产权制度，但农民土地财产权受保护的状况仍令人担忧。认为，随着农民改革的深入发展，农民财产权的外延逐渐显化扩充。因此农民财产权的研究应将这些权利作为一个整体，进行系统化研究。本书试图从制度变迁视角分析众多财产权的共性，并探索影响这些权利的主要因素。突破了传统研究领域，拓宽了现有研究范围。

（2）创新研究方法。学科融合是理论前进的巨大推动力，本书巧妙地将法学理论与经济学理论紧密结合，系统研究经济体制变化下的农民财产权保护问题，为后续相关研究提供了跨学科研究的范本。

（3）促进学科发展。本书围绕经济体制展开研究，是对社会主义市场经济理论的充实和发展。同时也丰富了农民财产权的法学研究，为法学研究提供了新的思路。

五 研究思路、研究方法及研究意义

（一）研究思路

本书基于"改革开放—制度变迁—农民财产权保护"的分析框架，以制度变迁为视角，以经济体制变化为脉络，发现我国的经济体制改革带来了农民财产权从"限制—赋予"转为"赋予—限制"再转为"赋予—限制—限制限制—赋予"的制度变迁，形成了从"以政策为主"向"以法律为主"、从"短期保障"向"短期保障与长期保障融合"的制度变迁。同时，在经济体制变化与深入改革的过程中，对农民财产权受保护的范围与力度也渐变为更广更强。农民财产权保护程度的变化与经济体制改革、中国法制建设和法治发展关系密切，只有不断调整经济发展与法治理念融入的关系，在政策性与法定性、确定性与变异性、统一性与分散性的平衡中不断完善农民财产权保护制度，农村经济体制改革才能更加稳健、接地气地发展，才能在制度变迁中更好地推进乡村振兴战略实施和实现农业现代化。

（二）研究方法

整篇研究主要采用了历史研究方法、跨学科研究方法、实证研究方法。在具体研究中，分别采取了以下有针对性的研究方法：

1. 在农民土地财产权保护研究中，本书主要使用多学科融合交叉的研究方法，同时采用历史的研究方法、文本分析法、理论研究方法和比较研究法。其中主要的研究方法是融合经济学、法学、政治学等学科的成果，采用了多学科综合的研究方法。课题以梳理改革开放以来中国农民土地财产权保护的历程为起点，析出了国家一系列有关"农民土地财产权"保护的政策、思想。同时运用历史研究的方法，考察了农民土地财产权的权利体系和保护机制的建构，并通过社会调研等形式分析农民土地财产权保护的现状。在此基础上，分析中国农民土地财产权保护的进步与不足，缘由分析，并提出相应的对策建议。

2. 在农村集体产权制度改革的农民财产权保护研究中，主要采用了比较研究、数据统计方法，同时辅之历史研究方法、逻辑研究方法等。具体如下：

（1）裁判文书的比较与分析研究。本部分关于农村妇女财产权研究的司法判例主要是2011—2016年间筛选出的来自北大法宝裁判文书、一些地方法院官方网站发布的裁判文书和其他法律类网站上登载的信息较为全面的305个裁判文书。对样本从案由、二审率等多角度进行比较分析。

（2）地方法规的比较与分析研究。收集有关农村妇女土地权益的地方立法39部，比较分析各地不同做法及背景原因。

（3）数据统计方法。相关调查数据资料主要来自全国妇联、国家统计局，及一些地方妇联的调查数据，以及通过访谈、网络联系、问卷获知的有关信息资料。

3. 在农民入股新型经营主体的财产权保护中主要采用了如下研究方法：

（1）逻辑分析法。本书在剖析土地经营权入股公司中所遇到的风险类别、负面影响及其衍生机理基础上，构建风险防控机制，进而提出系统的风险治理对策，在上述论证过程中广泛运用逻辑分析法。

（2）数据分析法。本书分别从土地经营权入股公司的主体自身禀赋、公司发展阶段、区域差异等视角出发，采用相关数据，运用计量方法研究各种因素对土地经营权入股公司风险产生何种影响及其影响权重大小，以检验课题的主要观点对土地经营权入股公司风险防控实践的解释力。

（3）比较分析法。本书利用比较分析法研究学术成果与本书相关内容的差异，在时间层面上比较土地经营权入股公司可能面临风险的个性特征，在空间层面上比较我国试点区域土地经营权入股公司风险类别及产生过程的差异，以便为后续风险防控机制的设计与治理对策的凝练提供支撑。

（三）研究意义

改革开放以来，农民财产权保护是一个长期的演变过程，无论是理论，还是实践，道路都相当曲折。对农民财产权的制度变迁进行梳理，对农民财产权的保护现状进行分析并提出对策，既是对农村财产权发展历史的尊重，更是为了更好地审视当前及预测以后的农民财产权发展状况。

第 一 章

农民财产权的基本理论

第一节 农民、财产权、农民财产权的概念

一 农民的概念

关于农民的概念,不同的主体有不同的阐释。在知识分子眼中(某高校教师),农民是具有农业户籍的人。应从户口入手定义农民,非农业户口的人不属于农民。农民与土地并不必然存在联系,当前城镇化下农民进城务工,人地分离,但不妨碍其农民的身份。农民认为(某老年农民),农民是在农业土地上从事劳动活动的具有农业户籍的人。农民离不开土地,以耕田种地为主。虽然部分农民进城务工,但如果在城市生活困难,仍可回乡务农种地,所以这部分人仍是农民。专家认为,农民从狭义上讲,是拥有农业土地财产权的人。农民失去土地后,就成为一个边缘主体。既有别于农民,又不同于城市居民。既不享有土地的保障,又不享有城市居民的社会保障。[①] 可见,关于农民的概念,虽然不同主体的认识角度不同,但在界定上基本上都涵盖了"土地""户口"等关键词。在《现代汉语词典》(1979 年版)中,农民被定义为"长时期参加农业生产的劳动者"。此后的《现代汉语词典》,如 1996、2016 年版中,农民被定义为"在农村从事农业生产的劳动者"。显然,在后来的版本中,关于农民的定义更为准确,将从事农业生产的劳动者限于在农村。

界定农民的概念,需要将农民与相近词进行区别:

(1)农民与小农户的关系。农民在特定情况下,与小农户是同一概

---

① 王国林:《失地农民调查》,新华出版社 2006 年版,第 1—2 页。

念。在我国，农村土地承包经营制是以农户家庭为单位，突出了农户而不是农民个人作为承包者的地位。因此，在农村土地承包合同中，主体的一方是村集体，另一方则为农户。在这里，农民是被作为与农户相一致的概念使用的。当前，农村经营主体改革中，小农户的提法就是这里的以家庭为单位的农户。与新型农业经营主体，如农民专业合作社、家庭农场、职业农民、农业产业化龙头企业等主体相比，农民是传统的农业经营主体。我国"大国小农"的基本农情将长期存在。根据第三次农业普查数据，我国小农户数量占到农业经营主体的 98% 以上，小农户从业人员占农业从业人员的 90%，小农户经营耕地面积占总耕地面积的 70%。① 因此，我国在今后相当长的历史时期里，农业的主要经营方式仍为小农户家庭经营。

2019 年 2 月中共中央办公厅、国务院办公厅印发了《关于促进小农户和现代农业发展有机衔接的意见》提出，应正确处理发展适度规模经营与扶持小农户的关系。适度规模经营是农业发展的方向，但小农户家庭经营是我国基本农情，在鼓励适度规模经营的同时，还需加强小农户扶持政策。②

（2）农民与农村集体经济组织的关系。严格意义上讲，农民是集体经济组织的成员。是具有成员权的农民集体经济组织的一员。这意味着非农村集体经济组织的成员，即使在农村生活也不能称之为农民。农民既可以是一个个体的概念，也可以是一个集体的概念，一个人可以称之为农民，几个人，甚至整个农村集体经济组织的成员都可以称之为农民。集体经济组织中的男性可以被称为农民，女性也可以被称为农民。可见，农民是一个带有一定身份资格的外延可收缩的主体，是一个群体的总括性统称，如同我们熟知的工人、教师、学生、医生一样。

（3）农民的具体类型。有学者对我国农民进行了较为细致的类型划分，将农民根据收入来源、职业特点、是否占有土地、所处经济区位等

---

① 于文静、董峻：《全国 98% 以上的农业经营主体仍是小农户》，2019 - 3 - 1，https://baijiahao.baidu.com/s?id=1626800793084469847&wfr=spider&for=pc。

② 中共中央办公厅、国务院办公厅印发：《关于促进小农户和现代农业发展有机衔接的意见》，2019 - 02 - 21，http://www.gov.cn/zhengce/2019 - 02/21/content_5367487.htm。

不同标准进行分类。如根据收入来源将农民分为纯农户、以农业为主的兼业户、以农业为次的兼业户、外出务工经商已不再兼业户；根据职业特点将农民分为农村从业农民和进城务工农民；以是否占有土地将农民分为失地农民和仍承包经营农地的农民；根据所处经济区位将农民分为经济发达地区农民和一般农业型地区农民。①

由上，本书中的"农民"，是指具有农村集体经济组织成员资格，以农村土地为主要生活保障的主体。农民是一个与农村相伴相随的概念，随着农村的消亡，农民被纳入城镇，也就失去了其农民身份。农民是农村发展的主体和对象，是土地的使用者和开发者。农民作为土地的使用者，土地是农民的生活保障，土地造就了农民。农民，作为土地的开发者，使得静态的土地获得了灵魂和价值，农民激活了土地。农民具有身份性，并与土地相伴而生。身份与土地是构成农民必不可少的要件。

二 财产权的概念

在民法理论中，财产权是与人身权相对应的一种基本权利。财产权是具有经济价值的权利。财产权一般可由权利人依法任意转让。人身权很难用经济价值进行衡量，不具有转让的性质。如生命权、健康权等人身权一般都专属于特定主体，不可以转让。

学者们对财产权有不同角度的认识。有学者在承认财产权是一种具有经济价值本质的权利，同时将财产权诠释为：一种以所有权为核心建立起来的基本人权，实质上体现为一种人与人之间的关系。因为各国宪法对其都有规定。② 有学者从平衡私人财产自由与社会公正角度提出，财产权不仅应保障私人自由任意地使用和支配财产，而且要承担社会利益，作自我限缩。③ 有学者通过对英美法变迁的历史梳理，发现不同时代有不同的利益保护需求，也就有不同的财产权解读。"财产权"的含义并非一

---

① 贺雪峰：《地权的逻辑——中国农村土地制度向何处去》，中国政法大学出版社2010年版，第29—31页。
② 易继明、李辉风：《财产权及其哲学基础》，《政法论坛》（中国政法大学学报）2000年第3期，第12页。
③ 张翔：《财产权的社会义务》，《中国社会科学》2012年第9期，第100页。

成不变，而是一个历史变化的过程。①

本书认为，财产权更多地体现为一种人与人之间的财产关系，具有一定的社会性，财产权应受到充分保障，但也负有一定社会义务。

三 农民财产权的概念

1. 概念。本书认为，农民财产权是指具有农村集体经济组织成员资格，以农村土地为主要生活保障的主体，所享有的具有经济价值并附有社会义务的权利。农民财产权保护这一论题应建立在一种人与人之间的关系之中。因为只有存在权利侵害或潜在侵害的主体，才有权利保护的必要和意义。具体到中国改革开放以来的农民财产权保护上，就是要界定每一时期农民财产权的侵害主体是谁，相应的制度是如何规范的，据此来分析农民财产权的保护。

2. 农民财产权的性质。农民财产权是一种典型的私有财产权。

第一，作为一种私有财产权，农民财产权与农民私人财产权不同。虽然私有财产权与私人财产权往往被作为一个词使用，但二者之间本质不同。私人财产权则与法人财产权相对应，二者都属于私有财产权。农民财产权是与公有财产权，包括国家财产权、集体财产权相对应的概念。

第二，农民财产权不同于农民的私权。因为私权的范畴大于私有财产权的范畴。农民的私权不仅包括农民财产权而且包括农民的人身权，如人格权、肖像权等。

第三，农民财产权不同于农民产权，农民土地财产权也不同于农民土地产权。二者既有联系，又有区别。产权是一个经济学概念，主要适用于经济学领域。主要指在市场经济条件下可进入市场交易的财产权。财产权是一个法学概念，主要适用于法学领域。财产权是一系列权利的总称，不仅包括民法学中的物权，还包括债权、股权等。因此，本书中农民财产权包含了土地财产权、集体收益分配权、农村土地股份合作社中的股权，其范围大于农民土地产权。比如有学者认为：农地产权包括所有权、承包权、占有权、经营使用权、收益分配权、处置权、抵押权、开发权等权能，其中土地所有权制度和土地使用权制度构成农民土地产

---

① 冉昊:《财产权的历史变迁》,《中外法学》2020 年第 2 期, 第 379 页。

权制度的核心。① 此概念界定表明本书主要是从法学角度研究农民财产权保护,同时附加其他学科的相关研究。

第四,农民财产权与人权。《牛津法律大辞典》里,对人权和所有权(财产权主要体现为所有权)进行了区分。人权主要是指依附于人,但非人对其资产或财产的权利,具体包括自由权、配偶权、子女抚养权、名誉权等。人权一般具有专有支配性、不可被转让性。所有权主要指个人对其资产或财产的权利,可用金钱衡量,可转让。根据《牛津法律大辞典》,人权不同于财产权。《世界人权宣言》中将人权划分为:基本权利、司法权力、人身权利、政治权利和经济社会权利。根据《世界人权宣言》,财产权被作为一种基本权利包含于人权之中。本书认为,当前关于私有财产权还没有得到一个统一认可的定义。其内涵和外延随着社会的发展也在发生着变化,关键看具体研究的对象、研究的背景是什么。具体到本书,农民财产权保护问题,权利主体是确定的,权利主体的财产权保护更需要从法学角度进行明确界定,因为只有外延清晰的权利才具备充分保护的基础。但不可否认,农民财产权与社会主义市场经济体制有着紧密的关系,其是市场经济的必备要素之一。同时,农民财产权保护离不开法治中国的发展,离不开政府的推动。因此,本书主要以法学为研究视角,同时运用政治学、经济学理论与方法进行研究。

3. 农民财产权的分类。根据不同的标准,农民财产权有不同的分类。

依据财产权的标的不同,可以把农民财产权分为:土地财产权、集体经济组织成员集体收益分配权、农村土地股份合作社成员的股权。分类的意义在于国家对于农民不同类别的财产权有不同的制度安排及制度变迁历史。

依据财产权的性质不同,可以把农民财产权分为:土地使用权、房屋所有权、集体收益分配权及股权。分类的意义在于农民享有的财产权权能上有区别。

依据财产权的内容不同,可以把农民财产权分为:财产的占有权、使用权、收益权、处分权。分类的意义在于农民享有财产权的权能大小

---

① 邓大才:《试论当前我国农地产权制度安排的弊端及改革的基本思路》,《经济评论》1999年第2期,第67页。

及性质。

依据农民主体身份的差异,可以把农民财产权分为:以农业生产为主的农民和进城落户的农民。分类的意义在于:对以农业生产为主的农民来说,财产权的保护倾向于土地的耕作与产出;对进城落户的农民而言,财产权的保护倾向于土地的流转。

以上为农民财产权的大的分类,但可以看出,各类别间的财产权虽然性质不同,但又互有交叉融合。比如,研究农民的土地使用权,会涉及农民土地的占有、收益。本书主要依据财产权的标的不同,对农民财产权的保护进行分析研究。

第二节 农民财产权保护的价值基础

财产权主要体现为一种人与人之间的财产关系,但个体与财产的关联是财产权的基础。个体与财产权的关系问题,是人类社会自始至终必然存在的、带有一定天然因素的关系。人们自出生就已经自然地、无意识地卷入到这种关系之中。因此,对个体财产权进行保护一定意义上讲是自然的,也是必然的。

一 古典自由主义关于财产权与个人正义价值的论述

关于财产权的个人正义价值,古典自由主义进行了重点论述,产生了一些精辟的观点。

盛行于17、18世纪的古典自由主义,有着强烈的个人主义倾向,强调人的自然权利。不但认为个体天然拥有财产权,而且强调个人的权利与私有财产应先于国家得到保障。认为政府存在的目的只是为了有效保护每个个体的权利与财产。其代表学者霍布斯认为,自然给予了每个人对所有东西的权利。[1] 但人本性是恶的、贪婪的、自私的,且资源是有限的,所以每个人对所有东西的自然权利是不允许的,因为这样不可避免会导致战争。所以为了保护自己,个人应将自然权利转让出来组成政府。霍布斯的古典自然法思想的基本精神是推崇国家权力,维护君主制。霍

---

[1] [英]霍布斯:《论公民》,应星、冯克利译,贵州人民出版社2003年版,第8页。

布斯对财产权与正义的关系是这样描述的：正义来源于信守契约，真正的信守契约建立在强制权力建立之后，所有权即产生于此时。① 由此可知，在霍布斯看来，个人财产权来源于法律（实在法而非自然法），经法律明确的财产权才是正义的。他说："没有共同权力的地方就没有法律，而没有法律的地方就无所谓不公正。"②

而洛克、孟德斯鸠，都反对政府对个人权利的不当侵犯，都试图通过权力分立的方式保护个人的自然享有权利。洛克对自然权利的论述是其法律思想的主要基础理论。洛克认为，人从出生时起就享有生存权、自由权、平等权和财产权四种自然权利。其中财产权是自然权利的核心，是其他三种权利的基础，因为没有财产，就谈不上生存、自由与平等。他特别强调，未经本人同意其任何财产的任何部分不受最高权力的侵犯。③ 其对法律与财产权的关系有着深刻的理解。洛克认为，自由以理性为基础，自由的主要内容是财产权。因而，个人财产权的行使离不开法律这种理性。即便最高统治者未经人民同意也不得任意增税。④

在霍布斯、洛克等为代表的近代自然权利论者之后，休谟围绕财产权建立的正义理论在学界具有较大影响力。休谟从正义的起源阐释财产权，认为不先解释正义的起源而直接解释财产权缺乏坚实的推理基础，很难对财产权作出恰当解释。⑤ 休谟认为物具有有限性和排他性，对物的稳定占有才意味着拥有物的财产权。但对物的这种稳定占有只有通过有意地缔结协议的方式才能达到，这种自愿协议的产物即为正义。反过来说，正义源于自愿协议，通过协议这种正义规则来保障个体对物的稳定占有，也才有了个体真正意义上的财产权。可见，在休谟看来，财产权与正义紧密关联，正义是财产权产生的基础，财产权是正义的核心内容。同时说明，财产权是社会的产物。

古典自由主义的另一代表人物是亚当·斯密。在道德哲学上，斯密

---

① ［英］霍布斯：《利维坦》，黎思复等译，商务印书馆1985年版，第109页。
② ［英］霍布斯：《利维坦》，黎思复等译，商务印书馆1985年版，第96页。
③ ［英］洛克：《政府论》（下篇），叶启芳、瞿菊农译，商务印书馆1996年版，第34页。
④ ［英］洛克：《政府论》（下篇），叶启芳、瞿菊农译，商务印书馆1996年版，第121页。
⑤ ［英］休谟：《人性论》，关文运译，商务印书馆1980年版，第527页。

的正义论承继休谟正义理论,将正义归为规则伦理的核心。休谟认为正义是财产权的基础。斯密发展了休谟的"正义"理论,认为正义与善不同,"善"是美德,是高尚品德;"正义"是规则,与法律同源同理,具有社会强制性。① 斯密从历史演化角度,将财产权归为政府起源的原因,他认为,财产权和政府在很大程度上是相互依存的。财产权的保护和财产的不平均是最初建立政府的原因。②

19 世纪中期以后,随着资本主义从自由资本主义向垄断资本主义转变,古典自由主义向新自由主义转变。古典自由主义建基于 19 世纪西方资本主义的制度发展背景之上,强调私有财产权神圣不可侵犯,强调个人主义,主张自由放任主义。认为国家富裕应建立于发达的市场经济之上。古典自由主义具有特定的时代背景与社会背景,其实际上只是早期资本主义时代的一种意识形态。随着垄断资本主义的产生,古典自由主义也转向了新自由主义。古典自由主义的制度形式为资本主义私有制,将国家和市民社会关联在一起。马克思青年时期信奉古典自由主义,后半生则对古典自由主义进行批判。③

古典自由主义关于财产权与正义的观念有其鲜明特征。表现在:(1) 个人财产权是神圣的。人一经出生就天然享有财产权,并且财产权是人类其他权利存在的基础性权利。只有享有财产权,生存权、自由权与平等权等权利才会是一种实在的权利。(2) 法律是个人财产权保障的需要。财产权产生于法律制度建立之时。经法律明确的财产权才是真正的财产权。(3) 财产权是政府产生的原因。虽然财产权和政府在很大程度上是相互依存的,但财产权的保护才是最初建立政府的缘由。

但古典自由主义关于财产权与正义的认识,存在以下缺陷:(1) 具有历史局限性。只盛行于资本主义的早期。(2) 过于理想化。其关于财产权与政府的关系本质上是对现实社会的一种理想目标。没有建立在客

---

① 高力克:《正义伦理学的兴起与古今伦理转型——以休谟、斯密的正义论为视角》,《学术月刊》2012 年第 7 期,第 47 页。
② [英]亚当·斯密:《国民财富的性质和原因的研究》(简称《国富论》)下卷,郭大力、王亚南译,商务印书馆 1996 年版,第 1 页。
③ 邹诗鹏:《马克思对古典自由主义的批判及其思想史效应》,《哲学研究》2013 年第 10 期,第 12 页。

观现实的基础之上，忽略了阶级关系。（3）过度限定国家权力。古典自由主义严格限定国家权力，国家权力只能是被动、消极地保障个体的自由权利，而非主动、积极地。①

二 中国特色社会主义道路下的财产权与个人正义价值

中国作为一个社会主义国家，现阶段坚持中国特色社会主义道路，是立足于中国国情的历史选择和现实选择。中国特色社会主义道路集中体现了以人民为中心，坚持社会公平正义、实现共享发展的价值取向。这些价值取向是时代要求，也是社会主义的本质要求。②

以人民为中心，就是坚持以人为本，以增进人民利益和福利为出发点和落脚点。充分尊重人民的主体地位，努力实现社会公平正义。中国特色社会主义道路下的个人正义价值，具有以下几个特征：

（1）尊重人民的意志。改革开放 40 余年来每一个改革步伐，每一个摸着石头过河的经验与积累，都是在充分尊重人民意志的前提下完成的。改革经验启示我们，尊重人民意志，改革就能顺利推进；尊重人民意志，改革道路就能更宽更广。

（2）保障人民的权利。改革开放 40 余年的经验表明，只有建设社会主义法治国家，健全中国特色社会主义法律体系，有效保障人民依法享有的各种权利，才能调动人民的积极性、主动性和创造性，也才能在社会主义现代化建设中释放出巨大力量。因为改革就要坚持发展，坚持经济建设为中心，增强国家的经济实力和综合国力，坚持和发展中国特色社会主义才会有雄厚的物质基础。

（3）以人民为中心。以最广大人民的根本利益为国家一切改革和工作的根本出发点和落脚点；以人民的意志作为政策制定的依据，激发人民的积极性和创造性，让人民共享改革开放成果。

（4）走中国特色社会主义道路。走中国特色社会主义道路是以人为

---

① 吴玉军：《个人自由与国家权力的边界——对古典自由主义自由观的一种考察》，《同济大学学报》（社会科学版）2017 年第 2 期，第 74 页。
② 秦刚：《中国特色社会主义道路的价值取向》，《中国特色社会主义研究》2016 年第 5 期，第 5 页。

本的保证。中国特色的社会主义道路，与西方自由资本主义道路不同，是在总结长期历史经验和吸收人类优秀文明成果的基础上得出的适合中国国情的道路，坚持改革开放，坚持将社会主义与市场经济联系起来，建立完善的社会主义市场经济体制。走中国特色社会主义道路离不开中国共产党的坚强统一领导。

财产权是人民最基本的权利，甚至是其他基本权利的基础。没有财产权的生命权、自由权犹如纸上谈兵，难以接地气。习近平总书记在庆祝改革开放40周年大会上的讲话（2018年12月18日）中就特别强调：未来道路必须解决好的社会主要矛盾是人民日益增长的美好生活需要和不平衡不充分的发展之间的矛盾。本书认为，这一矛盾的解决，主要是抓住人民的内心意愿是什么、什么是人民心目中的美好生活需要。有学者指出：人民的美好生活需要包括三个方面：物质性需要、社会性需要、心理性需求。三者存在次序性，物质性需要处于第一层次，其主要内容体现为人类对财产的需要。其次是社会性需要、心理性需求。[1]

综上，本书认为，自由主义提出的私有财产权神圣不可侵犯等价值观念，使人类从封建制下的高度中国集权专制中醒悟过来，是人类历史的巨大进步。然而，古典自由主义在强调个体权利的神圣不可侵犯性之同时，过于扩张个人权利的范围，脱离了社会现实，对个人权利的界限作了极端的界定。将个人权利视为不受到任何外来力量干预的理想状态。但实践证明个人权利的实现，狭义上需要国家公权力的有效规制，广义上需要国家权力作用下的繁荣的经济和稳定的社会条件。正义必然与社会现实相结合。从社会的现实性层面看，绝对公正而普遍性的正义在现实社会中是不存在的。需承认，现代社会财产权的完全拥有和彻底废除都不现实，不可能有绝对的普遍正义。[2]

中国特色社会主义道路下的财产权与个人正义价值是对自由主义道路下财产权与个人正义价值的超越。以人民为中心，尊重人民意志，保

---

[1] 何星亮：《满足人民日益增长的美好生活需要》，《人民论坛》2017年第S2期，第65页。

[2] 孔明安：《财产权、主体与正义——兼论精神分析视野下的"财富即自我"观》，《马克思主义与现实》2018年第1期，第118页。

障人民合法财产权,但并不是一种对人民财产权机械、消极的保护,而是将人民财产权放置于特定社会背景下的一种全面的、积极的保护。

三 中国农民财产权保护的个人正义价值选择

古典自由主义对个人财产权的尊重与强调,对于限制政府过度干预、充分保障个人财产权都具有重要价值和意义。但古典自由主义突出了个人自然权利的神圣,却忽视个人权利实质获得的条件;在注重形式正义的同时,却忽略了实质正义;强调了个体的权利,忽视了公共利益的重要性。中国特色社会主义道路下的个人正义价值观对古典自由主义的个人正义价值观进行了修正和升华,适合中国价值观。综上,本书认为,在中国全面推进乡村振兴战略过程中,对于农民财产权保护,需确立中国特色社会主义道路下的财产权与个人正义价值观。同时,吸收部分古典自由主义的财产权与个人正义价值观。

中国农民财产权保护,需要在中国特色社会主义理论指导下不断进行实践探索,以"还权赋能"为指向,最大限度满足农民对土地承包经营权和宅基地使用权等财产权权能的完整性的强烈追求。改革的方向始终不改变土地集体所有权基本制度框架。即在不改变土地集体所有权基本制度框架下使物权化的土地产权尽量向农民回归,并重新构建一种农民与农村经济长期发展相一致的财产权基础。[①] 以既满足农民财产权需求又接近社会正义的价值追求作为中国农民财产权保护的理论基础。

接下来的问题,也是本书的核心,就是如何最大限度满足农民财产权需求?如何接近正义?如何平衡最大限度满足农民财产权需求与接近正义的关系?制度在其中是如何起作用的?作用的要素、条件是什么?如何不断完善制度平衡二者的关系?本书拟从制度变迁视角阐释这些问题。

---

① 刘灿:《构建农民与农村经济长期发展的财产权基础——基于成都市改革经验的理论分析》,《经济理论与经济管理》2011年第11期,第5页。

第三节 乡村振兴与中国农民财产权保护

一 乡村振兴战略的提出

2017年10月18日党的十九大报告中初次提出实施乡村振兴战略。2017年12月29日，中央农村工作会议则首次提出走中国特色社会主义乡村振兴道路。实施乡村振兴战略的目标任务是什么？该次会议提出分三个阶段：第一阶段，截至2020年制度框架与政策体系应基本形成；第二阶段，截至2035年农业农村现代化能基本实现；第三阶段，截至2050年全面实现农业强、农村美、农民富的局面。中国特色社会主义乡村振兴道路如何走？该次会议提出了七条"之路"，其中之一条是农村基本经营制度的巩固和完善，为共同富裕之路打好基础。

2018年1月2日公布的中央一号文件——《中共中央国务院关于实施乡村振兴战略的意见》，对实施乡村振兴战略作了系统部署。

1. 重要意义是：解决农民对美好生活的需求和当前发展不平衡不充分这一矛盾之要求、实现两个百年目标之要求、实现共同富裕之要求。

2. 总的要求是：走中国特色社会主义乡村振兴道路；三个阶段；七大原则（其中之一：坚持农民主体地位，尊重农民意愿，发挥农民主体作用，把维护农民群众根本利益、促进农民共同富裕作为出发点和落脚点）。

3. 核心任务：提高效率。《意见》指出当前乡村最为突出的不平衡不充分问题有：农产品阶段性供求供给问题；农民生产力发展和市场竞争的适应能力不足；乡村治理亟待完善等问题，这些问题无不与无效率有关。这里的效率即指最有效地使用各类社会资源提高农民的美好生活需求。有学者提出：中国农村人民公社制度下，各类产品统购统筹，无市场定价，无效率之说。产品仅为满足生存之必需，无剩余产品可供分配，因此无平等可言。今后中国农村的改革，应以效率优先。在追求效率优先中产生的底线平等问题，可由政府或其他公共机构在全国城乡统筹大局下补救。[①]

[①] 党国英：《农村改革的逻辑》，《社会科学文摘》2018年第11期，第49页。

自2017年乡村振兴战略提出以来，我国农村发展一直延续着"乡村振兴"主题，2021年、2022年中央一号文件在"乡村振兴"基础上，提出"全面推进乡村振兴"，将乡村振兴战略表述为"产业、人才、文化、生态、组织"五大振兴在内的全面振兴。意味着乡村振兴是乡村的全面发展和全面振兴。党的二十大报告，再次强调"全面推进乡村振兴"，接续奋斗，全面推进乡村振兴，建设农业强国。

二 制度与农民财产权保护

2018年中央一号文件特别强调乡村振兴制度供给的重要性，并以产权制度和要素市场化配置完善为重点。从中凸显了制度与农民财产权保护的内在关联。与农民财产权保护相关的具体制度有：

（1）农村基本经营制度。包括两部分，其中一部分是对现有制度的完善。如落实农村土地承包关系稳定并长久不变的政策；全面完成土地承包经营权确权登记颁证工作；完善农村承包地"三权分置"制度；另一部分是创设新的制度。如对新型农业经营主体培育制度的构建。

（2）农村土地制度。包括两部分，其中一部分是对现有制度的完善。如对农村土地利用管理政策体系的完善，《土地管理法》的完善；对房地一体的农村集体建设用地及宅基地使用权确权登记颁证的完善；对农民闲置宅基地和闲置农房政策的完善；落实宅基地集体所有权，完善农民宅基地使用权和农民房屋财产权制度。另一部分是创设新的制度。如探索宅基地的"三权分置"制度。

（3）农村集体产权制度。包括两部分，其中一部分是对现有制度的完善。如农村集体资产清产核资、集体成员身份确认制度的完善；集体经营性资产股份合作制的改革完善；进城落户农民土地承包权、宅基地使用权、集体收益分配权等制度的完善。另一部分是创设新的制度。如制定农村集体经济组织法。

事实上，中国农村改革的逻辑背景就是充分体现、发挥、创新制度，使制度更好地发挥其对平等、效率价值的决定性影响。有学者提出：从长远利益来看，效率、平等和稳定具有一致性。如果制度存在问题，则完全可能同时失去效率与公平。① 由此可以推知，乡村振兴战略下农村基本经营制度、农村土地制度、农村集体产权制度等对农村高效率地发展和农民财产权保护均有着决定性影响。同时也反映出，如果农民财产权保护与农村发展的长远利益相冲突，制度的完善在价值取向上应坚持效率优先，对于农民个体的权利损失可通过政府及其他公共机构通过全社会统筹予以弥补。当然这里，制度与效率、平等的关系有着时代背景要求。

三 乡村振兴背景下农民财产权保护的制度要义

通过上文的分析，本书认为，乡村振兴战略下农民财产权保护的关键是有效处理制度、公平与效率的关系。并且认为，紧密联系实践，即与时代背景紧密相连的正义才是真正的正义。

一般而言，制度就是人们共同遵守的行为准则。包括法律、习惯、道德等正式制度与非正式制度。关于制度，各个学科的学者们给出了不同的理解。

新制度经济学的代表学者科斯认为，制度是人或组织之间互动关系及用来指导人们行为的规则。新制度经济学还将制度变迁理论作为其研究的重要内容，认为制度变迁是一种更高收益制度对另一种较低收益制度的替代过程。制度是人为设定的约束，用以规范人们之间的相互关系，这些制约既有正式制度（如政治和法律规则、经济规则及契约），也有非正式制度。② 社会学学者认为，制度主要是指正式制度，是以国家名义制定，维持国家整个层级行使职责的制度。③ 哲学学者认为：制度与人的行为相关联，是限制、约束人的行为的规则和标准。不断地创设制度是人类发展进步的重要体现。④ 马克思主义理论学者认为：中国特色社会主义

---

① 党国英：《农村改革的逻辑》，《社会科学文摘》2018年第11期，第49页。
② 刘守英、熊雪锋：《中国乡村治理的制度与秩序演变——一个国家治理视角的回顾与评论》，《农业经济问题》2018年第9期，第10页。
③ 肖瑛：《从"国家与社会"到"制度与生活"：中国社会变迁研究的视角转换》，《中国社会科学》2014年第9期，第88页。
④ 裴德海：《政治制度文明：社会主义政治文明的必然选择》，《安徽大学学报》2006年第4期，第64页。

制度是指在中国共产党领导下，全国人民在各个领域形成的，集中体现中国特色社会主义制度的特点的一整套相互关联制度体系。

以上学者从不同学科、不同层次对制度的内涵进行了阐释，虽然研究角度不同，对概念的界定有别，但基本上都肯定了制度对经济发展、国家治理、人类发展、国家基本制度实施的重要性。当前，在全面推进乡村振兴中，提高农民财产收入、完善农民财产权，对夯实农业、农村、农民有基础性作用。如何提高农民财产性收入、完善农民财产权？制度的改革与完善必不可少。由此：

首先，应重视制度，认识到全面推进乡村振兴中制度对农民财产权的重要影响。制度有正式制度与非正式制度之分。二者对农民财产权的保护都有着重要意义，不应偏颇。对于正式制度，从建立到运行都需谨慎。制度的生成应合乎规律性，必须是建立于遵循客观规律的基础之上。符合现实社会中人们共同追求的价值规律，能够为农村社会所认同，而且与农村文化要求相结合。制度的生成还应具有合法性，意味着制度应符合法律法规的要求。制度运行应具有程序性。正确的制度从理论到实践，从文字的规定到实际操作是一个再创造过程，它必须按从形式到内容、由表及里的正确方式进行。制度还应具有一定的完整性。对于非正式制度，不应忽视。因为其具有较强的延续性，约束力相比正式制度更为明显。同时，非正式制度具有一定的灵活性，能够有效弥补正式制度的缺陷。非正式制度对乡村社会主体及其行为都有着重要的影响。

其次，正确处理正式制度与非正式制度的关系。关于二者的关系，学者们多认为二者互相协助，互为补充。有学者提出：正式制度与非正式制度之间可以相互转换。在制度内部，正式制度与非正式制度之间的冲突往往会导致制度变迁与制度移植的低效。正式制度作用的有效发挥，需要与相应的非正式制度匹配。[1] 经济建设过程中注重正式制度与非正式制度的兼容对促进经济增长有积极影响。[2] 非正式制度与正式制度密不可

---

[1] 崔万田、周晔馨：《正式制度与非正式制度的关系探析》，《教学与研究》2006年第8期，第47页。

[2] 马智胜、马勇：《试论正式制度和非正式制度的关系》，《江西社会科学》2004年第7期，第121页。

分，如同一枚硬币上的两面，合为整体又相对独立。① 乡村治理中要以非正式制度为前提，嵌入正式制度，使二者深度融合。②

如何在乡村社会，特别是农民财产权保护中，处理二者的关系？学者观点稍有分歧。部分学者认为非正式制度更加突出地位。如有学者对援引村民自治规范的裁判文书进行梳理，发现村民、村集体、行政机关与法院都在相当程度上援引村民自治规范作为解决问题的理据。③ 城乡统筹以来，受宗族势力复苏、新乡贤出现等因素影响，非正式制度在乡村社会中的主导性越来越强。④ 部分学者则认为正式制度具有突出地位。如有学者分析了新中国成立以来农村宅基地所有权与使用权制度分离路径的阶段性特征，认为正式制度显著决定着宅基地的权利关系构成。例如，2013年年底的十八届三中全会明确了农民住房财产权抵押、担保和转让的制度演进方向。⑤ 有学者认为，正式的制度安排应扮演主体框架的角色，而非正式规则是其不可或缺的有效补充，但最终不可代替前者而成为主流趋势。⑥ 有学者基于部分省区农户样本进行实证分析后提出，农地调整中地权分配某种程度上是具有权力资源优势的农户借助正式制度安排，实行农地产权控制的后果。⑦ 我国农民专业合作社存在治理失范症结，矫正的关键是发挥正式制度和非正式制度的作用，但从长远看，正式制度是基础和保障。⑧

---

① 李怀：《非正式制度探析：乡村社会的视角》，《西北民族研究》2004年第2期，第125页。
② 杨嵘均：《论正式制度与非正式制度在乡村治理中的互动关系》，《江海学刊》2014年第1期，第130页。
③ 胡若溟：《国家法与村民自治规范的冲突与调适——基于83份援引村民自治规范的裁判文书的实证分析》，《社会主义研究》2018年第3期，第98页。
④ 刘守英、熊雪锋：《中国乡村治理的制度与秩序演变——一个国家治理视角的回顾与评论》，《农业经济问题》2018年第9期，第10页。
⑤ 李泉：《农村宅基地制度变迁70年历史回顾与前景展望》，《甘肃行政学院学报》2018年第2期，第114页。
⑥ 徐晨馨：《论中国社会的非正式制度和情感关系——读费孝通先生〈乡土中国〉有感》，《山西财经大学学报》2009年第S2期，第305页。
⑦ 罗必良、洪炜杰：《农地调整、政治关联与地权分配不公》，《社会科学战线》2019年第1期，第60页。
⑧ 崔宝玉、刘峰、杨模荣：《内部人控制下的农民专业合作社治理——现实图景、政府规制与制度选择》，《经济学家》2012年第6期，第85页。

本书通过对中国裁判文书网上精选出的 2017 年 1 月 1 日至 2021 年 1 月 31 日期间 105 个有关农村集体经济组织成员资格的案件，统计发现，司法机关对农村集体经济组织成员资格认定纠纷的处理依据主要是国家正式发布的法律法规，而非乡规民约。不仅如此，对于乡规民约与法律法规相冲突的地方，以法律法规作为断案依据。结合上文分析，本书认为，在乡村发展和农民财产权保护中，在思想上需首先确立一个观念：就是必须同时关注正式制度与非正式制度的作用。因为二者互相促进，共同构成农民财产权保障的制度整体。同时，还需注意二者发挥作用的侧重点和具体事例，灵活处理二者的关系。具体到全面推进乡村振兴中农民财产权的保护，应强调正式制度的意义。因为农民财产权受中国乡村习惯、道德、意识形态等非正式制度的影响较深，这种影响甚至偏离了普遍的正义要求，这种偏离不仅对农民财产权有效保护不利，也限制了农村新制度的落实和成效，对乡村振兴战略的实施也起到消极作用。

第 二 章

农民财产权制度变迁

改革开放以来,中国农民财产权保护的制度变迁始终在路上。这些制度变迁既包括诱致性制度,也包括强制性制度。本章主要通过探索制度对农村经济发展的影响来阐释中国农民财产权保护的制度变迁。分析各项制度建立的基本逻辑是什么?各项制度变迁具体是如何演进的?总结每阶段的特点,为我国农民财产权保护制度未来的改革提供借鉴思路。

农民财产权保护制度与经济体制改革关系密切。中华人民共和国成立以后,我国在较长一段时期内实行的是计划经济体制。计划经济体制主要体现在,政企不分的国有企业体制和城乡分割的二元体制两方面。[1] 计划经济体制在我国历史上起过重要的积极作用。在计划经济体制下,农民生产什么、如何生产及为谁生产基本受政府指令分配,不受市场影响。但也存在不适合农村生产力的需求、挫伤农民生产积极性等明显缺陷。特别是农民财产权长期处于被压制状态,农民除了拥有合法收入、储蓄、房屋等必要生活资料外,其他生产资料没有得到必要的保护,近于农村无产者。[2] 1978 年改革开放正是源于对传统计划经济体制下这些弊端的反思。[3]

---

[1] 厉以宁:《论城乡二元体制改革》,《北京大学学报》(哲学社会科学版)2008 年第 2 期,第 5 页。

[2] 周其仁:《产权与制度变迁——中国改革的经验研究》,北京大学出版社 2004 年版,第 52 页。

[3] 厉以宁:《一部解读中国经济 40 年成功秘诀的书——评郑新立同志〈奇迹是如何创造的〉一书》,《宏观经济管理》2019 年第 3 期,第 2 页。

改革开放以来，通过对阻碍生产力发展的旧经济体制改革，中国逐渐从"计划经济""计划经济为主，市场调节为辅"，过渡到"社会主义市场经济"体制①，农民的个人财产权得以重新建立，并经历了从无到有、从残缺到逐步完善的演进过程。随着社会主义市场经济的确立，产权问题开始凸显②。"1978年，中国实现了历史性的伟大转折，以市场为取向的改革，使私有财产权重新生长起来。""改革开放之前主要是农地所有权的变革，改革开放之后主要是农地经营、使用、收益权的改变，所有权则一直维持集体所有。"③

以经济体制改革为主线，可以把改革开放以来农民财产权保护制度的变迁分为四个阶段。

第一节　社会主义市场经济探索时期的农民财产权保护（1978—1991年）

中国自1978年改革开放至1991年社会主义市场经济体制确立这一时期，属于社会主义市场经济体制探索时期，农民的财产权保护制度经历了一系列的演变。

这一时期的制度变迁主要集中于农民土地承包经营权上，农民的宅基地使用权、集体经济组织股权等财产权制度基本处于静止状态。这一时期中国经济转型主要体现在农村家庭联产承包责任制的确立和乡镇企业的兴起上，后推向城市。④

---

① 党的十二大提出计划经济为主，市场调节为辅；十二届三中全会指出商品经济是社会经济发展不可逾越的阶段，我国社会主义经济是公有制基础上的有计划商品经济；党的十三大提出社会主义有计划商品经济的体制应该是计划与市场内在统一的体制；十三届四中全会后，提出建立适应有计划商品经济发展的计划经济与市场调节相结合的经济体制和运行机制。

② 许经勇：《改革开放以来农民个人财产权变迁的思考》，《北京行政学院学报》2018年第3期，第29页。

③ 公茂刚、辛青华：《新中国农地产权制度变迁研究》，《经济问题》2019年第6期，第11页。

④ 厉以宁：《论城乡二元体制改革》，《北京大学学报》（哲学社会科学版）2008年第2期，第5页。

一 社会主义市场经济探索时期的农民财产权制度演变

该阶段农民土地承包经营权经历了萌芽、初步形成、基本形成（法律规定）等过程。

1. "可以包产到户，也可以包干到户"农民土地承包经营权的初步形成

1978—1984 年，实行包干到户，农户成了真正的土地承包经营主体，人民公社被废除。[①] 1980 年 9 月，中央印发了《关于进一步加强和完善农业生产责任制的几个问题》的通知，以中央文件的形式第一次明确农村的生产责任制"可以包产到户，也可以包干到户"，意味着国家政策对农民土地承包经营权的松动，标志着农民土地承包经营权的萌芽。也是对多年来关于包产到户争论的总结，是国家对农民实践创造的肯定，有着极其重大的实践意义。[②]

1982 年中央一号文件《全国农村工作会议纪要》提出，目前实行的各种责任制都是社会主义集体经济的生产责任制。1982 年 9 月召开的中共十二大再次肯定了土地的家庭承包经营制度，提出，近几年在农村确立的生产责任有效地解放了生产力，应长期坚持下去。1983 年的中央一号文件《当前农村经济政策的若干问题》，对农村已开始普遍实行的以联产承包制为主的责任制作出高度评价，坚定了农民实行家庭承包的决心。[③]

家庭联产承包责任制确立意味着农民土地承包经营权的取得，重建了农民的财产权。土地承包经营权是从土地集体所有权中分离出来的财产权，是当时中国农民最重要的私有财产权之一。农民通过承包集体所有的土地和农机具等，进行一定范围的自主生产，获得该集体财产的占有、使用权，收益在农户和集体之间按照承包合同分成。农民通过自己的劳动，获得了剩余财产，逐步形成自己的私有财产。

---

① 陈学斌、胡欣然：《农村改革 40 年回顾与展望》，《宏观经济管理》2018 年第 11 期，第 24 页。
② 杜润生：《中国农村体制变革重大决策纪实》，人民出版社 2005 年版。
③ 陈学斌、胡欣然：《农村改革 40 年回顾与展望》，《宏观经济管理》2018 年第 11 期，第 24 页。

2. "土地的使用权可以依照法律的规定转让"农民土地承包经营权基本形成

家庭联产承包责任制确立后，农民的土地承包经营权获得一定程度的肯定，相应地，农民从事生产经营的自由空间扩大。中共中央、国务院陆续发布了一系列重要政策文件，逐步剥除原有体制的禁锢，肯定农民的土地承包经营权，允许农民以土地使用权入股、租赁。并在1986年《民法通则》中规定土地承包经营权受法律保护，1988年宪法修正案中，将"土地使用权依法可以转让"写入宪法。将经实践摸索已较为成熟和中央政策允许的财产权制度正式通过法律形式予以确认，表明农民土地承包经营权的基本形成。

1985年中央一号文件《关于进一步活跃农村经济的十项政策》，提出，联产承包责任制和农户家庭经营长期不变。在此基础上，针对农村经济呈现出的新局面，允许农民以入股分红的形式发展股份式合作经济。1987年党的十三大指出：要巩固、完善家庭联产承包责任制。对于一些有条件的地方，要在坚持自愿互利的基础上，鼓励和提倡多种形式的合作与联合，逐渐达到合理的经营规模。

1986年《民法通则》第80条第二款、第三款分别规定，公民、集体依法享有的土地承包经营权受法律保护。承包双方的权利和义务，依照法律由承包合同规定。土地不得买卖、出租、抵押或者以其他形式非法转让。

1982年《宪法》第10条第四款规定，任何组织或者个人不得侵占、买卖、出租或者以其他形式非法转让土地。一切使用土地的组织和个人必须合理地利用土地。1988年《宪法修正案》第10条第四款修改为，任何组织或者个人不得侵占、买卖或者以其他形式非法转让土地。土地的使用权可以依照法律的规定转让。《宪法》第10条第四款的修订反映出几点变化：其一，删掉"出租"二字。意味着不再禁止农民出租土地使用权了。反过来，说明农民的财产权扩大了，农民土地转让权更大了。虽然不得侵占、买卖，但可以出租。其二，新增土地转让条款。修订后的《宪法》增加规定：土地的使用权可以依照法律的规定转让。更是从正面明确规定，土地使用权可以依法转让。这里的土地使用权既包括国家土地使用权也包括集体土地使用权。但就集体土地而言，主要是指农用地承包权的流转。这一修订，对于增强农民对家庭经营的稳定感，促进土地使用权的转移和集中将有重要作用。[①]众所周知，土地是财富之母，是人类一切价值的源泉。我国作为传统的农业大国，土地的财富价值更是举足轻重。家庭承包责任制的形成，使农民拥有了较为稳定、固定的土地承包经营权，但如何使土地通过流转，产生更优的配置，产生更大的价值，是实践中出现的新问题。在此背景下，在集体土地上，出现一部分农民因转入非农产业，将其原有的土地转让他人耕种的实践。1988年《宪法修正案》顺应时代发展的需要，将土地使用权可以依法转让写入《宪法》，为当时正在进行的改革提供了合法性基础。

1987年1月1日起执行的《土地管理法》第2条规定，任何单位和个人不得侵占、买卖、出租或者以其他形式非法转让土地。1988年8月，《宪法修正案》通过后，1988年12月修订的《中华人民共和国土地管理法》的第2条第2款规定，任何单位和个人不得侵占、买卖或者以其他形式非法转让土地。与原有条款内容对比发现，也去掉了"出租"二字。《宪法》的修改内容在基本法中得到了落实。

二 社会主义市场经济探索时期农民财产权制度的特点

社会主义市场经济探索时期，是具有巨大改革力度和魄力的时期，中国农民的财产权可以说经历了从无到有、从有到大的巨大历史演变，相应地，农民财产权制度也经历了深刻的变迁。其特点主要体现在以下几个方面：

1. 以农民土地承包经营权的确立和改革为主，奠定了农村进一步改革的基础。1980年《关于进一步加强和完善农业生产责任制的几个问题》的通知首次以中央文件的形式明确农村的生产责任制，标志着农民土地承包经营权的萌芽。1982年《中华人民共和国宪法》规定了农民有权在法律规定的范围内经营自留地、自留山、家庭副业和饲养自留畜（第8条第1款），为农民土地承包经营权的生长提供了制度空间。此后，颁布的《民法通则》《土地管理法》，以及1988年《宪法修正案》均将农民

---

① 国家经济体制改革委员会综合规划司编：《中国改革大思路》，沈阳出版社1988年版，第254页。

的土地承包经营权确立下来，并允许一定程度的转让。今天看来，这些制度的确立具有重要的历史意义，为后期农村的发展改革奠定了深厚的基础。

2. 有效推动了社会主义市场经济体制的确立。十一届三中全会以来的改革开放政策，尤其是党"允许一部分人先富起来"的指导思想，家庭联产承包责任制的实行，以及对农民土地承包经营权的承认和政策实施，给中国从计划经济向商品经济过渡，为建立社会主义市场经济体制准备了理论与实践基础，有力地促进了中国经济体制的转型。

3. 为乡村振兴战略下农民财产权制度改革积累了经验。目前我国社会主义市场经济体制还不够完善，城乡二元体制导致的社会弊端仍然存在，农村的市场化程度还不高，仍然需要进一步改革。社会主义市场经济探索时期农村财产权制度的演变不论从法制上讲，还是从制度的变迁上讲都需要巨大的勇气，同时也是谨慎地、渐进地完成的。改革中特别关注到农村实践以及农民的利益需求。"包产到户"政策的出台就是在这个背景下产生的。这些制度的演变启示我们，面对当前乡村振兴战略下农村的改革，尤其是农民最为关心的征地问题，不能采取强制高压政策，一定要首先考虑群众的利益，以群众的所想所愿作为解决问题的核心。

4. 制度变迁与农村财产权保护互为影响。中国这一历史时期一系列国家政策，主要围绕着经济体制的转型，即如何改革计划经济体制下的各种制度，创设符合社会主义商品经济及未来社会主义市场经济需求的制度。计划经济的主要特点是政府的统包统管，全面干预。市场经济的主要特点是市场主体的自主性的发挥，政府只是起到辅助作用。显然，两种经济体制下的制度供给有着本质的区别。在此期间，农村制度改革的最大亮点是农村联产承包责任制的确立和完善。农村联产承包责任制的实行直接影响着农民土地承包经营权的确立。在此期间，我国农民财产权的内容已拓展到允许农民土地承包经营权一定程度上的流转，相应地，农民的财产权主体地位更加突出。反过来，拥有土地承包经营权的农民，不仅生产的积极性更大，而且保护自身财产权的意识与努力更强，这些都有力地促进了我国农村经济的发展，也推动了国家继续建立、完善农村经济政策及相关制度。

5. 农民土地承包经营权保护仍不完善。首先，虽然随着家庭联产承包责任制的推行，农民基于承包合同拥有集体土地的使用权，但农民仍不能真正独立使用土地。因为土地承包合同的形式、承包期限、违约责任都没有明确的法律规定，实践中土地承包事项随意性大。其次，土地承包期限的长短不固定，导致农民对种地没有预期。农民对自己耕种的土地缺乏稳定感，导致经营上的短期行为，或长期掠夺性的经营，使农业生产步入恶性循环。[1] 因土地承包制度不够完善，农民作为土地使用者权益也得不到有效保障。[2]

第二节 社会主义市场经济确立初期的农民财产权保护（1992—2002年）

1992年党的十四大召开，将建立社会主义市场经济体制确立为我国经济体制改革的目标。明确我国8亿农民已获得对土地的经营自主权。提出，继续深化农村改革，把家庭联产承包为主的责任制、统分结合的双层经营体制作为一项基本制度长期稳定下来。至此，中国农民财产权的保护跨入新的历史阶段。1993年《宪法修正案》取消"农村人民公社"，确立"家庭联产承包为主的责任制"的宪法地位，以国家的根本大法保障该项制度的长期稳定。家庭联产承包责任制是在土地集体所有的前提下，以农户为单位同集体签订承包合同，农户取得集体土地的承包经营权，实现了土地集体所有权与经营权的分离，打破了农村人民公社下土地集体所有、集体经营的旧模式，创立了一种集体土地统分结合的双层经营新体制。这一时期的制度变迁仍然主要集中于农民土地承包经营权制度上。农民的宅基地使用权、集体经济组织股权等财产权制度基本处于静止状态。

一 社会主义市场经济确立初期农民财产权制度的演变

在社会主义市场经济确立初期，农民土地承包经营权的法律地位不

---

[1] 用国清：《农村土地制度现状及改革设想》，《国土经济》1994年第4期，第26页。
[2] 张海峰：《对土地问题的几点想法》，《上海农村经济》1994年第1期，第3页。

断得到提升和彰显。主要表现在：

1. "土地承包期限再延长三十年"——农民土地承包经营权的延长

1982年年底我国大多数农村实行了包干到户，1984年后一直基本覆盖整个农村。在我国农村，实施土地承包经营制度的土地主要是耕地。在农村实行联产承包生产责任制初期，承包期限较短。1984年中央一号文件，根据实际情况，提出土地承包期限应适当延长至15年以上。实践中，各地根据这一精神，陆续将土地承包期确定为15年。到1993年，一些较早实行家庭承包经营的农村，第一轮土地承包即将到期，为此，进行新一轮土地承包成为国家和各级政府的重要工作。1993年11月，由中共中央、国务院颁发的《关于当前农业和农村经济发展的若干政策措施》中提出：原有耕地15年承包期结束后，再延长30年不变。延长土地承包期，对于稳定家庭联产承包责任制，搞活土地使用权。以及尊重农民意愿，增加农民承包经营土地的责任心，调动农民生产积极性均有积极意义。1996年，在土地承包期延长30年政策不变的基础上，又增加规定"四荒"的承包期可以超过30年。1999年1月1日施行的《土地管理法》第14条规定，农民集体所有的土地由农村集体经济组织的成员承包农民集体所有土地，从事种植业、林业、畜牧业、渔业生产经营。土地承包经营期限为30年，从而将该项政策在法律中正式确立下来。

可以说，从1993年11月开始到1998年年底，我国农村第二轮土地承包工作基本落实，第二轮土地承包与第一轮土地承包的社会背景明显不同，如果说第一轮土地承包是摸着石头过河，是探索，那么第二轮土地承包就是稳扎稳打，有的放矢。第二轮土地承包主要针对土地承包期限短引发的农民因缺乏稳定感而在土地经营上的短期行为，强调稳定土地承包权，突出30年不变。

2. "开展土地适度规模经营"——农民土地承包经营权的发展

"土地适度规模经营"一词，早在80年代中期就被理论界提出，但其含义在当时尚不十分明确。基本是对经济学中"规模经济"词语的沿用。实践中，也存在相关的试点探索。随着一些发达地区乡镇企业的逐渐兴起，农村劳动力逐渐外流，已出现了土地闲置情况。1986年中央一号文件首次出现规模经营的表述，提出，"鼓励耕地向种田能手集中，发展适度规模的种植专业户"。1993年11月中共中央《关于做好1995年农业和农村工作的意见》提出：少数经济比较发达的地方，如群众自愿，可以采取多种形式发展适度规模经营以提高农业劳动生产率，标志着土地适度规模经营正式确立。1997年2月中共中央、国务院《关于1997年农业和农村工作的意见》进一步指出，发展土地适度规模经营，必须尊重农民的意愿。

土地适度规模经营与家庭联产承包责任制关系密切，是家庭联产承包责任制的产物，是对家庭联产承包责任制的深化和拓展。在家庭联产承包责任制下，农村生产力得到很大解放，随着"土地承包期限再延长三十年"土地政策的逐渐推行，农民的土地经营权更加稳定。加之农民承包的土地允许一定程度的转让，这些国家政策制度为土地适度规模经营政策的确立都准备了条件。将一块块独立分割的土地合并起来由专业人员进行规模经营有了产生的条件。土地适度规模经营使得农民的土地承包经营权得到了更加灵活的体现。开展土地适度规模经营，不但丝毫没有动摇土地的家庭承包经营制度，而且在土地流转时还要愈加注意保护农民的土地承包权和承包收益权。①

3. "切实提高对稳定农村土地承包关系重要性的认识"——农民土地承包经营权的完善

1993年11月中共中央、国务院颁发《关于当前农业和农村经济发展的若干政策措施》，对农村总的形势和发展作出总结和指导，将农村经济发展、农民收入增长与新的经济体制确立和发展目标紧密结合，提出把农业和农村经济的发展全面转入社会主义市场经济的轨道。

1994年12月农业部《关于稳定和完善土地承包关系意见的通知》，是对1993年11月中共中央、国务院颁发的《关于当前农业和农村经济发展的若干政策措施》的具体贯彻和落实。通过一年时间对百县3.9万个村延长土地承包期等相关问题的统计和调查，提出：把农村土地承包合同纳入法制管理轨道；稳妥做好土地延长承包期工作；提倡在承包期内实行"增人不增地、减人不减地"；不得借延长土地承包期及必要的土地调整变相增加农民负担等具体意见②。

---

① 李保良：《土地适度规模经营要符合国情》，《农民日报》2007年11月23日第7版。
② 《中国法律年鉴》1996年第1卷，第409页。

此后，1997年8月，中共中央办公厅、国务院办公厅《关于进一步稳定和完善农村土地承包关系的通知》，针对农村土地承包政策执行中出现的一些问题，根据中共中央、国务院的指示作出通知。该通知可以说是继1994年农业部提出稳定和完善土地承包关系的具体意见的升级版，对农村土地承包关系存在问题作了全面总结和通知。包括：对延长土地承包期的工作作出具体指导；整顿"两田制"；严格控制和管理"机动地"；严格加强对土地承包费的管理等，该通知的核心思想是切实提高各级党委和政府对稳定农村土地承包关系重要性的认识，对于切实保护农民土地承包经营权，发挥农民积极性，进一步发展农业和农村均有积极的意义。

二　社会主义市场经济确立初期农民财产权保护的特点

1. 农民土地承包经营权的保护重视程度前所未有

自1993年党的十四届三中全会通过了《关于建立社会主义市场经济体制若干问题的决定》，1993年八届全国人大一次会议将"国家实行社会主义市场经济"写入宪法，社会主义市场经济确立以来，农村经济发展，农村收入增长被国家列为每年农村改革的核心任务。其中，稳定、规范、完善农村土地承包经营关系，发展土地适度规模经营，尊重农民意愿成了农村改革中亮点最多的领域，农民土地承包经营权的保护受到前所未有的重视。

2. 农民土地承包经营权保护的广度加大

农民土地承包经营权保护的广度不断加大。从纵向上看，农民的土地承包经营权期限一再延长，1993年中共中央、国务院提出"土地承包期限再延长三十年"的国家政策，并在1999年施行的《土地管理法》中正式确立下来。提倡在土地承包期内实行"增人不增地、减人不减地"政策；从横向上看，农民土地承包经营权的范围更大。1993年中共中央提出土地适度规模经营国家政策，允许农民土地承包经营权的依法自由流转。1997年中共中央、国务院进一步明确：发展土地适度规模经营，必须尊重农民的意愿。

3. 农民土地承包经营权之外的其他财产权稳中有升

首先表现在农民的宅基地使用权上。1995年国家土地管理局《确定土地所有权和使用权的若干规定》第 47 条，符合当地政府分户建房规定而尚未分户的农村居民，其现有的宅基地没有超过分户建房用地合计面积标准的，可按现有宅基地面积确定集体土地建设用地使用权。《土地管理法》第 62 条规定，农村村民一户只能拥有一处宅基地，面积不得超过省、自治区、直辖市规定的标准。农村村民出卖、出租住房后，再申请宅基地的，不予批准。该条规定虽然是一条限制性规定，但从侧面反映出，只要是农村集体经济组织的成员户，就一定能够拥有一处自己的宅基地，而且宅基地的面积有规定的标准，不会由地方任意处置。其次，农民土地因征收而获得的补偿权有了法律保障。《土地管理法》第 47 条，征用土地应按被征用土地的原用途给予补偿。征用耕地的补偿费用包括土地补偿费、安置补助费以及地上附着物和青苗的补偿费。征用耕地的土地补偿费，为该耕地被征用前三年平均年产值的 6—10 倍。国务院根据社会、经济发展水平，在特殊情况下，可以提高征用耕地的土地补偿费和安置补助费的标准。《土地管理法》第 49 条，被征地的农村集体经济组织应当将征用土地的补偿费用的收支状况向本集体经济组织的成员公布，接受监督。禁止侵占、挪用被征用土地单位的征地补偿费用和其他有关费用。该法从实体与程序两方面对农民土地因征收而获补偿问题作了明确规定。

改革开放以后，一开始的农村集体建设用地自发无序流转逐渐盛行，到 20 世纪 90 年代中期以后，国家加强对农村集体建设用地流转的规范管理，促进流转有序进行。我国集体建设用地流转从自发无序、到管理规范。可以说，此发展演变过程是农民土地财产权利不断加大的过程，并且，此演变过程与经济发展和制度创新紧密相关。

第三节 社会主义市场经济发展时期的农民财产权保护（2003—2011 年）

经过前期一系列改革，农民财产权的范围和保护力度都有了很大的提升，农业问题已基本得到了解决。但农民财产权保护中存在的问题仍然严峻，计划经济体制下所形成的一套农村、农业政策还没有得到根本转变。① 特别是 1997—2003 年间，农民收入连续 7 年低效率增长。② 针对存在的"三农"问题，以胡锦涛为总书记的新一代中央领导集体，提出了一系列新的农村改革思想。以 2003 年 10 月 11 日十六届三中全会通过的《中共中央关于完善社会主义市场经济体制若干问题的决定》为新的起点，党中央提出了建立社会主义政治文明、科学发展观、构建"和谐社会"等一系列治国方略。政治文明的根本是保护人们的财产权利；科学发展观的核心内容是以人为本；和谐社会首先是人与人之间的和谐。党中央的这一系列执政理念反映出，党把维护群众的利益放在一个重要的位置。在这些重要思想指导下，农民财产权制度发展迅速。这一时期，除了农民的土地承包经营权更加发展完善外，农民的土地征收补偿权、农民的宅基地使用权开始受到国家重视，相关制度逐渐建立。

一 社会主义市场经济发展时期的农民财产权制度的演变

1. "通过家庭承包取得的土地承包经营权可以依法转包、出租、互换、转让或者其他方式流转"农民土地承包经营权保护更加规范

2003 年 3 月 1 日颁布的《中华人民共和国农村土地承包法》，首次以法律形式，将农村土地承包予以规范化，解决了长期以来困扰实践的难题。该法从多个方面赋予了农民长期而有保障的土地承包经营权。不但将承包土地的期限予以明确，并且对土地承包经营权的流转作了系统的规定。农民的土地承包经营权更加规范、独立。该法案首次规定了农民在 30 年土地承包期内，拥有承包土地的使用权、经营权、收益权等财产权。《土地承包法》所蕴含的农民对承包土地的私有产权意蕴，使《土地承包法》区别于以往任何一部有关土地问题的政策、法规，而成为里程碑式的法律。③

---

① 陆学艺：《中国"三农"问题的由来和发展》，《当代中国史研究》2004 年第 3 期，第 4 页。

② 李琼：《农村新型合作医疗制度研究：问题、措施与发展趋势》，《吉首大学学报》（社会科学版）2007 年第 5 期，第 155—158 + 174 页。

③ 石书军：《农民土地财产权：一个不容忽视的焦点问题》，http://news.sina.com.cn/o/2003-12-31/03121468412s.shtml。

2. "国家为了公共利益的需要，可以依法对土地实行征收或者征用并给予补偿"。农民土地征收补偿权保护力度加强

首先，表现在宪法修正案的修订上。2004年3月14日通过的宪法修正案第十条第三款将以前的"国家为了公共利益的需要，可以依照法律规定对土地实行征用"，修改为"国家为了公共利益的需要，可以依照法律规定对土地实行征收或征用并给予补偿"。《宪法》第十条第三款的修订有两个显著变化：（1）区分了征收与征用。以前，我们对征收和征用这两个概念往往混淆使用。事实上，征收不同于征用，征收指的是土地所有权的改变，即农村集体所有的土地转为国有土地；征用只是土地使用权的改变，一般是临时用地。宪法原有条款只有征用而没有征收之规定，显然与社会现实不符，各地存在大量"征用"现象，其目标往往是农民集体土地所有权，当然也不排除国家为了公共利益的需要临时占用农民集体所有土地的情况。因此只有征用没有征收的规定，使得经济关系不顺。修订后的宪法将征收与征用区别开来，其表述更为准确，对农民土地权利的维护来讲，也更为有利。因为，征收与征用在补偿标准、补偿程序等于农民切身相关的利益上还是有区别的。（2）增加了补偿规定。以前的法律没有土地征用补偿方面的规定，实践中出现了很多损害农民利益的问题，补偿过低，甚至不给补偿是各地常见问题，甚至引发群体事件。因此，这次宪法明确规定土地征收征用应给予补偿，具有重要的意义。"我国在第四次宪法修正案中明确规定了补偿条款，这是立宪上的一个巨大进步，为征收、征用补偿立法和实施征收、征用补偿活动提供了宪法依据。"[①]

其次，表现在《物权法》的颁布上。2007年10月1日起施行的《物权法》第42条第1款，针对现实生活中征收补偿不到位和侵占补偿费用的行为，明确规定："任何单位和个人不得贪污、挪用、私分、截留、拖欠征收补偿费等费用。"违反规定的，要依法承担法律责任。《物权法》第42条第1款："为了公共利益的需要，依照法律规定的权限和程序可以征收集体所有的土地和单位、个人的房屋及其他不动产。"同时，法律

[①] 石佑启：《避免征收征用权滥用要靠完善法制》，http://www.jcrb.com/n1/jcrb450/ca244275.htm。

对征收补偿的原则和内容作了规定。因"公共利益需要"是征收、征用的前提条件。改革开放以来，为了促进经济社会的发展，政府经常大规模征收征用。但是，法律欠缺有关公共利益的内涵和界定公共利益的主体、标准和程序的规定，加上征收征用所补偿的范围、标准、方式并不统一，因而在实际工作中不断引发"官""民"冲突。尤其是公共利益的内涵不确定、外延涉及面广，一些征收征用主体随意粘贴公共利益标签，恣意启用征收征用手段，甚至进行非公共利益活动，严重侵犯了公民合法权益。与以往的法律法规相比，《物权法》在土地征收征用补偿问题上有了进步。物权法规定："征收集体所有的土地，应当依法足额支付土地补偿费、安置补助费、地上附着物和青苗的补偿费等费用，安排被征地农民的社会保障费用，保障被征地农民的生活，维护被征地农民的合法权益。"

最后，表现在《土地管理法》的第二次修订。紧随2004年宪法修订，2004年8月修订的《土地管理法》，也将1998年修订通过的《中华人民共和国土地管理法》第2条第4款"国家为公共利益的需要，可以依法对集体所有的土地实行征用"修改为"国家为了公共利益的需要，可以依法对土地实行征收或者征用并给予补偿"。此修订与宪法修订保持一致，表明了法律对宪法内容的贯彻。2004年8月《土地管理法》第二次的修正，虽然规定国家为了公共利益的需要，可以依法对土地实行征收或者征用并给予补偿。但是在关于失地农民征地补偿安置方面并没有新的突破。不过，2004年10月21日国务院出台《关于深化改革严格土地管理的决定》，国土资源部随后出台配套文件《关于完善征地补偿安置制度的指导意见》，这些文件对完善征地补偿安置制度作出了许多新规定。这些规定相对于此前的征地补偿安置规定具有一定的进步意义，但其发挥的作用还很有限。

3. "依法维护农民宅基地的取得权"农民宅基地使用权的保护范围更大

2004年12月《国务院关于深化改革严格土地管理的决定》针对实践中存在的圈占土地、乱占滥用耕地等以牺牲农民利益为代价追求短期利益等突出问题，提出严格执行土地管理法律法规；加强土地规划管理；完善征地补偿和安置制度等严格要求。文件最醒目的地方是强调坚持社会主义市场经济的改革方向,依法行政,理顺政府与用地者以及被征地农民等多重利益关系,切实维护人民群众利益。其政策精神在此后2004年修订的《土地管理法》、2007年颁布的《物权法》中都被具体贯彻。

就宅基地使用权而言,2007年颁布的《物权法》第十三章专章规定了"宅基地使用权",共4个条文。正面规定了宅基地使用权人的对集体所有土地的占有权、使用权。具体的取得、行使和转让仍沿用《土地管理法》的规定。此后,国土资源部于2010年3月、11月先后发布通知,针对农民宅基地使用权作出部署。这两项通知也是对2004年1月颁布的《国务院关于深化改革严格土地管理的决定》的贯彻落实。其中2010年3月国土资源部《关于进一步完善农村宅基地管理制度切实维护农民权益的通知》就完善农村宅基地管理制度、维护农民权益相关问题作出通知。就农村宅基地的规划管理、程序规范及农民宅基地取得权的保障等作出通知。提出要切实维护农民依法取得宅基地的正当权益。2010年11月国土资源部《关于加强农村宅基地管理的意见》的通知,就如何正确引导农村村民住宅建设合理、节约使用土地提出意见。其中明确各地一律不得在宅基地审批中向农民收取新增建设用地土地有偿使用费。加快农村宅基地土地登记发证工作,切实维护农民的合法权益。以上均说明,实践中农村宅基地制度存在问题,农村的宅基地使用权已开始引起国家相关部委的重视。

4. "两减免、三补贴"农民财产权的逆向增强

2005年12月31日中共中央国务院《关于推进社会主义新农村建设的若干意见》指出:进一步深化以农村税费改革为主要内容的农村综合改革。2006年,全国范围内取消农业税。2006年10月11日中共中央《关于构建社会主义和谐社会若干重大问题的决定》指出:坚持农村基本经营制度,保障农民土地承包经营的各项权利,发展农民专业合作组织,增强农村集体经济组织服务功能。2005年12月29日第十届全国人民代表大会常务委员会第十九次会议决定:第一届全国人民代表大会常务委员会第九十六次会议于1958年6月3日通过的《中华人民共和国农业税

条例》自2006年1月1日起废止。取消农业税①，切实减轻农民负担。因为农业税的征收，提高了农产品的生产成本，影响到中国农产品在国际市场上的价格竞争力。一些主要的农业发达国家和地区，如美国、欧盟等为保护本国和本地区的农业，不仅不征收农业税，反而给农民大量补贴，目的在于提高本国和本地区农业的国际竞争力。取消农业税，从某种意义上来说，是对农民的一种解放。取消农业税，也是改革开放带来的一项巨大成果。农业税的取消，农民是最大的受益者，其财产权利无疑进一步得到保障。因此有人认为，取消农业税，进入"后农业税时代"，应是农民权利时代。"在国家公权力体系中，课税权无疑是最先且最直接的与私人财产权发生关联的公权力类型。国家征税权的取得，使国家参与国民收入的分配成为可能，这种财产让渡上的无偿性无论如何都将形成对私人财产权的强制性限制与剥夺。""在税收国家，国家的财政收入绝大部分取自私人财产的让渡，国家自私人手中获取的财产越多，纳税人手中保有的财产就越少。"② 因此，农业税的取消，则从另一方面表明国家对农民私有财产权的尊重与保护。

二 社会主义市场经济发展时期农民财产权保护的特点

1. 这一时期，国家保护农民财产权的理念与制度改革有了质的飞跃，认识也更为深刻。具体体现在中央出台的一系列重量级政策法规上

2004年宪法修正案以国家根本法的形式，明确规定："国家为了公共利益的需要，可以依照法律规定对土地实行征收或征用并给予补偿。"把土地征收必须予以补偿这一制度确立下来。2004年12月《国务院关于深化改革严格土地管理的决定》作为国务院出台的关于土地管理的史上最全面、明确、规格最高的文件，强调依法行政，理顺政府与用地者以及

---

① 农业税是国家对一切从事农业生产、有农业收入的单位和个人征收的一种税。1958年6月3日，第一届全国人民代表大会通过《中华人民共和国农业税条例》。1994年1月30日，国务院发布《关于对农业特产收入征收农业税的规定》，凡从事农业生产、有农业收入的单位和个人，都是农业税的纳税人。2000年开始推行农村税费改革后，原来由农民负担的费也被纳入税里，农业税比例有所增加。从2004年开始，政府开始实行减征或免征农业税的惠农政策。

② 刘剑文：《私人财产权的双重保障——兼论税法与私法的承接与调整》，《河北法学》2008年第12期，第8页。

被征地农民等多重利益关系，切实维护人民群众利益。2006年中共中央一号文件《中共中央关于建设社会主义新农村决议》提出，建设社会主义新农村着重于提高农业综合生产能力，加强农村基础设施建设、农村基础教育建设以及对农民培训的投入，提高农民素质，提升农村自身发展的能力。这对于提升农村、农业在整个国民经济中的地位，维护农民权利，体现社会公平，缩小城乡差距，真正实现农村、农业、农民的发展，是一个重大突破①。2007年10月，党的十七大报告提出"平等保护物权，各种所有制经济平等竞争"，对于保障农民的财产权具有重要的指导意义。同年施行的《物权法》从法律上明确"国家财产权、集体财产权和个人财产权"平等受保护。这些政策法规，与以往相比，无论从形式、力度、还是理念上，都是对农民财产权制度的一次升华。反映出国家对农民财产权保护问题更加重视，且将农民财产权保护与完善社会主义市场经济体制结合在一起，体现了农民财产权保护的客观价值。

2. 这一时期，农民对其财产权的自我保护意识加强

随着国家政策对农民财产权保护力度的不断提升，我国相关法律制度不断健全，与此相对应，农民对自身财产权益的保护意识也不断加强。这一时期，令人震惊的暴力事件频繁发生，多与农民土地、房屋等财产权保护有关。这表明，国家的法律体系在一定程度上出现与现实的接轨不力，不能充分满足社会的需要。尤其是司法系统，如果致使百姓依法办事行不通，他们就只好诉诸非法手段，自力救济。

第四节 社会主义市场经济完善时期的农民财产权保护（2012年至今）

2012年11月8日党的十八大召开，中国特色社会主义进入新的历史和发展阶段。党的十八大报告指出，以经济建设为中心是兴国之要，必须加快完善社会主义市场经济体制，并提出全面深化经济体制改革、推动城乡发展一体化等具体要求。强调城乡发展一体化是解决"三农"问

---

① 王盛开、方彬：《改革开放以来中国共产党的农村政策取向演变的历史考察》，《求实》2006年第12期，第10页。

题的根本途径，为此，还需要继续坚持并完善农村基本经营制度。而依法维护农民财产权益是坚持完善农村基本经营制度的核心内容。具体包括依法维护农民的土地财产权，如土地承包经营权、宅基地使用权；依法维护农民的集体收益分配权，提高农民土地征收补偿收益分配比例等，只有农民的财产权得到有效维护，才能有效激发农村发展活力，促进集体经济实力的增强，逐步缩小城乡差距，从而促进城乡共同繁荣。此后召开的党的十八届三中全会（2013年11月）、每年的中央一号文件，党的十九大、党的二十大都强调有效保障农民财产权，农民财产权保护进入全面突破发展新阶段。这一时期，不仅农民土地承包经营权一如既往受到重视，农民的宅基地使用权、农民集体收益分配权等其他财产权也多次在中央政策文件中提及，体现出国家对农民财产权的全面发展改革的重视。

一 社会主义市场经济完善时期农民财产权制度的演变

1. "赋予农民更多财产权利"农民财产权全面受重视

党的十八届三中全会《中共中央关于全面深化改革若干重大问题的决定》（2013年11月12日）中对农民财产权的保护，从农村经济发展实际出发，有多项突破性举措，明确"赋予农民更多财产权利"。其中针对农民土地承包经营权，指出在坚持最严格的耕地保护制度基础上，赋予农民对承包地的多种形式的流转职能，包括占有、使用、收益、流转及承包经营权抵押、担保权能，及允许土地承包经营权入股发展产业化经营职能。鼓励土地承包经营权在公开市场上向农业专业经营主体流转，发展多种形式规模经营。针对农民集体经济组织成员权，提出要积极发展农民股份合作，赋予农民对集体资产股份占有、收益、有偿退出及抵押、担保、继承。针对农民宅基地使用权，提出要改革完善农村宅基地制度，选择若干试点，慎重稳妥推进农民住房财产权抵押、担保、转让，探索农民增加财产性收入的渠道。这些重大突破增强了农民财产权的流转职能，对农业现代化产生了强有力的推动作用。可以说，2013年党的十八届三中全会提出的让广大农民平等参与现代化进程、共同分享现代化成果，不仅明确了农村集体经济改革方向，更明确了赋予农民的具体权能①。同年的中央一号文件《中共中央 国务院关于加快发展现代农业 进一步增强农村发展活力的若干意见》(2013)提出,改革农村集体产权制度,有效保障农民土地承包经营权、宅基地使用权、集体收益分配权等财产权利。2015年中央一号文件进一步提出,要完善法律法规,加强对农村集体资产所有权、农户土地承包经营权和农民财产权的保护。抓紧修改相关法律,界定农村土地集体所有权、农户承包权、土地经营权之间的权利关系。并首次提出保障好农村妇女的土地承包权益。

2. "慎重稳妥推进农民住房财产权抵押、担保、转让"农民宅基地使用权的重大突破

党的十八届三中全会《中共中央关于全面深化改革若干重大问题的决定》(2013年11月12日)在历来的国家政策中首次提出:改革完善农村宅基地制度,慎重稳妥推进农民住房财产权抵押、担保、转让。该项规定对初步实现农村住房的商品化提供了政策保障,是农村住房和宅基地制度改革的一个重大突破。随着我国社会主义市场经济体制不断完善及城乡一体化体制机制的健全,承认农民的住房是商品,具有财产价值对于保障农民的利益,缩小城乡收入差距,落实广大农民平等参与现代化进程、共同分享现代化成果的政策要求成为农村发展的又一重要现实问题。调查发现,限制农民住房进入市场交易实际上是侵害了农民的财产权,剥夺了农民的财产收入。此后,2014年中央一号文件提出完善农村宅基地管理制度。选择若干试点,慎重稳妥推进农民住房财产权抵押、担保、转让。2015年中央一号文件进一步提出,依法保障农民宅基地权益,改革农民住宅用地取得方式,探索农民住房保障的新机制。2018年中央一号文件提出探索宅基地所有权、资格权、使用权"三权分置",落实宅基地集体所有权,保障宅基地农户资格权和农民房屋财产权,适度放活宅基地和农民房屋使用权。可以说,这一时期,随着农村土地改革的深化,随着土地承包经营权改革制度的逐步完善,农民宅基地使用权的改革逐渐浮出水面,成为我国农村改革的又一重要内容。

---

① 张敏娜、陆卫明、王军:《农村"三变"改革的"中国特色社会主义政治经济学"意义》,《西北农林科技大学学报》(社会科学版)2019年第1期,第137页。

3. "允许农村集体经营性建设用地出让、租赁、入股，实行与国有土地同等入市、同权同价"农民财产权的又一重大突破

党的十八届三中全会《中共中央关于全面深化改革若干重大问题的决定》（2013 年 11 月 12 日）提出，"在符合规划和用途管制前提下，允许农村集体经营性建设用地出让、租赁、入股，实行与国有土地同等入市、同权同价"。即农村集体经营性建设用地可与国有土地同权同价，建立城乡统一的建设用地市场。长期以来，城市新增建设用地都是由政府从农民手里先征用为国有土地，在完善道路、供水、供电等基础建设后，进行"招拍挂"的。土地增值收益大部分落入政府手中，被征地农民的权益往往得不到保障。[①] 根据《决定》新精神，农民将从农村集体经营性建设用地流转中，直接获得土地出让、租赁、入股等市场收入，与国有土地同等入市、同权同价，从而充分体现了对农民利益的重视。此后的 2014 年中央一号文件提出，引导和规范农村集体经营性建设用地入市，实行与国有土地同等入市、同权同价，加快建立农村集体经营性建设用地产权流转和增值收益分配制度。2015 年中央一号文件明确，赋予符合规划和用途管制的农村集体经营性建设用地出让、租赁、入股权能，建立健全市场交易规则和服务监管机制，进一步推动了城乡统一的建设用地市场的建立。

4. "全面开展农村土地确权登记颁证工作"农民财产权保障的有力举措

2013 年中央一号文件指出，健全农村土地承包经营权登记制度，强化对农村耕地、林地等各类土地承包经营权的物权保护，用 5 年时间基本完成农村土地承包经营权的确权登记颁证工作。加快农村宅基地等农村集体土地所有权和建设用地使用权的地籍调查和确权登记颁证工作。2014 年中央一号文件提出进一步强调，要抓紧抓实农村土地承包经营权确权登记颁证工作。加快包括农村宅基地在内的农村地籍调查和农村集体建设用地使用权确权登记颁证工作。2015 年中央一号文件再次重申：抓紧抓实土地承包经营权确权登记颁证工作。2016 年中央一号文件提出，

[①] 郑新立：《农村土地公有制实现形式的三大突破》，《宏观经济管理》2013 年第 12 期，第 4 页。

加快推进"房地一体"的农村集体建设用地和宅基地使用权确权登记颁证。"房地一体"集体建设用地使用权主要是指村委会办公用地、医疗教育文化等公益事业用地以及乡镇企业用地等非住宅建设的集体土地确权登记发证。该项规定和以前的"农村集体建设用地使用权"相比,内容更加具体,对实践具有更强的指导意义。2017年中央一号文件继续重申该政策,并强调全面加快"房地一体"的农村宅基地和集体建设用地确权登记颁证工作,增加了"全面"二字,要求更高。至2019年,土地承包经营权确权颁证已基本完成。2019年中央一号文件提出,在基本完成承包地确权登记颁证工作的基础上,做好收尾工作。宅基地的确权颁证还在进一步实施中。

5. "鼓励有条件的农户流转承包土地的经营权"农村生产力的巨大释放

土地承包经营权"三权分置"政策的创新。2014年中央一号文件指出,鼓励有条件的农户流转承包土地的经营权,加快健全土地经营权流转市场。需说明的是,这里鼓励流转的是承包土地的经营权,而非其他权利。即一号文件把"经营权"从"承包经营权"中分置出来,实现理论和实践上的重大突破。这项政策意味着继续坚持农民土地承包权长久不变政策,但在此基础上,农民的土地经营权被分置出来,允许流转,意味着农民的土地财产权更加灵活更加适用。同时,也为实现适度规模经营开拓了发展空间。总之,通过此文件,土地承包经营权"三权分置"正式被提上农村土地制度和产权法治建设层面,再一次推动了农村生产力的大释放。依法推动承包权主体同经营权主体分离,是生产力、生产关系调整之必需,也是保障农民权益的当务之急。在此基础上,2015年中央一号文件提出,坚持农民家庭经营主体地位,引导土地经营权规范有序流转,创新土地流转和规模经营方式,积极发展多种形式的适度规模经营。引导农民以土地经营权入股合作社和龙头企业。到2018年,农村土地承包经营权"三权分置"政策在实践中已得到较好贯彻。因此,2018年中央一号文件就明确,完善农村承包地"三权分置"制度,在依法保护集体土地所有权和农户承包权前提下,平等保护土地经营权。2019年中央一号文件进一步提出完善落实集体所有权、稳定农户承包权、放活土地经营权的法律法规和政策体系等具体的部署。

6. "探索农村集体所有制有效实现形式" 农村集体产权制度改革开始提上日程

2015年中央一号文件将推进农村集体产权制度改革提上农村改革的日程，提出探索农村集体所有制有效实现形式，创新农村集体经济运行机制。2016年中央一号文件提出深化农村集体产权制度改革，并提出具体时间节点，即到2020年基本完成土地等农村集体资源性资产确权登记颁证，对经营性资产进行折股量化，健全非经营性资产集体统一运营管理机制。2017年中央一号文件继续提出深化农村集体产权制度改革。2018年中央一号文件提出深入推进农村集体产权制度改革。全面开展农村集体资产清产核资、集体成员身份确认，加快推进集体经营性资产股份合作制改革。研究制定农村集体经济组织法，充实农村集体产权权能。2019年中央一号文件继续提出深入推进农村集体产权制度改革。按期完成全国农村集体资产清产核资，加快农村集体资产监督管理平台建设，建立健全集体资产各项管理制度。指导农村集体经济组织在民主协商的基础上，做好成员身份确认，注重保护外嫁女等特殊人群的合法权利，加快推进农村集体经营性资产股份合作制改革。研究制定农村集体经济组织法。以上中央文件，从"探索""深化"到"深入推进"农村集体产权制度改革，措辞的递进性体现出政策力度的加强和深化，同时反映出农村集体产权制度改革的不断深入。

7. "集体经营性建设用地入市" 农民土地财产性收入增大的巨大机遇

新修改的《土地管理法》剔除了农村集体建设用地进入市场的旧有法律障碍，明确规定，农村集体建设用地在符合规划、依法登记，并经三分之二以上集体经济组织成员同意的情况下，可以通过出让、出租等方式交由农村集体经济组织以外的单位或个人直接使用，同时使用者在取得农村集体建设用地之后还可以通过转让、互换、抵押的方式进行再次转让。删除了旧的《土地管理法》的第43条"任何单位或个人进行建设，需使用土地的，必须依法申请使用国有土地"的规定，该旧有规定明确限制了农村集体建设用地直接进入市场。可以说，新规定为加快建立城乡统一的建设用地市场提供了有利条件，同时也为农民土地财产性收入的增长提供了直接的机遇。

二 社会主义市场经济完善时期的农民财产权保护的特点

1. 坚持社会主义市场经济改革方向

2014年中央一号文件提出，全面深化农村改革，要坚持社会主义市场经济改革方向，处理好政府和市场的关系，激发农村经济社会活力；要鼓励探索创新，在明确底线的前提下，支持地方先行先试，尊重农民群众实践创造；要因地制宜、循序渐进，不搞"一刀切"、不追求一步到位，允许采取差异性、过渡性的制度和政策安排；要城乡统筹联动，赋予农民更多财产保护权利，推进城乡要素平等交换和公共资源均衡的配置，让农民平等参与现代化建设进程、共同分享现代化的成果。最具代表性的是2020年1月1日修订实施的《土地管理法》，"集体经营性建设用地入市"正式被写入立法，结束了多年来集体建设用地不能与国有建设用地同权同价同等入市的二元体制。使我国农村土地制度与社会主义市场经济完善更加适应。

2. 多项重大理论创新

三权分置——2014年中央一号文件提出，鼓励有条件的农户流转承包土地的经营权，加快健全土地经营权流转市场。需要明确的是，鼓励流转的是经营权，而不能误读为其他别的什么权利。一号文件把经营权从承包经营权中分离出来，实现了理论和实践上的一次重大突破，意图是在维护农户土地承包权长久不变的基础上，为实现适度规模经营开拓发展空间。在落实农村土地集体所有权的基础上，稳定农户承包权、放活土地经营权，允许承包土地的经营权向金融机构抵押融资。"三权分离"正式提上农村土地制度和产权法治建设层面，再一次推动农村生产力的大释放。依法推动承包权主体同经营权主体分离，是生产力、生产关系调整之必需，也是保障农民权益的当务之急。

乡村振兴——党的十九大报告提出，实施乡村振兴战略。农业农村农民问题是关系国计民生的根本性问题，必须始终把解决好"三农"问题作为全党工作的重中之重。巩固和完善农村基本经营制度，深化农村土地制度改革，完善承包地"三权"分置制度。保持土地承包关系稳定并长久不变，第二轮土地承包到期后再延长三十年。深化农村集体产权制度改革，保障农民财产权益，壮大集体经济。

3. 更加重视法律的完善

2013年中央一号文件提出,加快修订土地管理法,尽快出台农民集体所有土地征收补偿条例。完善征地补偿办法,合理确定补偿标准,严格征地程序,约束征地行为,补偿资金不落实的不得批准和实施征地。2014年中央一号文件多次提出推动修订相关法律法规。当务之急,包括修改农村土地承包法、物权法等。承包经营权分离、集体建设用地入市、宅基地管理制度改革等涉及产权制度改革,是全面深化改革的重要内容。应坚持顶层设计、长远立法与试点结合,可以确保改革红利最大释放并用之于农。2018年中央一号文件:加快土地管理法修改,完善农村土地利用管理政策体系。扎实推进"房地一体"的农村集体建设用地和宅基地使用权确权登记颁证。2019年中央一号文件提出,研究制定农村集体经济组织法。

2018年12月29日,十三届全国人大常委会第七次会议表决通过了关于修改《农村土地承包法》的决定,对进城农民土地承包经营权作出重大修改,对农村集体土地的使用作出新规定,对集体土地的流转、入股、退出、土地承包经营权三权分置、土地经营权流转、后征收安置补偿费等涉及农民享有的集体土地的权利作出修订,加强了对农民土地权益的保护。

2020年1月1日修订实施的《土地管理法》,对《土地管理法》内容作了重大修订,该次立法活动是继2018年年底《农村土地承包法》修订后的又一次农村土地领域内的重大立法活动,标志着我国农村土地多年改革试点进入到新的历史时期。标志着我国农村土地法制与社会主义市场经济体制更加适应,农民的土地财产权益保障更加充分。

4. 政策更加具体

2014年中央一号文件提出切实维护妇女的土地承包权益。2019年中央一号文件提出,深入推进农村集体产权制度改革。按期完成全国农村集体资产清产核资,加快农村集体资产监督管理平台建设,建立健全集体资产各项管理制度。指导农村集体经济组织在民主协商的基础上,做好成员身份确认,注重保护外嫁女等特殊人群的合法权利,加快推进农村集体经营性资产股份合作制改革。2020年1月1日修订实施的《土地管理法》的决定对土地征收程序的具体化。可以看出,这些政策法规,内容更加具有操作性，对农民财产权的保护起到了更加有力的保障效果。

总之，改革开放以来农民财产权制度的演变，是一个认识不断深化、政策法律逐步全面、保护方法更加具体的历史；改革开放以来农民财产权制度的演变，也是一个社会主义市场经济的发展与农民财产权制度完善相辅相成的历史发展过程。农民财产权制度的改革始终围绕着社会主义市场经济体制的完善，社会主义市场经济的确立、发展与完善为农民财产权制度改革提供了土壤和方向。社会主义市场经济每前进一步，农民财产权制度的力度就加大一步；改革开放以来农民财产权制度的演变，同时也是一个从强调土地承包经营权的单一保护到同时强调宅基地使用权的共同保护再到农民各项财产权全面受保护的发展历史。在这个历史进程中，农民财产权由无到有、由量的扩张到质的提升，直到今天在农村经济生活中扮演着越来越重要的角色，成为农村经济发展的重要组成部分，乃至于城乡经济发展一体化的重要衡量要素。

第三章

农民财产权的制度变迁逻辑
——以宅基地权利制度为例

1978年改革开放以前，我国由于实行计划经济体制，禁止农民享有生产资料的财产权。改革开放以后，在农村率先实行的家庭联产承包责任制通过把耕地等生产资料的经营权还给农民，极大地调动了农民的生产积极性，农业生产连年较大幅度增产，农村经济迅速得到发展。改革开放以后很长一段时间内，我国农村的经济建设主要围绕农民的土地承包经营权展开，出台了一系列的国家政策法规。农村的宅基地使用权以及房屋所有权制度则变化不大，主要起着农民社会保障的功能。

随着20世纪90年代初社会主义市场经济体制的确立，市场要素流动开始活跃起来，城镇化迅猛发展，一些农民开始离开农村外出打工，宅基地使用问题逐渐产生。从2000年前后开始，有关农村宅基地制度的讨论开始引入财产权概念。此后的十八届三中全会《中共中央关于全面深化改革若干重大问题的决定》（2013年11月12日）在历来的国家政策中首次提出：改革完善农村宅基地制度，慎重稳妥推进农民住房财产权抵押、担保、转让。该项规定是农村住房和宅基地制度改革的一个重大突破。可以说，随着农村土地改革的深化，土地承包经营权改革制度逐步完善，农民宅基地使用权的改革逐渐浮出水面，成为我国农村改革的又一重要内容。农民宅基地使用权制度经历了改革开放后一段时期仅拥有使用权到当前的拥有用益物权的演变[①]。这一演变过程也体现为国家对宅

---

① 周江梅、黄启才：《改革开放40年农户宅基地管理制度变迁及思考》，《经济问题》2019年第2期，第69页。

基地管理更为严格、更为规范,农户权利更为具体,逐步向政府引导的市场化方向迈进。从一定意义上说,此演变过程与制度创新紧密相关。并且,该制度变迁过程遵循了一定的发展逻辑。

第一节 正式制度与非正式制度的合力作用

制度是人们共同遵守的行为准则。包括法律、习惯、道德等正式制度与非正式制度。改革开放以来,农民宅基地权利发展受到正式制度与非正式制度的合力促进。土地制度是中国农村正式制度的核心,也是国家对农村进行控制与管理的主要手段。40多年间,我国发布实施了一系列有关宅基地权利的政策法规,有力地推动了农民宅基地权利的发展和改革。根据农民宅基地权利政策法规的发布主体、发布内容、发布的进程①,可以发现,正式制度对我国农民宅基地权利发展起着核心的推动作用。农地政策的制定涉及更多的可能是规范层面上的问题②。

但在农民宅基地权利发展中不能忽视非正式制度的价值及作用。一些广泛存在于农村的价值观念、伦理规范、文化传统、意识形态等对农民宅基地权利发展起到了重要的辅助作用。在《制度、制度变迁和经济表现》一书中,诺思指出,一个社会若想得到持久的经济发展,必须致力于建立一个交易费用低廉的制度环境,在这一过程中,非正式制度的作用异常重要。农地制度变迁与政治、经济、社会、文化的发展和转型存在广泛的关联③。并且,正式制度与非正式制度之间也在互相促进和影响。非正式制度既可能引致不合理制度的崩解,促进新制度的建构,也可能维护甚至"加强"不合理制度。因此,需充分引导、发挥非正式制度的解释性、合法性和社会整合功能,使其与正式制度相互促进。④ 特别是,在我国社会转型特殊时期,农地制度是多因素叠加、多主体参与、

---

① 包括制度创立、试点、修改。
② 姚洋:《中国农地制度:一个分析框架》,《中国社会科学》2000年第2期,第62页。
③ 王敬尧、魏来:《当代中国农地制度的存续与变迁》,《中国社会科学》2016年第2期,第89页。
④ 王敬尧、魏来:《当代中国农地制度的存续与变迁》,《中国社会科学》2016年第2期,第92页。

多元诉求共存的复杂变迁。①

一 正式制度的核心地位

农民宅基地权利制度虽然不乏习惯、道德等非正式制度，但更多地体现为正式制度。如国家正式发布的农村改革政策、相关法律。我国有关农民宅基地权利制度，在执政党、国家政府机关等各个级别的立法机构文件中都有体现，具有一定的完整性、系统性。有学者分析了中华人民共和国成立以来农村宅基地所有权与使用权制度分离路径的阶段性特征，认为正式制度显著决定着宅基地权利的关系构成。② 对此，本书持相同观点。认为乡村振兴战略下农民宅基地权利的保护，应强调正式制度的核心意义。

改革开放以来，中国基本沿着计划经济、计划经济为主商品经济为辅、商品经济为主计划经济为辅、社会主义市场经济建立、社会主义市场经济完善的经济发展脉络前行，政府的角色也相应地由"政府主导"向"政府引导"过渡。政府引导与政府主导的主要区别在于，政府的管理以政策法规为依据，而非全面自主管理。改革开放以来农民宅基地权利制度的变迁，主要围绕正式制度向逐渐市场化方向过渡而展开。具体而言：

（一）从改革开放至1992年社会主义市场经济体制建立：宅基地权利正式制度匮乏，正式制度与非正式制度互补

这一时期，我国农村的经济建设主要围绕农民的土地承包经营权展开，出台了一系列的国家政策法规。1978年家庭联产承包责任制得以确立后，国家逐渐由对农村发展的全面控制转为农村自主发展。国家主要通过各领域广泛的制度实现对农村的管理。③ 农村的宅基地制度主要是围绕乱占耕地、建房用地、邻里纠纷等问题展开的管理制度。宅基地使用

---

① 王敬尧、魏来：《当代中国农地制度的存续与变迁》，《中国社会科学》2016年第2期，第92页。
② 李泉：《农村宅基地制度变迁70年历史回顾与前景展望》，《甘肃行政学院学报》2018年第2期，第114页。
③ 何君：《国家转型、农村正式制度变迁与乡镇政府行动》，《经济社会体制比较》2014年第6期，第83页。

权以及房屋所有权等私权保障制度变化不大。说明这一时期宅基地的财产价值尚不凸显,宅基地制度主要起着农民社会保障的功能。与宅基地权利制度相关的政策法规主要有:

《关于制止农村建房侵占耕地的紧急通知》(1981年)主要针对农村乱占滥用耕地的现象要求各级政府严肃处理。《宪法》(1982年)第10条第5款规定:一切使用土地的组织和个人必须合理地利用土地。同年由中共中央办公厅、国务院办公厅发布的《关于切实解决滥占耕地建房问题的报告》(1982年)、国务院发布的《村镇建房用地管理条例》(1982年)(已废止)均围绕合理利用土地,防止村镇建房乱占滥用耕地问题作出具体的规定。这些相互衔接的政策法规,主要属于宅基地管理制度,具有宏观调控的规范性质。

其后的《关于加强土地管理,制止乱占耕地的通知》(1986年)、《中华人民共和国民法通则》(1986年)、《中华人民共和国土地管理法》(1988年)、《土地管理法实施条例》(1991年)等,在宅基地问题的法律阐释和制度供给方面并无新的突破和改变[①],只是针对仍然普遍存在的乡镇企业、农村建房乱占耕地、滥用土地的现象,加强土地管理、深化宅基地管理制度。

值得注意的是,1989年国家土地管理局《关于确定土地权属问题的若干意见》(随着1995年3月11日国土资源部《确定土地所有权和使用权的若干规定》,该意见于1995年5月1日起停止执行),对确定土地所有权和使用权提出意见。该意见是这一时期对农民宅基地权利进行专门规范的主要国家制度。与以往的规定最大的区别在于,该制度从性质上讲更倾向于对农民宅基地权利的一种私权规范,而非针对宅基地的管理规范。意见的全部内容几乎都是围绕土地权属问题展开。其针对宅基地权属问题规定:农民集体土地上的房屋出售给本集体内部成员的,土地所有权不变。房产所有者享有土地所属集体其他成员同等的土地使用权。并对因接受转让或购买房屋取得的宅基地,与原有宅基地合计面积超过当地政府规定标准的,因房屋拆迁、改建、翻建后的宅基地面积超过当

---

① 李泉:《农村宅基地制度变迁70年历史回顾与前景展望》,《甘肃行政学院学报》2018年第2期,第114页。

地政府规定的面积标准的等类似情况，规定需重新确定使用权，超过部分退还集体。而且规定，非农业户口居民原在农村的宅基地，凡房屋产权没有变化的，可依法确定其集体土地建设用地使用权。即非农民集体经济组织的成员，也享有宅基地使用权。不过这一规定在1998年《土地管理法》中被修正，一直到当前，宅基地使用权的主体只能是"农村村民"。

总之，这一时期，各类国家政策和法规是农村宅基地正式制度的主要表现形式。但因为大多数政策法规主要针对当时较为严重的滥用耕地建房问题进行规范管理，有关农民宅基地权利的政策法规比较少。问题是，这一时期出现了不少宅基地权利纠纷，实践中是如何解决的？这个问题一定程度上说明了宅基地权利正式制度与非正式制度的关联关系。事实上，早在1981年，广东省高级人民法院就曾针对农村宅基地使用纠纷、空宅基地被他人占用、耕田做屋地等问题解答群众的疑惑，供各地人民法院参考。① 说明这一时期农村的宅基地纠纷，在私人之间无法妥善解决的情况下，仍需以权威司法机关的认定为准。即农民因宅基地使用权产生纠纷，可私下解决，或由村组调处解决。如果以上途径都不能解决，应移送人民法院依法处理，或当事人直接向人民法院起诉，人民法院应该受理并依法加以解决。② 而且，实践中存在大量的宅基地纠纷难以有效解决，根本的原因在于宅基地制度的不健全。有学者建议迅速制定《社员宅基地管理条例》③。

（二）1993年至20世纪末，宅基地权利正式制度逐渐规范，但宅基地权利特性仍不明显

随着20世纪90年代初我国社会主义市场经济体制的确立，市场要素流动开始活跃起来，城镇化迅猛发展，一些农民开始离开农村外出打工，宅基地权利问题逐渐产生。农民宅基地权利受到更加严格的规范。1999年《宪法》第10条第2款规定，农村和城市郊区的土地，除由法律规定

---

① 《关于农村宅基地的一些政策问题》，《人民司法》1981年第8期，第21页。
② 宗熙：《宅基地纠纷法院应不应该受理？》，《法学杂志》1982年第5期，第63页。
③ 高旭斌：《〈社员宅基地管理条例〉应迅速制定》，《法学杂志》1983年第3期，第42页。

属于国家所有的以外，属于集体所有。农村宅基地也包括在内，属集体所有。另外，根据1998年《土地管理法》第10条的规定，农民集体所有的土地依法属于村农民集体所有或村内各该农村集体经济组织或者村民小组所有。由此，农民仅享有宅基地的使用权。根据"房地一体"原则，农民的住房处分权受到严格限制。

1993年6月29日国务院颁布的《村庄和集镇规划建设管理条例》、1993年《关于加强土地转让管理和禁止土地投机的通知》、1997年中共中央国务院《关于进一步加强土地管理切实保护耕地的通知》，虽然依然针对的是滥用耕地建房问题如何实施管理，但也开始涉及农民宅基地权利问题的规范。

这一时期与农民宅基地权利制度直接相关的政策法规开始增多。例如1995年国家土地管理局将《关于土地权属问题的若干意见》修订为《确定土地所有权和使用权的若干规定》，主要是对居民建房占地超标问题、不同情况下的宅基地使用权作了规定。例如，《意见》第49条规定，接受转让、购买房屋取得的宅基地，按照有关规定处理后允许继续使用的，可暂确定其集体土地建设用地使用权。继承房屋取得的宅基地，可确定集体土地建设用地使用权。第52条规定，空闲或房屋坍塌、拆除两年以上未恢复使用的宅基地，不确定土地使用权。1995年的《中华人民共和国担保法》规定了宅基地使用权的抵押问题。明确规定禁止宅基地使用权的抵押。1997年《中共中央国务院关于进一步加强土地管理切实保护耕地的通知》提出，农村居民每户只能"一户一宅"且不超过限定标准，多出的宅基地依法收归集体所有。1998年的《土地管理法》第62条进一步规定，农村村民一户只能拥有一处宅基地，面积不得超过省、自治区、直辖市规定的标准。农村村民出卖、出租住房后，再申请宅基地的，不予批准。1999年国务院办公厅发布《关于加强土地转让管理严禁炒卖土地的通知》特别规定，农民的住宅不得向城市市民出售，也不得批准城市市民占用农民集体土地建设住宅，有关部门不得为违法建造和购买的住宅发放土地使用证和房产证。另外，随着城镇化的发展，城市不可避免地对外扩张，需要征收大量农村土地。经济发展与农民宅基地权利保护的关系问题开始涌现。《土地管理法》第47条对因土地征收产生的土地征收补偿问题作了规定。

总体而言，这一时期，国家出台的政策法规基本围绕加强耕地节约利用、推动农村宅基地建设法制化展开。随着社会主义市场经济体制的建立，20世纪90年代中期以后，市场在资源配置中的作用开始加强，特别是随着我国城镇化步伐不断加快，农村劳动力逐渐外出打工，农村宅基地的社会保障功能逐渐减弱，出现宅基地闲置状况。同时，随着农民生活水平逐步提高，迫切希望改变现有的居住条件，在一些经济发达地区的农村，出现农民工回乡建房热潮，农村宅基地盲目扩建、新建和私自乱占耕地扩大宅基地面积的现象更加普遍。因此，这一时期，农民的宅基地权利问题开始频频出现在国家的政策法规中，正式制度更加规范，包括《宪法》《土地管理法》《担保法》等根本法与基本法都对农民的宅基地权利问题进行规定。但这一时期，宅基地的权利特性仍不够明显。农民取得宅基地使用权无须登记，无房屋产权证书。农村宅基地制度的基本特征仍然更多地体现了农民居住权的社会保障功能，无偿取得，按户分配，禁止买卖，可继承不可抵押。另外，这一时期，地方政府的"土地财政"问题出现，围绕土地利益关系失衡致使宅基地问题更加复杂和敏感，导致纠纷不断，成为社会热点问题。

（三）2000年至2012年党的十八大召开：宅基地权利正式制度系统性强，宅基地私权属性开始彰显

从2000年前后开始，有关农村宅基地制度的讨论中开始引入财产权概念。农村宅基地上的财产权，通常包括农村集体经济组织所拥有的宅基地所有权、农户个体拥有的宅基地使用权及农户个体拥有的宅基地上的房屋所有权三种类型。这一时期，相关政策法规在宅基地权利问题上规定的更加具体，农民宅基地使用权的保护范围逐渐加大，农民宅基地权利的私权属性凸显。例如，2004年12月《国务院关于深化改革严格土地管理的决定》针对实践中存在的圈占土地、乱占滥用耕地等以牺牲农民利益为代价追求短期利益等突出问题，强调坚持社会主义市场经济的改革方向，依法行政，理顺政府与用地者以及被征地农民等多重利益关系，切实维护人民群众利益。其政策精神在此后2004年修订的《土地管理法》、2007年颁布的《物权法》中都被具体贯彻（2007年颁布的《物权法》第十三章专章规定了"宅基地使用权"）。此后，国土资源部于2010年3月、11月先后发布两条通知，针对农民宅基地使用权作出部署。

而且，这一时期，农村宅基地权利制度的内容更加全面，具有系统性。表现在，各个级别的宅基地权利保护政策的大量实施。

1. 执政党出台一系列农地政策。包括"党的中央全会"确定的农地政策，每五年一个周期的"国民经济和社会发展规划纲要"对农村所作的规划和安排等中央有关农地政策的文件，及每年发布的中央一号文件均对农民宅基地权利运行提出明确要求。并且以每年发布的中央一号文件为主。

（1）"党的中央全会"确定的农地政策。"党的中央全会"即中国共产党中央委员会全体会议，通常是每一届召开七次全会，每年至少举行一次，每次全会的任务各有侧重。与农民宅基地权利有关的党的中央全会内容主要是：2008年《中共中央关于推进农村改革发展若干重大问题的决定》（即简称的十七届三中全会《决定》），该《决定》当年12月召开，其紧随《物权法》颁布之后，秉持了《物权法》的新规定，同时又进行了细化。指出：完善农村宅基地制度，严格宅基地管理，依法保障农户宅基地用益物权。抓紧完善相关法律法规和配套政策，规范推进农村土地管理制度改革。

（2）"国民经济和社会发展规划纲要"对农村所作的规划和安排。"国民经济和社会发展规划纲要"每五年一个周期。2006年国民经济和社会发展第十一个五年规划纲要提出：加快征地制度改革，健全对被征地农民的合理补偿机制。2011年国民经济和社会发展第十二个五年规划纲要提出：完善农村集体经营性建设用地流转和宅基地管理机制。

（3）中央一号文件的农地政策。2004年以来，每年的中央一号文件内容基本都涉及农民宅基地权利。有些文件对农民住房、宅基地使用权作了直接规定。有些文件虽然没有直接提及农民财产权、农民住房或宅基地使用权，但在其内容中涉及的其他农地政策，对于农民住房财产权制度的建设具有推动作用。例如，2008年中央一号文件直接规定，切实保障农民土地权益。城镇居民不得到农村购买宅基地、农民住宅或"小产权房"。依法规范农民宅基地整理工作。2010年中央一号文件也提出，加快农村集体土地所有权、宅基地使用权、集体建设用地使用权等确权登记颁证工作。2004年中央一号文件提出：完善土地征用程序和补偿机制，提高补偿标准，积极探索集体非农建设用地进入市场的途径和办法。虽然2004年中央一号文件没有直接提及农民住房或宅基地使用权，但在其内容中涉及其他农地政策，对于农民住房财产权制度的建设具有推动作用。

2. 中央政府及各部委的农地政策。中央政府及各部委按照党的文件精神制定了更为细致的农地政策。同时在政策制定中注重与中央政策之间的系统性、整体性、协调性。这一时期，中央政府及各部委出台的有关农民宅基地权利的政策法规主要有：

（1）对执政党提出的农村一户一宅政策给予具体规定，要求严格执行。2004年国务院《关于深化改革严格土地管理的决定》提出，改革和完善宅基地审批制度，加强农村宅基地管理，禁止城镇居民在农村购置宅基地。2007年国务院办公厅《关于严格执行有关农村集体建设用地法律和政策的通知》：农村住宅用地只能分配给本村村民，城镇居民不得到农村购买宅基地、农民住宅或"小产权房"。2008年《国务院关于促进节约集约用地的通知》明确，严格执行农村一户一宅政策。坚决防止产生超面积占用宅基地和新的一户多宅现象。2012年，《全国土地整治规划（2011—2015年）》经国务院批准正式实施，加强了闲置和低效利用的农村建设用地整治。提出依法引导农村闲置宅基地在本集体经济组织成员之间合理流转，提高宅基地利用效率。

（2）对农民宅基地权利保护政策进行细化，将确权工作提上日程。2010年国务院《关于严格规范城乡建设用地增减挂钩试点切实做好农村土地整治工作的通知》要求，严禁盲目大拆大建和强迫农民住高楼，严禁侵害农民权益。2011年12月，国土资源部印发《关于严格规范城乡建设用地增减挂钩试点工作的通知》，特别强调要切实维护农民土地合法权益。2010年3月国土资源部《关于进一步完善农村宅基地管理制度切实维护农民权益的通知》更是就如何完善农村宅基地管理制度、维护农民权益相关问题作出专门要求。2010年11月国土资源部《关于加强农村宅基地管理的意见》的通知要求切实维护农民的合法权益。同时，农民宅基地确权工作开始具体实施。2011年5月，国土资源部、财政部、农业部下发《关于加快推进农村集体土地确权登记发证工作的通知》，要求各地认真落实中央一号文件精神，加快农村集体土地所有权、宅基地使用权、集体建设用地使用权等确权登记发证工作,力争到2012年年底做到农村集体土地所有权确权登记发证全覆盖。随后,农民宅基地确权工作开始具体部署。2011年11月,国土资源部、中央农村工作领导小组办公室、财政部、农业部联合下发《关于农村集体土地确权登记发证的若干意见》,对推进农村集体土地确权登记发证工作的有关政策和技术措施进行了进一步明确。其中提出,要严格规范确认宅基地使用权主体,按照不同的历史阶段对超面积的宅基地进行确权登记发证。

总结:这一时期,农村宅基地权利制度的规范性增强。农民的宅基地权利问题开始受到国家及相关部委更多重视,政策文件多,系统性、层次性加强。这一时期,2007年《物权法》颁布实施。在第三编"用益物权"下专章规定了"宅基地使用权",确立了宅基地使用权的用益物权性质,农民宅基地的私权属性彰显,开始实行宅基地使用权确权颁证。这样政策法规的整体调整,体现出多年来宅基地制度以管理为主,向既重视宅基地管理又重视农民宅基地财产权保护的制度选择。[1] 但这一时期,宅基地权利制度仍显不足:(1)仍重视宅基地的社会保障功能,未能紧跟经济社会发展下农民的新需求,农村宅基地利用法律制度设计仍体现居住权保障功能[2]。相关政策也是在宅基地的保障功能和财产属性之间左右摇摆,并未形成主导制度改革的相对一致的观点[3]。有学者提出:在社会主义市场经济体制下,有必要重新构建中国农村宅基地制度,重视宅基地使用权和房屋所有权的财产属性,宅基地使用权依法流转必然以效率的价值取向为目标[4]。(2)土地政策宏观性较强。但我国地大物博,各地的宅基地权利制度的历史文化背景差异大,因而,导致相关政策在具体实施中存在水土不服的局限性,需要适时立法。需加强调查研究,提高中央政策的针对性和现实可操作性。

---

[1] 王崇敏:《我国农村宅基地使用权取得制度的现代化构建》,《当代法学》2012年第5期,第81页。

[2] 丁关良:《1949年以来中国农村宅基地制度的演变》,《湖南农业大学学报》(社会科学版)2008年第4期,第9页。

[3] 高圣平:《宅基地制度改革试点的法律逻辑》,《烟台大学学报》(哲学社会科学版)2015年第3期,第35页。

[4] 丁关良:《1949年以来中国农村宅基地制度的演变》,《湖南农业大学学报》(社会科学版)2008年第4期,第9页。

（四）2013年至今，宅基地权利正式制度呈现向政府引导的市场化方向迈进

这一时期，随着农村土地改革的深化，随着土地承包经营权改革制度的逐步完善，农民宅基地使用权的改革逐渐成为我国农村改革的又一重要内容。这一时期的国家政策法规，呈现出农民宅基地权利制度逐步向政府引导的市场化方向迈进，并与经济发展紧密相关。特别是随着我国社会主义市场经济体制不断完善及城乡一体化体制机制的健全，承认农民的住房是商品，具有财产价值对于保障农民的利益，抑制城乡收入不断拉大的差距，落实广大农民平等参与现代化进程、共同分享现代化成果的政策要求成为农村发展的又一重要现实问题。自2013年11月十八届三中全会《中共中央关于全面深化改革若干重大问题的决定》在历来的国家政策中首次提出"改革完善农村宅基地制度，慎重稳妥推进农民住房财产权抵押、担保、转让"这项农村住房和宅基地制度改革的一大重大突破性规定之后，有关宅基地权利制度相关的政策法规数量随之递增，并全面展开。相比上一个时期，向纵深拓展。主要有：

1. 执政党出台的农村土地政策

（1）"党的中央全会"确定的农村土地政策。2013年11月十八届三中全会《中共中央关于全面深化改革若干重大问题的决定》在历来的国家政策中首次提出：改革完善农村宅基地制度，慎重稳妥推进农民住房财产权抵押、担保、转让。该项规定是农村住房和宅基地制度改革的一个重大突破。首先是"农民住房财产权"这一新概念的首次提出，承认农民住房的商品属性、具有的财产价值，这一新规定对于保障农民的财产权利具有跨越性意义。其次，明确提出推进"农民住房财产权抵押、担保、转让"功能，拓展了农民宅基地权利范围。2018年党的十九大报告对如何实施乡村振兴战略指出，巩固和完善农村基本经营制度，深化农村土地制度改革。2022年党的二十大报告在全面推进乡村振兴中继续提出，深化农村土地制度改革。在此基础上强调，赋予农民更加充分的财产权益，保障进城落户农民的合法土地权益。

（2）"国民经济和社会发展规划纲要"对农村所做的规划和安排。2015年11月，新华社发布的中共中央《关于制定国民经济和社会发

第十三个五年规划的建议》提出：维护进城落户农民土地承包权、宅基地使用权、集体收益分配权，支持引导其依法自愿有偿转让上述权益。明确"进城落户农民"亦享有宅基地产权。这一规定与我国城镇化发展的实际需要紧密结合，对进城落户农民的宅基地权利保障有重要的意义。

（3）中共中央、国务院《关于完善产权保护制度依法保护产权的意见》（2016年11月4日）明确提出：有恒产者有恒心，经济主体财产权的有效保障和实现是经济社会持续健康发展的基础。提出坚持全面保护产权，包括保护物权、债权、股权，也包括保护知识产权及其他各种无形财产权。该规定从国家经济社会建设的高度提出产权保护的重要意义，对农民宅基地权利制度具有极强的引导作用。

（4）中央一号文件的农地政策。这一时期，每年出台的中央一号文件从多个方面对农民宅基地权利的保护进行具体部署。包括：

①提出慎重稳妥推进农民住房财产权抵押、担保、转让。2014年中央一号文件可以说是对十八届三中全会《决定》中提到的农村土地制度改革作出了具体的安排。提出完善农村宅基地管理制度，选择若干试点，慎重稳妥推进农民住房财产权抵押、担保、转让。强调"选择若干试点"，对应于十八届三中全会的"慎重稳妥推进"。2015年中央一号文件开始部署分类实施农村土地征收、集体经营性建设用地入市、宅基地制度改革分类试点。提出依法保障农民宅基地权益，改革农民住宅用地取得方式，探索农民住房保障的新机制。2016年中央一号文件与2015年中央一号文件的相关精神区别不大。2017年中央一号文件对以上两个中央文件的精神内容进行深化，提出一系列新规定。包括："统筹协调"——推进农村土地征收、集体经营性建设用地入市、宅基地制度改革试点；"认真总结"——农村宅基地制度改革试点经验，落实宅基地集体所有权，维护农户依法取得的宅基地占有和使用权；"盘活利用"——探索农村集体组织以出租、合作等方式盘活利用空闲农房及宅基地，增加农民财产性收入。从最初的"慎重稳妥"到2017年中央一号文件的"深入"推进"农民住房财产权抵押贷款试点"，标明中央关于"农民住房财产权"这一政策概念趋于稳定，内涵界定更加清晰。

②部署宅基地"三权分置"。2018年中央一号文件提出探索宅基地所

有权、资格权、使用权"三权分置",落实宅基地集体所有权,保障宅基地农户资格权和农民房屋财产权,适度放活宅基地和农民房屋使用权。这是中央文件首次明确提出宅基地三权分置政策,该政策规定明确了宅基地使用权制度改革的具体方案,进一步深化了宅基地使用权制度的改革。由此,宅基地使用权制度改革政策已经形成完备的体系①。此后,2019年中央一号文件提出,慎重稳妥推进农村宅基地制度改革,拓展改革试点,丰富试点内容,完善制度设计。2020年中央深改委通过的《深化农村宅基地制度改革试点方案》,强调积极探索如何进一步落实宅基地"三权分置"的路径及办法,要求坚决守住"三条底线"②,农民权益的"实现、维护、发展"被特别强调。基本思路是农民的宅基地使用权需加大放活力度。2022年6月,一个有关宅基地制度改革的新决定(草案)③提请全国人大常委会审议,授权国务院107个县区允许以农民住房财产权(含宅基地使用权)抵押贷款。虽然草案只是规定在指定试点县区允许农民宅基地使用权进行抵押贷款,但一定意义上,也标志着农民宅基地使用权财产价值的彰显。

③提出适时将政策上升为法律。这一时期,中央文件也多次提到完善农村土地管理制度的相关法律法规,适时将政策上升为法律。例如2015年中央一号文件专门就土地法律制度建设作出系统规定,被称为2015年中央文件最大的变化之一。提出:完善相关法律法规,加强对农村集体资产所有权、农户土地承包经营权和农民财产权的保护。统筹推进与农村土地有关的法律法规制定和修改工作。2018年中央一号文件明确提出,加快土地管理法修改,完善农村土地利用管理政策体系。2019年中央一号文件提出,抓紧制定加强农村宅基地管理指导意见,研究起草农村宅基地使用条例。

④对农民宅基地使用权确权登记工作作出部署。自从2012年中央一号文件提出推进包括农户宅基地在内的农村集体建设用地使用权确权登

---

① 姜楠:《宅基地"三权"分置的法构造及其实现路径》,《南京农业大学学报》(社会科学版)2019年第3期,第105页。

② 即土地公有制性质不改变、耕地红线不突破、农民利益不受损。

③ 即《关于授权国务院在北京市昌平区等农村宅基地制度改革试点地区行政区域暂时调整实施有关法律规定的决定(草案)》提请十三届全国人大常委会第三十五次会议审议。

记颁证工作以后,2013年中央一号文件提出:全面开展农村土地确权登记颁证工作。加快包括农村宅基地在内的农村集体土地所有权和建设用地使用权地籍调查,尽快完成确权登记颁证工作。2014年中央一号文件提出,加快包括农村宅基地在内的农村地籍调查和农村集体建设用地使用权确权登记颁证工作。2016年中央一号文件提出,加快推进"房地一体"的农村集体建设用地和宅基地使用权确权登记颁证。2017年中央一号文件提出,全面加快"房地一体"的农村宅基地和集体建设用地确权登记颁证工作。2018年中央一号文件提出,扎实推进房地一体的农村集体建设用地和宅基地使用权确权登记颁证。2019年中央一号文件提出,加快推进宅基地使用权确权登记颁证工作。2021年中央一号文件提出,对宅基地确权登记改革进行了调整,提出开展"房地一体"的宅基地日常登记颁证,宅基地使用权确权登记制度更加成熟。2022年中央一号文件提出,慎重稳妥推进试点,规范开展"房地一体"宅基地确权登记。从上可知,党的十八大以来,几乎每年的中央一号文件都会强调宅基地使用权的确权登记颁证,且相关工作不断加深。

2. 中央政府及各部委的农地政策

2013年以来,中央政府及各部委出台的有关农民宅基地权利的政策更加频繁。基本每年都出台多种政策法规。例如:

(1) 2014年出台的相关政策。包括2014年国土资源部、财政部、住建部、农业部、国家林业局联合发布《关于进一步加快推进宅基地和集体建设用地使用权确权登记发证工作的通知》,要求在全面加快推进宅基地和集体建设用地使用权确权登记发证工作的同时,将农房等集体建设用地上的建筑物、构筑物纳入工作范围,建立健全不动产统一登记制度。随后的2014年11月国务院法制办颁布《不动产登记暂行条例》,将不动产统一登记工作纳入法治的轨道。虽然宅基地使用权被纳入不动产统一登记范畴,但并未具体规定。此后,2016年1月实施的《不动产登记暂行条例实施细则》第四十条对宅基地使用权的登记作了具体规定。第一款规定,依法取得宅基地使用权,可以单独申请宅基地使用权登记。第二款规定,依法利用宅基地建造住房及其附属设施的,可以申请宅基地使用权及房屋所有权登记。

(2) 2015年出台的相关土地政策。2015年,国家重点保障农户宅基地用益物权，改革完善农村宅基地制度，发挥农村基层组织在宅基地取得、使用方面的作用，运用市场机制妥善分配增值收益。2015年8月10日，国务院印发《关于开展农村承包土地的经营权和农民住房财产权抵押贷款试点的指导意见》，对农民住房财产权抵押贷款试点提出了明确的要求，提出农民住房财产权设立抵押的，需将宅基地使用权与住房所有权一并抵押。《指导意见》还指出，"探索农民住房财产权抵押担保中宅基地权益的实现方式和途径，保障抵押权人合法权益。对农民住房财产权抵押贷款的抵押物处置，受让人原则上应限制在相关法律法规和国务院规定的范围内"。2015年11月中共中央办公厅、国务院办公厅下发《深化农村改革综合性实施方案》，要求对农民住房财产权作出明确界定。2015年1月国务院办公厅发布的《关于引导农村产权流转交易市场健康发展的意见》提出：除宅基地使用权、农民住房财产权、农户持有的集体资产股权外，流转交易的受让方原则上没有资格限制（外资企业和境外投资者按照有关法律、法规执行）。可见，该意见仍对农村房屋的受让主体作出限制性规定。

此外，2015年中共中央办公厅和国务院办公厅联合印发了两份农村改革文件。其中2015年1月的《关于农村土地征收、集体经营性建设用地入市、宅基地制度改革试点工作的意见》特别提到"改革完善农村宅基地制度"，并作出具体要求①。2015年11月的《深化农村改革综合性实施方案》在前一个文件精神的基础上提出更加明确与清晰的宅基地制度改革基本思路。即在保障农户依法取得的宅基地用益物权基础上，改革完善农村宅基地制度，探索农民住房保障新机制，对农民住房财产权作出明确界定，探索宅基地有偿使用制度和自愿有偿退出机制，探索农民住房财产权抵押、担保、转让的有效途径。

（3）2016年出台的相关土地政策。2016年3月15日，中国人民银行、中国银监会、中国保监会、财政部、国土资源部、住房和城乡建设

---

① 要求完善宅基地权益保障和取得方法，探索农民住房保障在不同区域户有所居的多种实现形式；对因历史原因形成超标准占用宅基地和一户多宅等情况，探索实行有偿使用；探索进城落户农民在本集体经济组织内部自愿有偿退出或转让宅基地；改革宅基地审批制度，发挥村民自治组织的民主管理作用。

部印发的《农民住房财产权抵押贷款试点暂行办法》① 从官方角度,将什么是农民住房财产权作了界定:即农民住房财产权包括农民住房所有权及所占宅基地使用权。进一步规制了农民住房财产权抵押贷款,强调不改变宅基地所有权性质是前提,以农民住房所有权及所占宅基地使用权作为抵押是基本内容②。不过,该暂行办法具有时效性和具体范围,只适用于全国人民代表大会常务委员会授权国务院确定的试点地区[全国人民代表大会常务委员会关于授权国务院确定的在北京市大兴区等232个试点县(市、区)、天津市蓟县等59个试点县(市、区)行政区域]。并且,该《暂行办法》作为一个政策文件而非法律法规,将随时面临各种政策调整而夭折。该办法对于农房抵押贷款设定了诸多限制性条件,对于其实施效果,还有待进一步观察③。

事实上,2018年12月23日《国务院关于全国农村承包土地的经营权和农民住房财产权抵押贷款试点情况的总结报告》提请十三届全国人大常委会第七次会议审议。同时,全国人大宪法和法律委员会对此报告提出了审议意见,审议意见显示,"两权"抵押贷款试点期限届满后,拟不再继续延期。因为农村承包土地的经营权抵押贷款问题已通过修改农村土地承包法予以解决;农民住房财产权抵押贷款问题,恢复施行有关法律规定。下一步,农房抵押贷款业务拟纳入宅基地"三权分置"改革的大盘子统筹考虑。在宅基地"三权分置"改革取得实质性进展的基础上,再视情况考虑物权法、担保法修改问题。有条件的地区可在风险可控前提下,继续稳妥探索宅基地使用权抵押④。

(4) 2019年出台的相关土地政策。2019年2月,五部门(人民银

---

① 本办法第二条:本办法所称农民住房财产权抵押贷款,是指在不改变宅基地所有权性质的前提下,以农民住房所有权及所占宅基地使用权作为抵押、由银行业金融机构(以下称"贷款人")向符合条件的农民住房所有人(以下称"借款人")发放的、在约定期限内还本付息的贷款。

② 焦富民:《农业现代化视域下农民住房财产权抵押制度的构建》,《政法论坛》2018年第2期,第130页。

③ 刁其怀、青晖:《评〈农民住房财产权抵押贷款试点暂行办法〉》,《中国房地产》2016年第13期,第24页。

④ 吴雨:《"两权"抵押贷款试点拟不再延期农地和农房抵押贷款宜区别对待》,http://www.gov.cn/xinwen/2018-12/23/content_ 5351398.htm, 2018年12月23日。

行、银保监会、证监会、财政部、农业农村部)联合发布《关于金融服务乡村振兴的指导意见》，根据近几年中共中央、国务院关于农村金融服务乡村振兴的系列中央政策，对金融服务乡村振兴作出具体部署。是农民住房财产权抵押贷款业务的稳妥开展和深化。指导意见指出，要结合宅基地"三权分置"改革试点的进展，稳妥开展农民住房财产权抵押贷款业务，促进农村土地资产和金融资源的有机衔接。2020 年 1 月 1 日修订实施的《土地管理法》，为农民土地财产权的保护提供了更加充分的保障。在宅基地管理方面，回应实践发展需求，对我国宅基地实行的"一户一宅"基本管理制度进行了变通和完善，增加了"户有所居"的规定，即对一些人多地少的地方宅基地用地难以满足一户一宅需要的，由地方政府想办法采取别的方式保障实现农村居民居住的权利。并且再次重申中央文件的精神，即如果农民不愿意退出宅基地，地方政府不能强迫其退出，必须是在自愿有偿的基础上进行。

总结：这一时期，从执政党的政策到中央政府及各部委的政策，都明显加强、加快了宅基地权利制度的改革与构建。党的十八大以来党中央国务院积极推动全面深化改革进程，使得农村宅基地改革成为制度创新关切的重要领域。[①] 其特征表现在：

(1) 政策向政府引导的市场化逐渐过渡。与改革开放以来各时期农民宅基地权利制度改革力度相比，无疑，这一时期的制度改革力度最大，向政府引导的市场化过渡特征明显。这些制度改革与新时期国家全面深化改革的总目标相一致，能紧紧围绕如何完善社会主义市场经济体制，如何推进农村现代化的展开。注重市场在资源配置中的决定性作用，引导宅基地权利制度改革向市场化发展，切实保障农民财产权益。由农村承包地"三权分置"逐步扩展到宅基地"三权分置"制度改革，就是党中央、国务院在新发展环境下寻求破解人民日益增长的美好生活需要和不平衡不充分的发展之间矛盾的重要战略举措。[②]

---

① 李泉：《农村宅基地制度变迁 70 年历史回顾与前景展望》，《甘肃行政学院学报》2018 年第 2 期，第 114 页。

② 李泉：《农村宅基地制度变迁 70 年历史回顾与前景展望》，《甘肃行政学院学报》2018 年第 2 期，第 114 页。

（2）这一时期相关政策文件每年都在递进，说明中央非常重视农民的宅基地权利制度建设问题，也说明了国家相关政策具有连续性。另外，不同类、不同层次的政策中的相关内容表述之间衔接较为紧密，基本不存在矛盾。

（3）从性质上讲，这一时期的国家相关政策法规既有分配性政策，又有限制性政策。国家政策从社会利益分配角度讲有分配性政策与限制性政策之分，前者通过政策执行使政策对象获得社会利益，后者通过政策执行使政策对象获得社会利益的行为受到约束。一般来说，分配性政策更容易被地方政府贯彻执行，限制性政策则更多受到搁置。综上分析执政党的此类农地政策，既有分配性政策，又有限制性政策。

（4）这一时期，虽然相关政策法规关于农民宅基地权利问题内容丰富，比较全面，但同时也反映出这些政策的内容不可避免有些重合，彼此之间的关系不甚明了，缺乏一定的体系性。因此有必要实时将其归纳整理上升为法律，增强政策的决策力和执行力。

有学者提出，具有封闭性和自给性特征的农耕经济是我国农村非正式制度生存的客观社会基础。但中国社会是一个复杂社会，在这个社会中发展起来的社区，难免不受中央集权和地方政府的大传统的影响或冲击，近半个世纪的国家政权曾直接弥漫于农民的日常生活中，改变着乡村社会的文化。[①]

二 非正式制度的重要辅助作用

改革开放以来，有关农民宅基地权利的政策和法规数量之多，内容和要求的逐步加深都有目共睹。但是，多数政策法规要么起着引导和宣示的作用，要么处于试点阶段，具有一定的地域性和时效性。但随着城乡一体化的发展，随着社会主义市场经济体制的不断深化，农民日益增长的对宅基地权利要求和相关正式制度的不完善和缺位之间的矛盾依然突出。显然，现有的正式制度难以较好地解决这些矛盾与冲突，非正式制度辅助作用则是必不可少的。

---

① 李怀：《非正式制度探析：乡村社会的视角》，《西北民族研究》2004年第2期，第126页。

非正式制度是指社会共同认可的、不成文的行为规范，包括风俗习惯、道德观念、价值信念、意识形态等无形的约束规则[1]。对此概念界定，学术界没有太大的分歧。尽管由于社会的扩大和市场经济的发展，正式制度的数量日益扩张，其作用于社会生活的深度和广度日益拓展，但非正式制度并没有也不可能被正式制度完全地、彻底地取代，它始终起着重要作用，与这种制度和文化有联系的观念和行为方式依然深刻地存在于乡村社会中，规范着乡村社会的许多方面[2]。况且，我国仍处于向规范的市场经济法治秩序转轨过程中，市场经济的正式规则尚未完全确立。几千年的文化传统使得非正式制度的影响在中国更具有典型性和强大的生命力[3]。

1. 农民宅基地权利非正式制度的特征

（1）"家大业大"的传统观念。中国传统观念中，家大业大一直是多数人追求的至上生活。置办大的家宅，在传统中国象征着地位与成功。山西有名的乔家大院，是其主人乔致庸在经商成功后买地扩建的三大院落体，留给世人多少羡慕的眼光和追随的步伐。曹雪芹《红楼梦》小说中荣国公和宁国公的奢华家宅构成了整个小说的中心地带。电视剧《大宅门》更是意指中国百年老字号"百草厅"药铺的成功。类似于这种"大户人家"的成功无不落脚于置办有大的住宅。以致于人们对古代"大户人家"的理解，除了身份地位显赫、家风良好、人丁兴旺之外，拥有气派的住宅更是必不可少的条件。这种传统观念已深深根植于一些中国人的灵魂深处。受其支配，虽然国家发布政策三令五申禁止滥用耕地建房、明确规定一户只能拥有一处宅基地，面积不得超过省、自治区、直辖市规定的标准，但仍有许多农户频频突破政策底线甚至冒违法的风险占用耕地建设住宅，或者超标准建设住宅。由此可见，这种传统观念的影响力何其深。

---

[1] 李怀：《非正式制度探析：乡村社会的视角》，《西北民族研究》2004年第2期，第125页。

[2] 李怀：《非正式制度探析：乡村社会的视角》，《西北民族研究》2004年第2期，第129页。

[3] 李光宇：《论正式制度与非正式制度的差异与链接》，《法制与社会发展》2009年第3期，第146页。

（2）追求安稳的经济观念。随着社会主义市场经济体制的发展完善，国家也不断出台政策，彰显宅基地的财产价值，激发宅基地的市场要素地位，引导宅基地的有效流转。但我国一些农村由于受传统中庸观念的影响，农民从心理上更注重安稳，缺乏创新意识和开拓精神，缺乏经济活动动力①。表现在实践中就是宁可使宅基地闲置不用，也不愿意流转。我国农村居民普遍崇奉的观念是在家保有土地、房产。随着社会主义市场经济体系的确立与巩固，经济体制改革的持续推进，这种偏于保守、求稳的观念，使得土地自身的经济价值未真正释放其应有的潜力，给土地的自由流转带来了严重障碍②。

（3）"子孙继承"的传统习俗。在我国一些农村，一直有"子孙继承"的传统观念，特别是象征着家业的宅基地，更是由子孙作为家产予以继承。农村居民对农村宅基地普遍存在着私有的观念，认为宅基地是"祖业"，是一种私有财产。特别是，从传统时期到大公社时期，房子和宅基地没有分离的概念，农民的田地和房子都是祖宗留下来的，大家都认为属祖业。家产就包括土地、宅基地和宅基地上的附着物和各种建筑物③。在这种土地"祖业权"传统观念影响下：农民对于集体的土地千方百计多占，为的是扩大自己的"祖业"；农民认为宅基地是祖上留下的，对其祠堂和老屋宁可让其闲置荒芜，也不愿意由集体或他人利用；基于"祖业"原因，农民都倾向于重新选择一块宅基地进行建房，以避免老屋宅基地中可能引发的纠葛。这种观念是农村违法建房、破败老祖屋随处可见、宅基地闲置和浪费的主要因素之一④。但根据现有法律的规定，农村宅基地是不可以作为遗产继承的。按照我国《继承法》第三条的规定，遗产是公民死亡时遗留的个人合法财产。农村宅基地的使用权不是一般的个人财产，具有很强的人身依附性，依附于农村集体经济组织的成员

---

① 马贤磊、曲福田：《东西部农村非正式制度与农地制度创新》，《江苏社会科学》2005年第6期，第100页。

② 冯令泽南：《农村宅基地产权法律与习俗的矛盾及其应对》，《农业经济》2018年第7期，第88页。

③ 冯小：《宅基地权属观念的地方性建构——基于皖北S村宅基地制度实践的分析》，《西北农林科技大学学报》（社会科学版）2014年第5期，第1页。

④ 王栋、刘玉凤：《基于"祖业权"观念下的农村宅基地利用考量》，《商》2015年第31期，第85页。

资格,因集体经济组织成员资格的失去而失去,因此不可以继承。同时,农村宅基地使用权具有社会保障功能,如果允许继承,将导致宅基地无限扩大,违背了土地管理法关于村民一户只能拥有一处宅基地的有关规定。在我国,因为宅基地上承载着农民的住房,农户对其主要具有所有权,根据地随房走的原则,继承人对宅基地上所造房屋的继承必然会导致其对宅基地的继承。这种现象容易给人造成误解,以为农村宅基地使用权是可以继承的。

(4)"重农抑商"官方意识形态的影响。传统中国奉行"重农抑商"的基本经济政策,政府一贯主张"均富",以"重农抑商"为基本国策。在传统中国,农业被誉为"百业之首"。在政府看来,中国应以农立国,私人工商业的发展弊大于利。私人工商业的发展是与国家争"利",是盗国家之库。在中国哲学家的社会、经济思想史中,"农""商"有着本、末之别。其中,"本"指农业,"商"指商业。因为农业关系到生产,而商业只关系到交换。从程序上讲,往往是先有生产而后有交换①。这种思想理论既符合封建社会历代王朝统治的需要,又符合以小农经济为主导的传统中国经济发展的需要,逐渐发展成为传统中国历代王朝管理经济的主导思想。受"重农抑商"官方意识形态的影响,几千年来,农村沉浸在浓厚的传统文化氛围中,重农抑商观念深重,以致人们视在商品交易中获取正常利润为一种"重利轻义"的不道德行为,受到社会轻视。在这种观念影响下,人们逐渐失去正当经济活动的内在动力,农本观念深重,市场意识淡薄。虽然改革开放四十年来,人们的经济意识已逐步觉醒,但在我国西部农村地区,还不够强化,不敢、不愿积极追求自己经济利益的人仍大量存在。不过,在我国东部农村,人们的经济意识较为强烈,懂得抓住商机。其收入来源除了农业收入外,还包括务工收入、房产出租收入、股份收入等②。

2. 农民宅基地权利非正式制度的性质

(1)长期演化性。农民宅基地权利非正式制度的形成,绝非一朝一

---

① 冯友兰:《中国哲学简史》,北京大学出版社1996年版,第15页。
② 马贤磊、曲福田:《东西部农村非正式制度与农地制度创新》,《江苏社会科学》2005年第6期,第100页。

夕而成，而是经历了漫长的演变过程，受到多种因素的影响。因为形成的时间漫长，影响因素复杂，所以已深深扎根于农村社会。

（2）自发性。自发性指的是非正式制度多由文化遗传和生活习惯累积而成，而非理性计算安排，人们遵从某非正式制度，往往是出于一种不假思索的习惯而非理性的计划。因而一般靠主体通过自觉自律来维持。与正式制度中形成的官方精心设计规划方式不同，非正式制度是一群人在长期互动过程中自发演变的产物，是一种自发社会秩序[1]。也正是这种自发形成方式，使得这种制度具有强烈的"亲民性"，人们已自然而然地从内心接纳服从这种制度安排。因此，研究中国农村土地制度创新问题时不能不考虑非正式制度安排对它的影响作用[2]。

（3）两面性。非正式制度具有两面性。一方面，非正式制度对农村发展具有积极作用，可推动制度变迁，促进制度创新。表现为它可以降低农村经济活动中的交易成本和协商成本，从而降低正式制度的制定成本和事实成本；在农村经济体制转型过渡时期，非正式制度能够发挥过渡性作用。另一方面，落伍、过时的非正式制度对农村发展则带来负面影响，成为制度变迁过程中的"绊脚石"，阻碍制度创新。因此，非正式制度是把双刃剑，它对正式制度具有推动和约束双重作用。因此只有当非正式制度存在于特殊类型的社会关系中，才能起作用，也即只有与正式制度兼容时才能发挥作用，否则非正式制度也就失效了，甚至发挥负面影响，约束正式制度的绩效[3]。制度创新面临着巨大而深厚的非正式制度历史烙印。因此，真正能得到有效实施的正式制度，恰恰是那些与通行的非正式制度相一致或相近的规则[4]。

非正式制度对正式制度有效实施的影响作用不可忽视。建议：

第一，坚持旧有的习俗传统中的积极成分，树立开放的市场经济观

---

[1] 马贤磊、曲福田：《东西部农村非正式制度与农地制度创新》，《江苏社会科学》2005年第6期，第98页。

[2] 钱忠好：《中国农村社会经济生活中的非正式制度安排与农地制度创新》，《江苏社会科学》1999年第1期，第1页。

[3] 钱忠好：《中国农村社会经济生活中的非正式制度安排与农地制度创新》，《江苏社会科学》1999年第1期，第1页。

[4] 李怀：《非正式制度探析：乡村社会的视角》，《西北民族研究》2004年第2期，第130页。

念。打破地区封闭性，使其走出旧模式的固定状态，借助先进的文化和发达的科技冲刷旧有的习俗传统，树立开放的市场经济观念，用新的思维模式和观念系统重新分析并面对改革，为农地制度创新提供良好的非正式制度环境。

第二，建议促成城乡双向流动，盘活闲置宅基地资源，有力缩小城乡差距①。要出台关于农村荒地、废弃宅基地等农村闲置资产的政策，强化地方主管部门的督导、反馈以及指导的权能，改良农村居民在本地从事各类商业生产、经营活动的运作模式。引导当地民众参与就业、创业，提高对于宅基地、荒地等农村资源的整合和配置效率，逐步去探索建设现代农业产业园、大力发展乡村休闲旅游产业、培育宜居宜业特色村镇，使得土地不再局限于简单的物权交易，而是能够拓展为形式多样的运作模式，从而改变当前人流、物流、资金流单纯由农村流向城市的局面。

3. 强制性制度变迁与诱导性制度变迁的合力作用，并表现为非正式制度向正式制度的转变

在制度变迁过程中，相较于正式制度，非正式制度安排具有长期演化性、自发性、两面性等特点。它渗透到社会生活的各个领域，通过人们的自觉自律调节人们的经济行为，其对经济生活的影响并不低于正式制度的影响。在农村，特别是农民宅基地使用权行使过程中，一旦出现宅基地使用权纠纷，人们往往会通过一些习俗、习惯做法进行解决，这种处理方式成本低、社会影响小。但如果纠纷复杂，利益冲突大，非正式制度就会出现失效。久而久之，处理类似纠纷的正式制度就应运而生，这种农村非正式制度变迁的路径就是学界概括的"诱致性制度变迁"。非正式制度在形成某种正式制度安排上具有"先验"模式，为构成正式制度准备了理论基础②。这种经由非正式制度通过诱致性变迁而形成的制度就是"诱致性变迁型"的正式制度。

与"诱致性变迁型"正式制度不同的是"强制性变迁型"的正式制

---

① 冯令泽南：《农村宅基地产权法律与习俗的矛盾及其应对》，《农业经济》2018年第7期，第89页。

② 李怀：《非正式制度探析：乡村社会的视角》，《西北民族研究》2004年第2期，第129页。

度，这种正式制度由政府推行而来，往往是专家决策的产物。

"诱致性变迁型"正式制度与"强制性变迁型"正式制度都属于正式制度，但因其产生的路径不同，决定了其与非正式制度的兼容程度。"诱致性变迁型"正式制度因由非正式制度变迁而来，所以这一类正式制度与非正式制度能够有效兼容。"强制性变迁型"正式制度与非正式制度之间存在制度制定的价值范围、时效、地域等差异，两者的兼容度低。但正式制度由于其计划更精密、规划更科学，实践证明，其在农村宅基地制度改革中的作用尤为重要。例如，1990年国务院批转国家土地管理局《关于加强农村宅基地管理工作的请示》，首次提出进行农村宅基地有偿使用试点，探索逐步建立和完善土地使用费管理制度，且宅基地使用费要本着"取之于户，收费适度；用之于村，使用得当"的原则，实行"村有、乡管、银行立户"制度。至此，农户依法无偿获得宅基地的福利性集体土地分配成为历史，这种"自上而下"对宅基地供给制度的干预显然是政府与农户相互博弈的制度动态调整过程，它聚焦了低成本解决农村粗放式使用建设用地的资源配置问题，有效避免了以后较长时期可能对农村土地资源造成的更大浪费现象。

因此，未来农村土地改革应坚持诱致性制度变迁与强制性制度变迁的结合。整体制度创新应在两者之间的冲突与协调中逐步演进①。

第二节 坚守公平与兼顾效率的原则

乡村振兴战略下的制度，特别是正式制度对农民财产权保护起着决定性作用。改革开放以来，中国农村发展日新月异，制度不可固定不变。在一个传统的地方，几乎不需要法律，通过礼制就可以有效应付生活问题。但在一个变迁很快的社会，传统的效力是无法保证的。因为不管一种生活的方法在过去是怎样有效，如果环境已改变，谁也不能再依着旧法子去应付新问题②。不言而喻，好的制度能有效促进农民财产权的保护，否则起不到良好的保护效果。但如何衡量一项制度的优劣？虽然标

---

① 周业安：《中国制度变迁的演进论解释》，《经济研究》2000年第5期，第3页。
② 费孝通：《乡土中国 生育制度》，北京大学出版社1998年版，第52页。

准多样，但本质上必须通过实践，即通过实践效果来检验制度的优劣。并在实践中不断反思制度的实践效果及意义，析出现有制度的缺陷及问题，不断改革完善。本书认为，在乡村振兴战略下，农民财产权的有效保护可促进农村经济的发展，但同时，农民财产权的保护一定不能脱离乡村的经济发展，乡村经济发展为农民财产权保护提供了基础和土壤。恰如中国改革开放以来，正是在改革政策的指引下，通过土地承包经营权的两权分离，农村经济开始复苏，农民的财产权也逐渐完善。也正是中国构建了中国特色社会主义市场经济体系，认识到市场经济的重要性，并围绕市场经济改革，不断创新相关制度使其更有利于经济增长和发展，才取得了举世瞩目的发展成就。

当前，我国农村改革进入全面深化改革新时期，只有不断深化农村土地改革，进一步完善农民土地承包地和宅基地"三权分置"制度，赋予农民更完善的财产权，才能有效激发农民的生产、发展动力，加快缩小城乡收入差距。我国农村宅基地权利制度多年来倾向于宅基地的社会保障功能，宅基地的财产功能未受重视，农民宅基地财产权利受到抑制。具体而言，改革开放以来，我国农村宅基地权利制度最初主要体现为社会保障功能。虽然从1978年到1998年允许非农业户口居民获取宅基地使用权，但主要是为了保障非农业户口居民生活。1998年之后则只允许农户最初获得宅基地使用权，不允许在城镇生活的居民原始购买宅基地。因为随着我国城市社会保障制度的建立和完善，非农业户口居民在城市已经获得社会保障，并且随着我国商品房制度的建立，非农业户口居民已在城市购买或分得住房。2017年党的十九大报告提出宅基地"三权分置"以来，中央文件针对宅基地制度改革，连续提出探索宅基地"三权分置"及其实现形式。根据中央文件精神，鼓励地方在宅基地向非集体经济组织成员开放上进行试点探索。农村宅基地权利制度开始走向也重视宅基地财产功能的方向。有学者甚至认为，农村宅基地制度变迁背后的价值基础呈现出从注重"公平"向兼顾"公平与效率"的转变[①]。

基于当前的制度背景和社会背景，认为全面推进乡村振兴，需在坚

---

① 焦富民：《乡村振兴视域下宅基地"三权分置"改革的法律制度设计》，《江海学刊》2022年第4期，第171页。

守农村宅基地社会保障功能的基础上，兼顾农村宅基地的财产功能，适度放活农村宅基地使用权，推动农民获取更多的财产性收入。诺思指出，制度变迁的结果是为了实现有效的制度均衡，即实现制度收益的最大化和制度边际替代成本的最小化。制度对国家经济增长及社会发展具有决定作用。农村土地制度变迁和创新的根本原因是经济因素，归根到底是生产力作用和要求的结果①。宅基地权利制度改革只有激活宅基地的经济价值，实现有效的制度均衡，才能达到制度收益的最大化。

一 农民宅基地权利制度变迁的经济背景

当前，农村宅基地闲置，农民的宅基地财产权利难以彰显是我国农村改革中面临的主要难题之一，产生这一问题的因素是综合的。但宅基地权利制度的不完善则是主要原因。传统上，宅基地的主要功能是作为农村居民的居住地和生活保障。但改革开放以来，随着我国经济的不断持续发展，城乡一体化的进程不断加快，宅基地的主要功能也不断被拓展。宅基地主要功能已由最初的居住和社会保障功能向休闲、融资、土地资源开发建设等功能拓展。"农二代"进城就业定居、"小产权房"风起云涌、休闲农业"落户"宅基地等等，这些新现象的出现，使农民宅基地的财产性功能越来越突出。但现实状况是农民虽进城买房但宅基地却闲置不用，"小产权房"一直处于地下交易的尴尬境地，休闲农业以租代买现象普遍。以上新问题的涌现集中体现了一个核心问题：即农民的宅基地的社会保障功能逐渐弱化，经济价值已然凸显。无论是农民群体，还是集体外的社会主体，以及整个城乡建设用地市场，对宅基地的经济价值的追求强烈。但现有的宅基地权利制度却不能有效回应这种制度需求。

多年来，针对农户最主要财产的宅基地权利实现困难问题，我国不断探索通过制度改革提升宅基地资源的利用效率，增加农民财产性收入，解决宅基地财产权利实现困难等问题。包括"党的中央全会"确定的农地政策，每五年一个周期的"国民经济和社会发展规划纲要"对农村所做的规划和安排等中央有关农地政策的文件，及每年发布的中央一号文

---

① 张术环：《产权、农地产权、农地产权制度》，《学术论坛》2005年第3期，第134页。

件均对农民宅基地权利改革提出明确要求。特别是，2013年以来，宅基地权利制度更是呈现向政府引导的市场化方向迈进。如2013年11月十八届三中全会《中共中央关于全面深化改革若干重大问题的决定》在历来的国家政策中首次提出："改革完善农村宅基地制度，慎重稳妥推进农民住房财产权抵押、担保、转让。"2014年中央一号文件对三中全会《决定》中提到的农村土地制度改革作出了具体的安排。提出完善农村宅基地管理制度，选择若干试点，慎重稳妥推进农民住房财产权抵押、担保、转让。2018年中央一号文件提出探索宅基地所有权、资格权、使用权"三权分置"，落实宅基地集体所有权，保障宅基地农户资格权和农民房屋财产权，适度放活宅基地和农民房屋使用权。并且，2013年以来，中央政府及各部委出台的有关农民宅基地权利的政策更加频繁。基本每年都出台多种政策法规。例如：2015年8月10日，国务院印发《关于开展农村承包土地的经营权和农民住房财产权抵押贷款试点的指导意见》，对农民住房财产权抵押贷款试点提出了明确的要求，提出农民住房财产权设立抵押的，需将宅基地使用权与住房所有权一并抵押。2015年1月的《关于农村土地征收、集体经营性建设用地入市、宅基地制度改革试点工作的意见》特别提到"改革完善农村宅基地制度"，并作出具体要求。2015年11月的《深化农村改革综合性实施方案》在前一个文件精神的基础上提出更加明确与清晰的宅基地制度改革基本思路。即在保障农户依法取得的宅基地用益物权基础上，改革完善农村宅基地制度，探索农民住房保障新机制，对农民住房财产权作出明确界定，探索宅基地有偿使用制度和自愿有偿退出机制，探索农民住房财产权抵押、担保、转让的有效途径。这些都表明，政府通过制度改革提升宅基地资源的利用效率的制度改革力度很大。同时，我国许多地方也在努力地探索增强宅基地财产价值实现的有效途径，比较有代表性的有四川、广东、重庆的"地票交易"，天津的"宅基地换房"等。此外，其他省市也纷纷借鉴以上省市的经验，在实践中摸索实现宅基地财产效益的方法。

但仍然存在不少问题，宅基地权利制度仍难以适应市场化变革的需要，农民住房财产权抵押、担保、转让与现有制度限制之间矛盾仍难以调和。并且，随着农村经济的不断发展，宅基地经济价值开发仍滞后，宅基地使用权中的经济权能制度依然欠缺。为此，需要创新制度，回应宅基地权利制度效率提升需求。

总之，随着经济背景不断演化，宅基地经济价值凸显，相关制度必须不断改革创新，以更好地满足经济发展中宅基地权利发展的需要。通过优化制度，完善农民的宅基地权利，并实现其经济效益。事实上，中国农村改革的逻辑背景就是充分体现、发挥、创新制度，使制度更好地发挥其对公平效率价值的决定性影响。有学者提出：从长远利益来看，效率、平等与稳定是一致的，有效率，就会平等和稳定。如果制度存在问题，则完全可能同时失去公平与效率①。通过赋予资产权能增加农民财产性收入，是实现生产分配与消费良性循环、经济增长与社会建设正向互动的根本性策略②。通过制定明细法律、法规，增加宅基地及地上房屋经营性用途范畴，并规范经营标准，确保宅基地及地上房屋使用规范性与经营活动可持续性，进一步推动农户宅基地使用价值的提升③。

二 适度开放宅基地使用权和农房所有权，体现效率原则

上文分析可知，我国宅基地权利制度变迁的主要影响因素是经济因素。改革开放以来，正是因为经济体制的转型从根本上动摇了传统宅基地使用权制度存续的经济社会基础，我国农村宅基地的功能呈现出由基本居住保障性向资产性转变，财产功能日益增强的趋势。未来宅基地权利制度的改革，需要坚持公平正义的政治原则和效率开放的经济规律，适度开放宅基地使用权和农房所有权，体现其效率价值。

1. 农村宅基地权利制度改革应以权利完善与私权属性的凸显为核心

党的十八届三中全会《决定》的一大重点突破，就是适应计划经济体制向社会主义市场经济体制转变的要求，将市场在资源配置中的基础性作用升华为决定性作用，厘清市场经济条件下政府与市场的关系。党的十九大报告明确指出，要完善社会主义市场经济体制，就必须把经济体制改革的重点放在完善产权制度和要素市场化配置上。将农村宅基地

---

① 党国英：《农村改革的逻辑》，《社会科学文摘》2018年第11期，第49页。
② 周江梅、黄启才：《改革开放40年农户宅基地管理制度变迁及思考》，《经济问题》2019年第2期，第69页。
③ 周江梅、黄启才：《改革开放40年农户宅基地管理制度变迁及思考》，《经济问题》2019年第2期，第69页。

制度改革视为围绕产权重建而展开的制度变迁。产权界定是稀缺资源的排他性制度安排,国家强制力介入才可划清。但国家介入与干预会导致产权不完整,取决于国家产权政策。我国农村宅基地制度改革目标是以物权法为依据,进一步深化改革,因势利导地扭转宅基地凝固性现状,激活宅基地财产功能,加强宅基地流转,让农民不仅享有占有权、使用权,还可以享有抵押权、转让权及收益权,提高宅基地利用率,增加农民财产性收入,为全面乡村振兴奠定坚实基础。

2. 适度开放宅基地使用权和农房所有权

国家政策已为规范适度开放宅基地使用权和农房所用权提供了指引。首先,近几年的中央文件针对宅基地制度改革,连续提出探索宅基地"三权分置"及其实现形式。根据中央文件精神,鼓励地方在宅基地向非集体经济组织成员开放上进行试点探索,该文件精神一定意义上也为适度开放宅基地使用权和农房所用权提供了空间。其次,在中央文件关于宅基地"三权分置"改革精神的指导下,中央各部委制定了更加具体的文件。如《关于积极稳妥开展农村闲置宅基地和闲置住宅盘活利用工作的通知》,鼓励培养宅基地盘活利用的主体。此外,农业农村部委的建议答复为非集体经济组织成员的宅基地利用制度创新也提出了具体的指引。

根据以上文件精神,当前,应慎重稳妥推进宅基地制度改革。具体到宅基地和农房的对外开放,即为不能全面开放。在我国农村社会保障制度尚未确立完善的当下,土地资源的有限性决定了宅基地的社会保障功能发挥的重要意义,并且,因为农村宅基地对非集体经济组织成员的开放必然会冲击到现有的土地财政,为此宅基地的财产功能需受到限缩。但我国农村普遍存在宅基地闲置率偏高,乡村旅游业及其他产业需要农村建设用地,因此,必须积极探索闲置宅基地和农房的多元主体适度利用。许可宅基地和农房的相应权利向非集体经济组织成员适度放开,促进人才融入乡村,推进乡村振兴。

三 坚守公平原则

公平保障农民宅基地权利通常体现在两个方面:其一,农民获取宅基地的机会公平。农村宅基地是农民赖以生存的必需品,农村宅基地使用权是保障农民基本生活的基础性权利。农民获取宅基地的机会公平主要体现在农村宅基地的取得上，农民有权基于法律规定的"一户一宅""户有所居"政策，无差别地无偿取得宅基地，享受机会均等的宅基地保障。其二，农民流转宅基地的权利受到一定限制。现行宅基地法律制度明确农村宅基地资格权主体只能是农村集体经济组织成员，排除了非农村集体经济组织成员取得宅基地使用权的资格，这种制度安排体现了宅基地具有的对农民的社会保障功能。

在社会主义市场经济条件下，农民财产权平等受保障，也是公平保障农民财产权的主要内容。农民财产权平等受保障对于农村经济发展具有重要的促进作用。因为社会主义市场经济的根本出发点是解放和发展生产力，农民是农村生产力中最为活跃的因素。因此，农民财产权的平等保护应作为农村制度改革的核心。一些土地制度改革相对成功、彻底的国家或地区，在土地制度变革中都非常注重农民土地权益的保护。[①] 有学者通过对我国多省市的土地问题进行实地调研，提出现行的土地制度已难以应对我国经济社会可持续发展的要求，必须改革土地制度的二元性，充分保障农民获得集体建设用地流转的土地级差收益的权利，确保农民成为土地流转收益的主要获得者。[②] 农民的宅基地使用权的流转应回归其财产权本质，促进融资功能的实现。[③] 有恒产者有恒心，经济主体财产权的有效保障和实现是经济社会持续健康发展的基础。

社会主义市场经济条件下，深刻理解农民财产权平等受保障的内涵，还需认识到：(1) 农民财产权的平等保护，既是对农民部分财产权的回归，也是对农民集体财产权的回归。健全以公平为核心原则的产权保护制度，毫不动摇地巩固和发展公有制经济，毫不动摇地鼓励、支持、引导非公有制经济发展，公有制经济财产权不可侵犯，非公有制经济财产

---

① 史卫民：《国外土地制度变迁中农民土地权益保护的比较与借鉴》，《现代经济探讨》2014年第2期，第88页。
② 蒋省三、刘守英、李青：《土地制度改革与国民经济成长》，《管理世界》2007年第9期，第1页。
③ 温世扬、韩富营：《从"人役权"到"地上权"——宅基地使用权制度的再塑造》，《华中师范大学学报》(人文社会科学版) 2019年第2期，第20页。

权同样不可侵犯。在农村制度改革中正确处理农民个人财产权与农民集体财产权的关系。因为，当前我国农民个人财产权保护不足的部分原因来自于农民集体财产权保护制度的不足。中华人民共和国成立以来，农村土地权利制度出现过数次变迁，最终形成了农村土地集体所有的制度。农村土地权利制度的不足主要表现在，因为集体所有权概念本身的模糊性，导致集体所有权的主体不明确、农民权利虚化。① 当前的农村土地制度改革，应当适当平衡集体土地权力和农民土地权利的关系，通过赋予村集体适当的土地调控权，促进乡村振兴战略的实施②。（2）农民财产权的平等保护，一定不能脱离中国农村社会发展背景，乃至于中国整体社会的发展背景。只有农村发展，国家进步，农民财产权的平等保护才能真正落到实处。正在试点的三项土地制度改革应当坚持底线思维原则，坚持土地制度改革服务于中国现代化的大局，避免掉入土地财产权利陷阱③。因此，在农民财产权保护制度改革中，还需注意处理好与农业现代化、国家发展大局的关系。（3）注重分配公平。首先，这是社会公平的基本需要。社会公平的基本要件就是人民有充分的收入，有尊严生活的可能。一般而言，当物质财富增长到足以提升大多数人福利水平时，社会治理的公平偏好便会提升。农民的宅基地财产权是其基本的财产权，对该财产权的有效保障，就可以增加农民财产性收入，改善其收入水平，也容易达成社会公平的基本要求。其次，这是坚持共同富裕的基本条件。通过完善农民的宅基地财产权，有助于达到"增加农民财产性收益"的目的，赋予农民作为"资产所有者"的地位和收益权，从根本上改变农民在分配中的被动地位。

公平保障农民财产权还表现在农民主体内部身份地位的平等上，如农村妇女与男子的财产权应得到平等保护。平等保障农民财产权还体现在土地征收中征地主体与农民的关系中，也体现在小农户入股新型农村

---

① 王利明、周友军：《论我国农村土地权利制度的完善》，《中国法学》2012 年第 1 期，第 45 页。

② 王海娟、胡守庚：《土地制度改革与乡村振兴的关联机制研究》，《思想战线》2019 年第 2 期，第 114 页。

③ 夏柱智：《城市转型的实质挑战及土地制度的应对——兼论集体土地入市问题》，《思想战线》2019 年第 2 期，第 106 页。

经济组织的关系中。在这些关系中，弱势群体一方权利得到倾斜性保护，农民的财产权得到更大程度的保护。这里平等的体现，不仅是一种形式上的平等，更多地体现为实质意义上的公平。

第四章

农民土地财产权保护

农民土地财产权是农民最主要的私有财产权,具体包括土地承包经营权、宅基地使用权等权利。中国已初步建立农民土地财产权保护制度。2007年实施的《物权法》第三编"用益物权"专章规定土地承包经营权、宅基地使用权。此外,根据《物权法》第151条:集体所有的土地作为建设用地的,应当依照土地管理法等法律规定办理。

《物权法》第十一章"土地承包经营权",共11个条文:第124—134条。规定了土地承包经营合同的订立、生效和期限,土地承包经营权人的权利和义务等内容。

《物权法》第十三章"宅基地使用权",共4个条文:第152—155条,规定了宅基地使用权人的权利、宅基地使用权的取得,变更及注销登记。关于宅基地使用权的取得、行使和转让,根据《物权法》第153条的规定,适用土地管理法等法律和国家有关规定。《土地管理法》第62条对农民宅基地使用权作了进一步的限定与规定。限定"农村村民一户只能拥有一处宅基地,其宅基地的面积不得超过省、自治区、直辖市规定的标准"。限定"农村村民出卖、出租住房后,再申请宅基地的,不予批准"。规定农村村民取得宅基地使用权的要求是"符合乡(镇)土地利用总体规划,并尽量使用原有的宅基地和村内空闲地"。农村村民取得宅基地使用权的程序是"经乡(镇)人民政府审核,由县级人民政府批准",如果涉及占用农用地的应办理相应审批手续。

关于集体所有的土地作为建设用地的,根据《物权法》第151条的规定,应当依照土地管理法等法律规定办理。对此,2020年1月1日修订实施的《土地管理法》第五章"建设用地",共23个条文:第44—66

条，规定了单位和个人进行建设需要使用土地问题。其中，对于建设用地使用集体所有的土地的，该法第63条改变旧有的"应当首先由国家征收"的规定，增加规定农村集体建设用地在符合规划并经依法登记，同时经三分之二以上集体经济组织成员或村民代表同意的情况下，可以出让、出租给农村集体经济组织以外的单位或个人直接使用，同时规定，建设用地的使用者在取得农村集体建设用地后，还可以通过转让、出资、抵押等方式进行流转。该项修改规定集体建设用地可直接进入市场流转，破除了城乡一体化发展的制度性障碍。根据该法第48条第三款新增规定：征收农用地的土地补偿费、安置补助费标准由省、自治区、直辖市通过制定公布区片综合地价确定。删除了土地补偿费和安置补助费，总和不得超过土地被征收前三年平均年产值的30倍的规定。与旧有的"年产值倍数法"补偿方法相比，新法确立的"综合区片地价法"补偿方法，更加充分考虑了农民的合法权益和集体土地所有权人的合法权益。

虽然《物权法》《土地管理法》等法律法规对农民土地财产权作了较为完善的规定，农民土地财产权的制度改革仍然在路上。关于集体土地所有权主体的虚化问题、关于农民宅基地使用权的自由流转问题等尚未达成共识。未来农村土地制度的改革，必须坚持围绕社会主义市场经济体制完善的路线，将赋予农民长期而有保障的"土地财产权"作为阶段目标和终极目标进行制度探索和改革，继续沿着坚持"正式制度与非正式制度的合力作用""兼顾公平与效率改革农村土地权利制度"的逻辑向纵深发展。

党的二十大报告强调，未来五年社会主义市场经济体制更加完善，必须坚持社会主义市场经济改革方向，构建高水平社会主义市场经济体制。这就要求乡村振兴战略下的农村各项改革，要全面落实创新、协调、绿色、开放、共享的新发展理念，将新发展理念融入农村各项改革中，将其作为农民财产权保护各项制度改革的价值引领，既要通过改革创新，保障农民通过行使土地权利、集体成员权获取越来越多的财产性收益，生活更加富裕，又要坚持协调、共享理念，保障农民财产权公平保护，协调好利益主体的关系。

第一节　农民土地承包经营权的保护

一　土地承包经营权制度的变迁轨迹与规律

(一) 土地承包经营权制度的变迁轨迹

1. 从"权利属性多种争议"到"物权属性"的变迁

我国农村的土地承包制度并非通过自上而下的立法过程创设而来。最初的农村土地承包没有合法依据，由少数农民创造，后逐渐被立法者认可并以法律形式加以确认。1986年实施的《土地管理法》，以法律的形式明确土地的承包经营权受法律保护。此后，很长一段时间，土地承包经营权的性质问题都是学术界争论的焦点话题。有学者提出：《农村土地承包法》颁布前，我国学术界关于土地承包经营权性质的争论，主要集中在物权说与债权说之间，此外，还有物权兼债权说、债权兼物权说、劳动关系说、(复合)所有权说、田面权说等[①]。《农村土地承包法》颁布后关于土地承包经营权性质仍存在众多分歧[②]。有学者根据2003年实施的《农村土地承包法》第19条、第20条、第21条的规定，土地承包经营权依据合同产生，遵循合同关于权利义务、违约责任等的约定，认为土地承包经营权的性质仍为债权[③]。有学者认为土地承包经营权的性质为物权[④]。有的学者认为土地承包经营权兼具债权和物权双重属性[⑤]。2007年颁布的《物权法》将土地承包经营权规定为物权中的用益物权。实践证明，只有采取物权效力强度对土地承包经营权进行法律保护，才能确保农村土地承包关系的长期稳定，并真正赋予农民长期而有保障的土地使用权[⑥]。因为，如果土地承包经营权被认为属于债权，在实践中按

[①] 丁关良：《土地承包经营权基本问题研究》，浙江大学出版社2007年版，第123页。
[②] 丁关良：《土地承包经营权基本问题研究》，浙江大学出版社2007年版，第126页。
[③] 王晓慧、李志君：《土地承包经营权的性质与制度选择》，《当代法学》2006年第4期，第64页。
[④] 宋刚：《论土地承包权——以我国〈农村土地承包经营法〉为中心展开》，《法学》2002年第12期，第67页。
[⑤] 曹建民：《土地承包经营权物权化的意义》，《中国土地》2005年第1期，第26页。
[⑥] 张威主编：《土地管理法律实务》，武汉大学出版社2015年版，第102页。

照债权债务关系来处理土地承包经营关系。鉴于债权的相对性，如果土地承包经营合同的发包方恶意毁约，承包方只能主张违约责任。违约责任是一种债上请求权，违约责任的承担首先需要承包方证明发包方主观有过错。其次，因当事人的违约行为造成了损害事实。但物权请求权的实现，无须证明行为人主观上有过错。不以行为人的行为造成受害人相关损失为前提。相比而言，对承包方而言，物权请求权对其权利的保护力度更大。特别是，如果土地承包经营权被认为属于债权时，当发包方不经承包人同意，直接将承包土地出卖或出租给他人用于非农用途，承包方只能要求发包人承担违约责任[1]。

2. 从期限短到期限长的变迁

自1983年中央一号文件《当前农村经济政策若干问题》将家庭联产承包责任制表述为，"在党的领导下我国农民的伟大创造，是马克思主义农业合作化理论在我国实践中的发展"，具有"广泛的适应性"后，家庭联产承包责任制迅速在我国农村普及。

1984年以前，土地承包期很短，一般2—3年时长[2]。1984年1月，中共中央出台《关于一九八四年农村工作的通知》（1984年中央一号文件）提出土地承包期"应在十五年以上"。

20世纪90年代初期，各地自1978年开始的为期15年的第一轮土地承包已经或即将陆续到期，鉴于农村土地产权关系的稳定性对农民增加投入和促进农业发展具有积极意义，1993年11月，《中共中央、国务院关于当前农业和农村经济发展的若干政策措施》明确提出，"在原定的耕地承包期到期之后，再延长三十年不变"。1998年修订后的《土地管理法》将土地承包期"再延长三十年不变"以法律的形式体现确立下来。2013年11月十八届三中全会文件再次强调"稳定农村土地承包关系并保持长久不变"，近年来的多个中央一号文件也多次提出农村土地承包关系长久不变。

从第一轮土地承包15年，到第二轮土地承包再延长30年，再到当前的"稳定农村土地承包关系并保持长久不变"，土地承包经营期限发生从

---

[1] 张威主编：《土地管理法律实务》，武汉大学出版社2015年版，第102页。
[2] 丁关良：《土地承包经营权基本问题研究》，浙江大学出版社2007年版，第48页。

期限短到期限长的变迁。为农民加大土地投入和建设提供了制度保障,有效地保护了农民的土地财产权。

3. 从"两权"到"三权"的变迁

中华人民共和国成立至 1978 年改革开放之前这一历史时期,中国农村土地产权制度经历了中华人民共和国成立初期的农村土地所有权农民私有、私人经营;初级社(1953—1956)时期土地所有权农民私有、但由集体统一经营;高级社(1956—1957)时期农村土地集体所有、集体统一经营;改革开放前的人民公社(1958—1978)时期农村土地集体所有、三级组织经营四个不同的产权归属利用模式。可以看出,这一时期,还不存在官方意义上的农民土地承包经营权。

1978 年改革开放以来,我国农村"包产到户"为主的家庭联产承包责任制逐渐冲垮了"集体所有、集体经营"的土地产权制度,开始出现了农民土地承包经营权[1]。根据 1982 年中共中央批转《全国农村工作会议纪要》,农村土地分户经营、自负盈亏建立在土地公有基础之上,农户和集体是一种承包关系,土地由集体统一管理和使用土地。农民只是取得农村土地的承包经营权。由此,农村土地所有权属于集体,承包经营权归于农户的农村集体土地"两权分离"模式形成。

20 世纪 90 年代,随着我国工业化、城镇化发展的不断推进,农村劳动力大量转移,从而催生了农村土地流转。随着农村土地流转的规模越来越大,大量承包农户不再直接经营土地,将承包土地流转给其他经营主体经营,带来土地承包权主体同经营权主体分离。2014 年 1 月,中央一号文件中明确指出,"在落实农村土地集体所有权的基础上,稳定农户承包权、放活土地经营权"。这是土地承包经营权"三权分置"首次在中央文件中提出[2]。2016 年 10 月 30 日发布的《中共中央办公厅、国务院办公厅关于完善农村土地所有权承包权经营权分置办法的意见》顺应农民保留土地承包权、流转土地经营权的意愿,形成土地集体所有权、农户承包权、农地经营权"三权分置"的格局。

---

[1] 丁关良:《土地承包经营权基本问题研究》,浙江大学出版社 2007 年版,第 3 页。
[2] 全国人大农业与农村委员会法案室编著:《农村土地承包法律制度研究》,中国法制出版社 2017 年版,第 31 页。

从"两权分离"过渡到"三权分置",既顺应了农村土地流转已成规模进行的大势,也顺应了适度规模经营发展现代农业的大势,是我国农村改革的又一次重大创新①。

4. 从各农户"分散经营"农田到"一户一田"的变迁

由于历史的原因,当前大部分农村农户承包地都比较分散,东一块西一块,有的一块地不超过一亩,种地很不方便。对此,该意见提出要引导小农户自愿通过互换并地、土地承包权退出等方式,促进土地小块并大块,逐步形成"一户一田"的格局。

一家一户的小块农田越来越少,取而代之的是联片种植的大型农场。专业农户的崛起和地权的整合已成为农村难以逆转的潮流。

(二) 土地承包经营权保护制度的变迁规律

1. 国家层面的制度变迁相对滞后

纵观改革开放以来农村土地承包经营权保护制度的发展历程,可以发现,国家层面的制度往往滞后于地方相关制度甚至民间的自我探索。就家庭联产承包责任制而言,众所周知,是1978年从安徽省凤阳县小岗生产队的18户农户的探索中拉开帷幕的。这种农民自发的"包产到户"责任制探索,后逐渐得到国家层面的认可。1982年中共中央批转《全国农村会议纲要》(即1982年中央一号文件)对农民的"包产到户"责任制探索正式予以肯定,农村家庭承包制自此开始在全国得到推广。此外,以土地承包经营权"三权分置"制度为例。20世纪90年代以来,我国城镇化的迅速推进促使农村大量年轻劳动力纷纷进入城镇,其家庭承包的土地开始向外流转,并且面积不断扩大。但农民同时不愿意失去土地承包权,表现在流转不出去宁愿荒芜也不愿意退出土地承包权。经过多年时间探索,为了顺应农民保留土地承包权、流转土地经营权的意愿,国家除了在中央文件中,如2014年12月的《关于农村土地征收、集体经营性建设用地入市、宅基地制度改革试点工作的意见》中,肯定农民的探索,将土地承包经营权分为承包权和经营权,实行所有权、承包权、

---

① 全国人大农业与农村委员会法案室编著:《农村土地承包法律制度研究》,中国法制出版社2017年版,第32页。

经营权分置并行。更是在 2018 年修订的《农村土地承包法》中,将农村土地实行"三权分置"的制度法制化,以更有效地保障农村集体经济组织和承包农户的合法权益,同时促进现代农业的发展①。从以上改革方式可以看出,中央政府有关农村土地承包经营权保护制度的改革开始于微观层面的制度改革,宏观层面的制度改革相对滞后。同时也可以看出,微观主体的自主探索有效推动了国家层面制度的变迁。

2. 制度变迁与改革的步伐基本保持一致

家庭联产承包责任制的核心是在坚持农村土地集体所有的基础上最大限度地发挥私主体的经营效益②。改革开放以来,农村土地承包经营权改革步伐基本围绕这个核心展开。土地承包经营权由"两权分离"制度向"三权分置"制度的变迁,与农村土地承包经营权改革步伐始终保持一致。可以说,随着改革开放的纵深推动,家庭联产承包责任制从最开始的民间探索,到中央的肯定和认可,再到逐渐形成规范化和法制化。21 世纪以来,农村土地制度变迁与我国工业化、城镇化、农村农业发展改革同步发展,农村税费改革、统筹城乡发展等国家宏观改革战略对农村集体产权制度改革、宅基地制度改革及土地承包经营权制度变迁产生了显著影响。此外,农村"三块地""两权抵押"等制度的改革试点等,都是在全国人大的授权下开展的。习近平总书记指出:我国农村改革是从调整农民和土地的关系开启的。新形势下深化农村改革,主线仍然是处理好农民和土地的关系。最大的政策就是要坚持农村土地集体所有,坚持家庭经营基础地位的农村基本经营制度,坚持稳定农村土地承包关系③。

---

① 《让亿万农民吃下土地权利"定心丸"》,中央人民政府网,http://www.gov.cn/zhengce/2018-12/30/content_5353495.htm。

② 赵万一、汪青松:《土地承包经营权的功能转型及权能实现——基于农村社会管理创新的视角》,《法学研究》2014 年第 1 期,第 74 页;《在农村改革座谈会上的讲话》(2016 年 4 月 25 日),《论坚持全面深化改革》,中央文献出版社 2018 年版,第 258—259 页。

③ 参见黄建中主编《农地三权分置法律实施机制理论与实践》,中国法制出版社 2017 年版,第 2 页。

3. 从非正式制度到正式制度的演变

通过改革开放以来家庭联产承包责任制的发展与完善的历程,可以看出,在农地制度变迁的每一关键环节,主流意识形态的转变都早于正式制度的改革,并且影响着正式制度的创新和发展。事实上,我国的农村土地承包制度并非自上而下、通过正常的立法创设而来。最初的农村土地承包是由少数农民面对农村的生产力遭到极大破坏的现状,探索出的一种权宜制度。这种探索后来被立法者肯定并以法律形式加以确认①。在我国改革开放初期,正是"解放思想,实事求是"宣言和"改革开放"重大决策首先带来人们思想观念和意识形态的转换,集体所有、家庭经营的农地制度在这一时期开始逐渐取代公社型集体所有制,并得到稳定和完善②。但意识形态对正式制度的影响是复杂、双向的。党的十八大和三中全会以来,全面深化改革和依法治国的思想与意识形态凝聚了全社会的共识,政府、集体、个人的观念逐步向"改革是最大的红利"转变,这对农地制度改革产生了积极影响③。但同时,也不可忽略正式制度对非正式制度的反作用。意识形态虽先于正式制度存在,指引行为者创造制度变革的条件,并逐渐使主流意识形态演变为政策、法律等正式制度形式,但正式制度反过来又会影响意识形态,二者不断地生产与再生产④。

二 土地承包经营权保护制度的立法现状

与我国农民其他土地权利保护制度相比,土地承包经营权保护制度更为完善、全面。内容基本涵盖了土地承包合同双方的权利和义务、土地承包经营权证的颁发、土地承包经营权的流转、相关争议的解决和法律责任等诸多方面。从立法、执法层次而言,更是覆盖各个层级。实践中,司法机关在审理有关农村土地承包经营权案件中,多依据《农村土

---

① 张威主编:《土地管理法律实务》,武汉大学出版社2015年版,第102页。
② 杨瑞龙:《我国制度变迁方式转换的三阶段论——兼论地方政府的制度创新行为》,《经济研究》1998年第1期,第3页。
③ 王敬尧、魏来:《当代中国农地制度的存续与变迁》,《中国社会科学》2016年第2期,第73页。
④ 王敬尧、魏来:《当代中国农地制度的存续与变迁》,《中国社会科学》2016年第2期,第73页。

地承包法》①《民法通则》②《合同法》③《物权法》④《农村土地承包经营权流转管理办法》⑤《最高人民法院关于审理涉及农村土地承包纠纷案件适用法律问题的解释》⑥等依法裁判。

---

① 如张某培诉北京市房山区长阳镇杨庄子村村民委员会、北京市房山区长阳镇杨庄子村社区股份经济合作社承包地征收补偿费用分配案，北京市房山区人民法院（2015）房民（商）初字第 03474 号民事判决书。该案中，北京市房山区人民法院依据《中华人民共和国村民委员会组织法》第二十条第一款第七项、《中华人民共和国农村土地承包法》第十六条的规定，作出判决。参见国家法官学院案例开发研究中心编《中国法院 2018 年度案例·土地纠纷（含林地纠纷）》，中国法制出版社 2018 年版，第 33 页。

② 如金某良等诉阳江市阳东区合山镇丰村村民委员会金花村民小组承包地征收补偿费用分配案，广东省阳江市阳东区人民法院（2015）阳东法合民初字第 444 号民事判决书。该案中，广东省阳江市阳东区人民法院依照《中华人民共和国民法通则》第七十四条第一款、第二款，《最高人民法院关于审理涉及农村土地承包纠纷案件适用法律问题的解释》第二十四条的规定，作出判决。参见国家法官学院案例开发研究中心编《中国法院 2018 年度案例·土地纠纷（含林地纠纷）》，中国法制出版社 2018 年版，第 25 页。

③ 如张某生诉王某松土地承包经营权转包合同案，北京市昌平区人民法院（2016）京 0114 民初 15805 号民事判决书。该案中，北京市昌平区人民法院依据《中华人民共和国合同法》第六十条，《中华人民共和国土地承包法》第十六条、第三十七条、第五十一条、第六十条之规定，作出判决。参见国家法官学院案例开发研究中心编《中国法院 2018 年度案例·土地纠纷（含林地纠纷）》，中国法制出版社 2018 年版，第 78 页。

④ 如袁某泰诉陈某华农村土地承包合同案，广东省高州市人民法院（2015）茂高法新民初字第 132 号民事判决书。该案中，广东省高州市人民法院依照《中华人民共和国物权法》第一百二十五条，《中华人民共和国农村土地承包法》第十六条、第三十九条，《中华人民共和国合同法》第二百三十二条，《最高人民法院关于审理涉及农村土地承包纠纷适用法律问题的解释》第十七条，《中华人民共和国民事诉讼法》第六十四条的规定，作出判决。参见国家法官学院案例开发研究中心编《中国法院 2018 年度案例·土地纠纷（含林地纠纷）》，中国法制出版社 2018 年版，第 83 页。

⑤ 如朱某凤、张某国诉姜某兰等土地承包经营权确认案，江苏省徐州市铜山区人民法院（2016）苏 0312 民初 7493 号民事判决书。该案中，法院依据《中华人民共和国农村土地承包法》第三十七条、第三十八条、第四十条，《最高人民法院关于审理涉及农村土地承包纠纷案件适用法律问题的解释》第十四条，《农村土地承包经营权流转管理办法》第十七条，作出判决。参见国家法官学院案例开发研究中心编《中国法院 2018 年度案例·土地纠纷（含林地纠纷）》，中国法制出版社 2018 年版，第 6 页。

⑥ 如郭某将诉翔安区大嶝街道东埕社区居委会集体经济组织成员权益案，福建省厦门市翔安区人民法院（2016）闽 0213 初 1131 号民事判决书。该案中，福建省厦门市翔安区人民法院依照《最高人民法院关于审理涉及农村土地承包纠纷案件适用法律问题的解释》第二十四条，《中华人民共和国民事诉讼法》第六十四条，《最高人民法院关于适用〈中华人民共和国民事诉讼法〉的解释》第九十条之规定，作出判决。参见国家法官学院案例开发研究中心编（转下页）

我国有关农村土地承包经营权的立法现状具体如下：

（一）法律法规的规定

1.《宪法》相关规定

现行《宪法》（1982年）公布施行以来，根据我国社会实践和发展的需要，先后于1988年、1993年、1999年、2004年、2018年进行了五次重要的修正。其中，1993年《宪法》修正案、1999年《宪法》修正案都对家庭联产承包责任制进行了重要修正。1993年《宪法》修正案首次将"家庭联产承包为主的责任制"写入《宪法》，在第6条明确了家庭联产承包责任制的经济属性为社会主义劳动群众集体所有制经济。1999年《宪法》修正案在此基础上将"家庭联产承包为主的责任制"改为"实行家庭承包经营为基础、统分结合的双层经营体制"，去掉"联产"二字。使之更加符合当时农村家庭承包经营不再与产量相联系的实际做法[①]。因为"联产"是按照产量或产值获得劳动报酬的一种生产责任制。而随着改革的深入，责任制的形式逐渐由包产转变为包干，农业分配形式也相应由"联产"转变为"不联产"，"家庭联产承包责任制"这一说法已名不符实[②]。但由于学术界多将"包产到户"和"包干到户"作为一个总的制度进行研究，因此，笔者注意到，学术成果中至今仍多采用"家庭联产承包责任制"的说法。

2.《民法总则》的相关规定

1986年颁布的《民法通则》第80条第2款规定："公民、集体依法对集体所有的或者国家所有由集体使用的土地的承包经营权，受法律保

（接上页）《中国法院2018年度案例·土地纠纷（含林地纠纷）》，中国法制出版社2018年版，第29页；再如朱某峰诉泾阳县高庄镇山西庄村二组侵害集体经济组织成员权益案，陕西省高级人民法院（2016）陕民再14号民事判决书，该案中，法院依照《最高人民法院关于审理涉及农村土地承包纠纷案件适用法律问题的解释》第二十四条之规定，作出判决。参见国家法官学院案例开发研究中心编《中国法院2018年度案例·土地纠纷（含林地纠纷）》，中国法制出版社2018年版，第47页。

① 乔晓阳：《关于这次修宪的背景、过程、原则、内容及意义》，《中国法学》1999年第2期，第7—8页。

② 丰雷、任芷仪、张清勇：《家庭联产承包责任制改革：诱致性变迁还是强制性变迁》，《农业经济问题》2019年第1期，第45页。

护。承包双方的权利和义务,依照法律由承包合同规定。"虽未直接采用"土地承包经营权"名称,但提出了"土地的承包经营权"名称。权利主体是公民或集体,没有限定主体的范围;权利客体是集体所有土地或国家所有由集体使用的土地,权利内容依照法律由承包合同约定。2017年《民法总则》第55条规定了农村承包经营户的概念,即农村集体经济组织的成员,依法取得农村土地承包经营权,从事家庭承包经营的,为农村承包经营户。第56条第2款界定了农村承包经营户的责任承担。即农村承包经营户的债务,以从事农村土地承包经营的农户财产承担;事实上由农户部分成员经营的,以该部分成员的财产承担。相比《民法通则》的规定,《民法总则》的规定更加明确。但存在术语相互混用的缺陷。农村集体经济组织成员不宜用以界定农村承包经营户。农村集体经济组织成员均应当是自然人。而农村承包经营户"是以'户'的名义而非以个人的名义。农村承包经营户不能等同于农户,中国农户的范围要大于《民法总则》中农村承包经营户的范围"[①]。

3. 《物权法》的相关规定

2007年实施的《物权法》在其第三编"用益物权"第十一章专章规定了"土地承包经营权"。对于明确土地承包经营权的用益物权性质、权利内容等方面作出了明确的界定,对于一些在《农村土地承包法》中比较模糊的问题作了较为明确的界定。例如《物权法》第125条规定,土地承包经营权人依法对其承包经营的耕地、林地、草地等享有占有、使用和收益的权利。第127条第二款规定县级以上地方人民政府应当向土地承包经营权人发放土地承包经营权证、林权证、草原使用权证,并登记造册,确认土地承包经营权。都具体体现了土地承包经营权的用益物权性质和权利内容。但《物权法》关于"土地承包经营权"的法律规定仍存在明显缺少土地承包经营权变更、消灭等主要内容,与《农村土地承包法》进行整合和协调以及完善不够理想等缺陷和不足[②]。

---

① 肖鹏:《论农业经营主体制度的构建——以〈民法总则〉为视角》,《首都师范大学学报》(社会科学版) 2017年第5期,第59页。

② 丁关良:《〈物权法〉中"土地承包经营权"条文不足之处评析》,《湖南农业大学学报》(社会科学版) 2007年第5期,第1页。

4.《土地管理法》的相关规定

我国《土地管理法》自 1986 年实施以来,已经作了四次修改分别于 1988 年、1998 年、2004 年、2019 年。根据 1986 年 6 月和 1988 年 12 月《土地管理法》第 12 条的规定,承包经营土地的集体或者个人,有保护和按照承包合同规定的用途合理利用土地的义务。土地的承包经营权受法律保护。根据此规定,土地承包经营权的权利主体是集体或个人、权利客体是土地(包括集体土地和国有土地)。根据 1998 年 8 月和 2004 年 8 月《土地管理法》第 14 条的规定,农民集体所有的土地由本集体经济组织的成员承包经营从事种植业、林业、畜牧业、渔业生产。土地承包经营期限为 30 年。发包方和承包方应当订立承包合同,约定双方的权利和义务。农民的土地承包经营权受法律保护。根据此规定,土地承包经营权的权利主体是本集体经济组织成员、权利客体是农民集体所有的土地、权利期限是 30 年,权利内容由合同双方约定。此外,该法第 15 条规定,国有土地可以由单位或者个人承包经营从事农业经营。与 1988 年修订后的《土地管理法》相比,2004 年修订后的《土地管理法》对农民的土地承包经营权进行了更加细致的规定,其权利主体、客体和内容更加具体,并且将集体土地的承包经营与国有土地的承包经营区别规定,突出了农民土地承包经营权的地位。

5.《农村土地承包法》的相关规定

2002 年 8 月公布,自 2003 年 3 月 1 日起施行的《农村土地承包法》明确规定了农村土地承包采取农村集体经济组织内部的家庭承包方式;国家依法保护农村土地承包关系的长期稳定,标志着从法律上规定了未来一段时期内土地产权政策的基本走向[①]。

2018 年 12 月修订,并于 2019 年 9 月 1 日实施的《农村土地承包法》对农村土地制度改革的成果和司法中发现的农村土地问题予以积极回应。内容涵盖了农村土地"三权分置"、集体产权制度改革、农村女性土地承包权益维护、进城农民土地权益维护等重大问题。例如新《农村土地承包法》第 9 条增设"土地经营权",规定承包方承包土地后,享有土地承

---

① 刘广栋、程久苗:《1949 年以来中国农村土地制度变迁的理论和实践》,《中国农村观察》2007 年第 2 期,第 78 页。

包经营权，可以自己经营，也可以保留土地承包权，流转其承包地的土地经营权，由他人经营。这项规定鼓励了农民土地的流转，可以更有效地保障农村集体经济组织和承包农户的合法权益。第16条增加一款规定"农户内家庭成员依法平等享有承包土地的各项权益"。该条主要针对实践中存在的很多出嫁女土地权益被频繁侵犯的现状，体现了对农村女性土地承包权益维护的规定和保护。新《农村土地承包法》第27条规定："国家保护进城农户的土地承包经营权。不得以退出土地承包经营权作为农户进城落户的条件。"该法明确提出，不得以退出土地承包权作为农民进城落户的条件，所以，意味着农民即使进城（包括户口迁往城市）也不会失去农村的土地承包经营权。

6. 《农业法》的相关规定

1993年实施的《农业法》从农业生产的角度对土地承包经营权进行了规定。根据该法第12条的规定，集体所有或者国家所有由农业集体经济组织使用的土地可以由个人或者集体承包从事农业生产。承包经营权受法律保护。发包方和承包方应当订立农业承包合同约定双方的权利和义务。根据该法第13条的规定，除农业承包合同约定的权利义务外，承包方享有法定的生产经营决策权、产品处分权和收益权。该法以农业生产为目的对土地承包经营权进行规定。既体现出土地承包经营的债权关系，同时又体现出土地承包经营的物权关系，表现在其所规定的土地承包经营权的内容既包括依承包合同内容约定的权利，又包括法定的生产经营决策权、产品处分权和收益权。

2002年修订后《农业法》对土地承包经营权作了更加明确的规定，并注重与《土地管理法》《农村土地承包法》的协调。体现在该法第5条第2款"国家长期稳定农村以家庭承包经营为基础、统分结合的双层经营体制"，第10条第1款"国家实行农村土地承包经营制度，依法保障农村土地承包关系的长期稳定，保护农民对承包土地的使用权"，第2款"农村土地承包经营适用《土地管理法》和《农村土地承包法》"。

7. 《农民专业合作社法》的相关规定

2017年修订，2018年7月1日实施的《农民专业合作社法》第2条规定，农民专业合作社是在农村家庭承包经营基础上，同类农产品的生产经营者或者同类农业生产经营服务的提供者、利用者，自愿联合、民主管理的互助性经济组织。说明农民专业合作社是建立在集体土地所有制基础上的经济组织。第13条第1款规定,农民专业合作社成员可以用货币出资,也可以用实物、知识产权、土地经营权、林权等能够用货币估价并可依法转让的非货币财产作价出资。与旧法相比,该条扩大了出资方式,明确土地经营权可以作价出资,适应了农民财产多样化,以及农村土地"三权分置"的发展趋势,对保护农村家庭承包经营户在农民专业合作社中的利益有积极意义。

8.《妇女权益保障法》的相关规定

1992年实施的《妇女权益保障法》、2005年修订的《妇女权益保障法》都对农村妇女的土地承包经营权作了专门规定,体现了对农村妇女的特别保护。体现在1992年《妇女权益保障法》第30条,农村划分责任田、口粮田等,以及批准宅基地,妇女与男子享有平等权利,不得侵害妇女的合法权益。并对侵害农村妇女合法土地承包经营权的情形及责任作了规定。2005年修订后的《妇女权益保障法》在以上规定的基础上,对农村妇女的土地承包经营权作了更为具体的规定,体现在第32条规定,妇女在农村土地承包经营、集体经济组织收益分配、土地征收或者征用补偿费使用以及宅基地使用等方面,享有与男子平等的权利。并在第33条、第55条单条规定了侵害农村妇女合法土地承包经营权的情形及责任追究形式。

除此之外,《村民委员会组织法》《担保法》,甚至《继承法》《婚姻法》《仲裁法》中也涉及农村土地承包的法律规范。

(二) 司法解释的规定

实践中,司法机关在审理有关农村土地承包经营权案件中,频繁将最高人民法院关于审理涉及农村土地承包纠纷案件适用法律问题的解释作为裁判的法律依据。凸显了司法解释对农村土地承包经营权规定的重要现实意义。

如金某良等诉阳江市阳东区合山镇丰村村民委员会金花村民小组承包地征收补偿费用分配案,广东省阳江市阳东区人民法院(2015)阳东法合民初字第444号民事判决书。广东省阳江市阳东区人民法院依照《中华人民共和国民法通则》第七十四条第一款、第二款,《最高人民法院关于审理涉及农村土地承包纠纷案件适用法律问题的解释》第二十四条的规定,作出判决①。

如袁某泰诉陈某华农村土地承包合同案,广东省高州市人民法院(2015)茂高法新民初字第 132 号民事判决书。广东省高州市人民法院依照《中华人民共和国物权法》第一百二十五条,《中华人民共和国农村土地承包法》第十六条、第三十九条,《中华人民共和国合同法》第二百三十二条,《最高人民法院关于审理涉及农村土地承包纠纷适用法律问题的解释》第十七条,《中华人民共和国民事诉讼法》第六十四条的规定,作出判决②。

如郭某将诉翔安区大噔街道东埕社区居委会集体经济组织成员权益案,福建省厦门市翔安区人民法院(2016)闽 0213 初 1131 号民事判决书。福建省厦门市翔安区人民法院依照《最高人民法院关于审理涉及农村土地承包纠纷案件适用法律问题的解释》第二十四条,《中华人民共和国民事诉讼法》第六十四条,《最高人民法院关于适用〈中华人民共和国民事诉讼法〉的解释》第九十条之规定判决③。

如朱某峰诉泾阳县高庄镇山西庄村二组侵害集体经济组织成员权益案,陕西省高级人民法院(2016)陕民再 14 号民事判决书。陕西省泾阳县人民法院依照《最高人民法院关于审理涉及农村土地承包纠纷案件适用法律问题的解释》第二十四条之规定,作出判决④。

该类案件审理中频繁依据的司法解释,具体为 2005 年 9 月 1 日起施行的最高人民法院《关于审理涉及农村土地承包纠纷案件适用法律问题的解释》,该司法解释同时规定,该司法解释施行前已经生效的司法解释

---

① 参见国家法官学院案例开发研究中心编《中国法院 2018 年度案例·土地纠纷(含林地纠纷)》,中国法制出版社 2018 年版,第 25 页。
② 参见国家法官学院案例开发研究中心编《中国法院 2018 年度案例·土地纠纷(含林地纠纷)》,中国法制出版社 2018 年版,第 83 页。
③ 参见国家法官学院案例开发研究中心编《中国法院 2018 年度案例·土地纠纷(含林地纠纷)》,中国法制出版社 2018 年版,第 29 页。
④ 参见国家法官学院案例开发研究中心编《中国法院 2018 年度案例·土地纠纷(含林地纠纷)》,中国法制出版社 2018 年版,第 47 页。

与本解释不一致的，以本解释为准。在该司法解释实施前的司法解释具体是指这样两个司法解释：其一，1986年最高人民法院《关于审理农村承包合同纠纷案件若干问题的意见》（1999年6月5日废止）。其二，最高人民法院《关于审理农业承包合同纠纷案件若干问题的规定（试行）》1999年6月5日最高人民法院修改后重新颁发的《关于审理农业承包合同纠纷案件若干问题的规定（试行）》。

此后，2008年12月最高人民法院印发《关于为推进农村改革发展提供司法保障和法律服务的若干意见的通知》，从如何充分发挥审判职能角度，提出着力稳定和完善农村基本经营制度，严格把《物权法》《农村土地承包法》等法律法规及司法解释的规定落到实处。2011年8月最高人民法院《关于审理涉及农村集体土地行政案件若干问题的规定》，针对我国城市化进程不断加快背景下，不断增多的土地行政纠纷的审理解决提供统一的司法尺度。2014年1月最高人民法院《关于审理涉及农村土地承包经营纠纷调解仲裁案件适用法律若干问题的解释》，对2009年6月公布的《农村土地承包经营纠纷调解仲裁法》进行更具针对性和操作性的规定，更有效地解决农村土地承包纠纷这一类特殊的民事争议。2014年12月最高人民法院《关于进一步加强新形势下人民法庭工作的若干意见》，提出抓好民生审判，依法保障农民土地承包地占有、使用、收益、流转及经营权抵押、担保权利。

（三）行政法规及文件

1997年8月中共中央办公厅、国务院《关于进一步稳定和完善农村土地承包关系的通知》，针对农村土地承包经营中第一轮承包到期后的延期问题、地方随意改变土地承包问题等实际情况明确了中央的有关政策，提出进一步稳定和完善以家庭联产承包为主的责任制，土地承包期再延长30年，认真整顿"两田制"等工作，是指导农村土地承包工作的重要文件。

2000年中央《关于制定国民经济和社会发展第十个五年计划的建议》指出，要加快农村土地制度法制化建设，长期稳定以家庭承包经营为基础、统分结合的双层经营体制。此后，农村土地政策的法制化建设进入了快车道。进入21世纪，国家土地管理制度日益强化，各种必要的法律法规逐步制定与完善。

2004年国务院办公厅《关于妥善解决当前农村土地承包纠纷的紧急通知》，特别提出认真落实二轮土地延保政策，稳定完善农村土地承包经营关系。尊重并保障外出务工农民的土地承包权和经营自主权。

2005年农业部发布《农村土地承包经营权流转管理办法》。

2016年农业部《关于加强基层农村土地承包调解体系建设的意见》要求，按照中央《关于完善矛盾纠纷多元化解机制的意见》精神，加强农民土地承包调解体系的建设。

（四）地方立法

《农村土地承包经营权法》颁布以来，我国各地基本都制定实施了地方农村土地承包法办法。如湖南省2010年实施《中华人民共和国农村土地承包法办法》，湖北省2012年实施《中华人民共和国农村土地承包法办法》，河北省2013年实施《中华人民共和国农村土地承包法办法》，陕西省2014年实施《中华人民共和国农村土地承包法办法》，有效地促进了农村土地承包经营法的实施。

三 农村土地承包经营权制度的发展

我国农村土地承包经营权设置的主要目的是，与我国社会主义市场经济制度的逐步确立、完善相对应，通过农村土地承包关系的长期稳定，不断加大、激活农民土地承包经营权，真正赋予农民长期而有保障的土地使用权。近年来一系列的土地制度改革，使农民的土地承包经营权保护力度更大。特别是2018年12月新修订的《农村土地承包经营法》，针对实践中涌现的土地承包经营新问题、新情况，在原有法律的基础上作了重大的修改完善，将农村土地实行的"三权分置"制度，以及其他相关政策与地方实践予以法制化。主要表现在：

1. 完善了土地承包经营权流转制度

新《土地承包法》将实践中农村土地实行的"三权分置"制度法制化，增设了土地经营权制度。第9条规定了土地经营权的概念，第36条规定了土地承包经营权流转的方式，第47条规定了土地经营权的融资担保。但存在需要完善的地方。例如有学者提出，土地作为经济社会发展最重要的生产要素，应该而且必须具备商品的基本属性。发挥市场在土地资源配置中的决定性作用，在确保农地农用的前提下，土地承包经营权有偿转让应逐步突破集体经济组织的边界①。此外,《农村土地承包法》《土地管理法》《物权法》等法律内容存在相互冲突,需进一步完善以提升法律的规范性和严谨性②。有学者指出,现阶段农村土地承包经营权退出应重在机制探索,并需要一系列政策措施支撑③。同时需构建以《宪法》为核心、以其他农业相关法律为具体支撑的法律体系。

2. 完善了土地承包经营权退出制度

新《土地承包法》第27、28条,明确规定发包方在承包期内不得任意收回或调整承包地。该规定稳定了承包关系,从而有效地保证了进城农户的土地承包经营权,完善了土地承包经营权退出制度,意味着进城农户可自主选择是否进城后退出土地承包经营权。土地承包经营权退出制度规定不足主要有:有关农村土地承包经营权有偿退出的法律支撑不足、补偿标准针对性不强、补偿金有限、集体经济组织财力不够、市场化运行缺乏及保障机制不健全等问题④。

3. 完善了土地承包经营权抵押制度

新《土地承包法》增加一条,作为第47条,规定承包方可以用承包的土地经营权向金融机构融资担保,并向发包方备案。受让方通过流转取得的土地经营权,经承包方书面同意并向发包方备案,可以向金融机构融资担保。这里融资担保的概念,包含了抵押和质押等多种形式。根据该条承包方可以用承包土地经营权融资担保,而且第三方取得土地经营权的,也可以用土地经营权融资担保。另有一个变化就是将土地流转的"同意"制修改为"备案"制转变,表明了对土地承包经营权为物权性质的再次确认。但仍存在需要完善的地方。例如,有学者提出,完善土地承包经营权抵押制度,应以精准识别和分类施策的方式评估和确认

---

① 黄延信:《农村土地承包经营权延续的前沿问题研究》,《毛泽东邓小平理论研究》2019年第5期,第10页。
② 李哲:《关于我国土地承包经营权及其流转的法律思考》,《法学论坛》2018年第4期,第53页。
③ 高强、宋洪远:《农村土地承包经营权退出机制研究》,《南京农业大学学报》(社会科学版)2017年第4期,第74页。
④ 余澳:《农村土地承包经营权有偿退出机制的建构》,《农村经济》2018年第9期,第43页。

抵押物价值，构建农村土地承包经营权再流转体系①。有学者提出，完善土地承包经营权抵押制度，主要是增强土地承包经营权抵押主体的自主权利。包括应确立农户成员的物权主体地位，废弃土地承包经营权抵押中的发包方同意权和本集体成员优先权。在农户成员作为土地承包经营权的抵押人时，不得附加稳定的非农职业和收入来源之限制；不应对抵押土地的性质、取得方式及面积大小设限等②。

4. 完善了农村妇女的土地承包经营权

新《土地承包法》对农村妇女土地承包经营权作了重大修订。增加了两条规定：其一，明确承包农户内家庭成员依法平等享有承包土地的各项权益。其二，明确土地承包经营权证上应将全部家庭成员列入。该项新规定有效地澄清了实践中存在的以各种理由排除或限制妇女特别是外嫁女土地权益的问题。但仍存在需要完善的地方。例如，有学者提出，需在国家法律层面上进一步明确家庭承包土地在家庭分户、结婚、离婚等情形下的分割规定，对集体经济组织成员进行列举式的界定，从而对婚嫁妇女的土地权益实行更为积极的保护③。有学者提出，妇女作为家庭成员，对家庭承包土地享有与家庭其他成员平等的权利。妇女出嫁后的土地承包经营权处置，应由结婚的男女双方两个家庭协商决定女孩的承包地是否转到男方家庭。其他任何组织或个人都无权决定或要求收回女孩的承包土地④。

第二节 农民宅基地权利的保护

一 农村宅基地使用权制度的改革

农村宅基地使用权制度改革是一个关系城乡发展一体化与农民民生

---

① 李少武、张衔：《三权分置改革中农村土地承包经营权抵押贷款研究》，《重庆社会科学》2019年第1期，第35页。
② 曾大鹏：《土地承包经营权抵押的法律困境与现实出路》，《中国农村观察》2017年第2期，第15页。
③ 王小映、王得坤：《婚嫁妇女土地承包经营权的"权户分离"与权益保护》，《农村经济》2018年第11期，第35页。
④ 黄延信：《农村土地承包经营权延续的前沿问题研究》，《毛泽东邓小平理论研究》2019年第5期，第10页。

的重大现实问题，对社会经济的发展具有重大的促进作用。为此，十七届三中全会提出，完善农村宅基地制度，严格宅基地管理，依法保障宅基地用益物权。十八届三中全会进一步提出：改革完善农村宅基地制度，选择若干试点，慎重稳妥推进农民住房财产权抵押、担保、转让。其后，农村宅基地入市试点在全国33个省市展开，试点地区允许突破土地管理法、城市房地产管理法中的相关法律条款①。2018年中央一号文件《中共中央、国务院关于实施乡村振兴战略的意见》继承包地"三权分置"之后，提出我国将探索宅基地所有权、资格权、使用权"三权分置"，落实宅基地集体所有权，保障宅基地农户资格权，适度放活宅基地和农民房屋使用权。宅基地"三权分置"主要适用于农村集体经济组织成员将其农村住房跨集体经济组织转让的情形，是对农村住房允许对集体外部受让人的突破，是放活宅基地使用权的体现②。

2018年12月23日全国人大宪法法律委对《国务院关于全国农村承包土地的经营权和农民住房财产权抵押贷款试点情况的总结报告》，提出的审议意见显示："两权"抵押贷款试点期限届满后，拟不再继续延期。明确农民住房财产权抵押贷款问题，恢复施行有关法律规定。即农村宅基地入市试点地区不再允许突破土地管理法、城市房地产管理法中的相关法律条款。下一步，农房抵押贷款业务拟纳入宅基地"三权分置"改革的大盘子统筹考虑。在宅基地"三权分置"改革取得实质性进展的基础上，再视情况考虑物权法、担保法修改问题。

通过以上政策发展脉络可以看出，农村宅基地使用权制度的改革将一直沿着扩大农民财产权的方向发展，但改革需要的制度还不成熟，表现在宅基地退出试点改革在取得重大进展的同时，也遭遇了如补偿资金缺口较大、长效机制尚未建立以及农民退地积极性不高等困境③。其中，宅基地"三权分置"制度的推进是根本。特别是完善"三权分置"框架

---

① 2015年3月，根据中共中央的部署与全国人民代表大会常务委员会的授权，原国土资源部（2018年3月重组为自然资源部）选取了33个县（市、区）试点，开展农村土地征收、集体经营性建设用地入市和宅基地制度三项改革，也就是俗称的"三块地"试点改革。

② 高海：《宅基地"三权分置"的法实现》，《法学家》2019年第4期，第133页。

③ 余永和：《农村宅基地退出试点改革：模式、困境与对策》，《求实》2019年第4期，第84页。

下宅基地退出机制应是今后试点改革的重要任务①。

(一) 农村宅基地使用权制度改革的理论基础

1. 农村集体土地所有权的性质

农村集体土地所有权是农村宅基地使用权据以产生的权源,是揭示农村宅基地使用权本质的理论基石。农村土地制度最复杂的地方在于其农村集体所有的性质,有学者主张废除集体土地所有权,实行全部土地国有化;有学者主张废除集体土地所有权,实行农民私人土地所有权;更多的学者主张保留集体土地所有权,但对其需进行再造。关于集体土地所有权性质的再造,有代表性的观点主要包括:

第一,共有说。具体分为:(1) "社区共同共有说"。强调集体土地所有权的主体是具体的社会组织形式。集体中的成员不能以个人身份享有和行使集体所有权。(2) "集合共有说"。认为集体土地所有权的主体为全体村民,成员享有管理、处分、使用、收益集体土地的完全所有权人身份。"共有说"的缺陷在于,团体色彩不强,或个人色彩较强,较为随意分散,与我国集体土地所有权的实质要求不符。

第二,所有权说。具体分为:(1) "三级主体所有权说"。即集体土地所有权是村、村民小组、乡(镇)三级主体所依法享有的所有权,村民小组与村、乡镇属不同性质的概念。(2) "集体法人所有权"。认为集体土地为集体组织法人所有,而集体组织成员对集体财产享有股权。(3) "单独所有权说"。认为集体土地所有权是一种由"集体经济组织"享有的单独所有权。"所有权说"的缺陷在于,从民法理论分析集体土地所有权的性质,忽略了集体土地的自然资源性能,以及集体土地所附带的社会保障功能。

第三,总有说。根据日耳曼法"总有"概念,多数人结合的团体总有一个所有权,强调团体利益为先,团体分配土地时,个人可凭借其成员身份获得等额的土地,个人对其耕地的权利具有人身属性,个人对团体财产的应有份额不得要求分割、继承或转让。多数学者将"总有"作为研究集体土地所有权属性的切入点,甚至直接将集体土地所有权归为日耳曼法上的"总有"。如《物权法草案》亦谓我国集体土地所有权

---

① 高海:《宅基地"三权分置"的法实现》,《法学家》2019 年第 4 期,第 133 页。

"系参考民法上的总有"理论①。

"总有说"团体主义色彩浓厚，切合我国集体土地所有制的要求。并且，我国《物权法》第59条第1款采用"成员集体所有"的表述，类似于"总有"②。集体土地所有权总有说，既注重农民作为集体成员的权利，又注重集体的团体性；既注重土地的权属，又注重土地的利用。在社会主义公有制经济体制下，随着经济社会的发展，农民作为集体成员的土地财产权必将从受压抑的状态中复活并展现活力，允许农村宅基地使用权流转是当然之趋势。

2. 农村宅基地使用权的性质

农村宅基地所有权归农民集体所有，农民对宅基地享有使用权，对宅基地上的房屋享有所有权。农村宅基地使用权具有如下属性：

（1）宅基地使用权是一种福利权。福利权更多地被作为一项基本人权而存在，与生存权、劳动权、受教育权等列位一致。因此，农村宅基地使用权应为全体农民依法普遍享有、平等享有，旨在提高生活质量。首先，宅基地使用权的福利性表现为对成员资格的要求。从宅基地使用权制度的历史渊源来看，虽然中华人民共和国成立初期我国法律中并未直接出现"宅基地"之语词，但当时农村宅基地制度设置的目标总体是保障农民居住权，实现居者有其屋的价值追求。1998年修订后的《土地管理法》对宅基地使用权的主体资格作出明确规定，即宅基地使用权的申请主体只能是农民集体成员。1999年国务院办公厅《关于加强土地转让管理严禁炒卖土地的通知》更是强调，农民的住宅不得向城市居民出售。至此，宅基地使用权作为一种成员权在法律中得以确立。《物权法》中关于集体土地所有权的规定，也重点强调农民的成员权。其次，农村宅基地使用权可为农民无偿获取。根据现有法律，农民取得宅基地使用权，只需要提出申请，经县级人民政府批准，无须付出任何代价。再次，农村宅基地使用权可为农民无期限使用。早在1963年中共中央《关于各

---

① 梁慧星：《中国物权法草案建议稿——条文、说理、理由与参考立法例》，社会科学文献出版社2000年版，第271页。

② 王利明、周友军：《论我国农村土地权利制度的完善》，《中国法学》2012年第1期，第49页。

地对社员宅基地问题作一些补充规定的通知》中就提出：宅基地归集体所有，但归农户长期使用，长期不变，此后宅基地可归农民无限期使用的政策一直没有改变。

（2）宅基地使用权是一种特殊的用益物权，具有"准所有权"属性。虽然宅基地使用权被《物权法》确立为用益物权，但却不同于一般意义上的用益物权，宅基地使用权是一种特殊的用益物权。现行法律未规定农村宅基地使用权期限，实践中存续期限长久化的特点非常明显，部分学者提出应赋予宅基地使用权"准所有权"的属性。认为"我国农村宅基地使用权是与传统大陆法系立法上的用益物权存在本质差异的带有'准所有权'性质的用益物权"[①]。因为住房的所有权是永久的，住房占用的宅基地使用权事实亦具永久的性质。而且，农民本身就是集体经济组织的成员之一，也很难说宅基地使用权是农民对他人土地所有权的使用[②]。主张赋予宅基地使用权"准所有权属性"的观点，倾向于显化宅基地使用权的私权性能，同时注意到了我国农村宅基地的使用现状，注意到宅基地的社会保障功能。相对而言，更切合我国农村宅基地使用权流转法律制度改革的需要。当前，农村集体组织对土地的管理保障功能不可或缺，但需要顺应社会发展需求，完善农民对宅基地的财产权利，有效协调好宅基地使用权的财产属性与社会保障属性的关系。该观点为农村宅基地使用权充分流转提供了坚实的理论基础。

还有部分学者主张强化宅基地使用权的"用益物权属性"，对宅基地的使用限定一个期限。认为用益物权是一种有期限的物权，应不同于所有权可以永久存续。而关于具体期限，则意见不一。有学者提出，考虑到宅基地的福利性，统一规定农村宅基地使用权的期限为 80 年[③]。有学者提出，考虑到农村宅基地转让时房屋已存续，房屋所有权人可享有

---

① 王崇敏：《宅基地使用权制度现代化构造》，博士学位论文，武汉大学，2013 年。
② 孙宪忠：《中国农民"带地入城"的理论思考和实践调查》，《苏州大学学报》（哲学社会科学版）2014 年第 3 期，第 67 页。
③ 龙翼飞、徐霖：《对我国农村宅基地使用权法律调整的立法建议——兼论"小产权房"问题的解决》，《法学杂志》2009 年第 9 期，第 30 页。

30—50年的使用权①。有学者提出，与城镇一样，将农村宅基地的使用期限规定为70年，到期可以自动续期②。主张强化宅基地"用益物权属性"的观点，强调了宅基地使用权的财产功能，符合宅基地使用权作为用益物权的特征。但未阐明宅基地使用权与集体土地所有权的关系，未阐明宅基地上负载的其他属性。

（二）农村宅基地使用权制度存在的突出问题及改革争议

1. 存在的突出问题

（1）农村宅基地闲置严重、非法流转普遍。我国各地城镇化水平差别较大，表现在宅基地使用权制度上为经济发达地区宅基地闲置率高，非法流转更为普遍。专家统计表明，我国村庄宅基地平均空心化率达10.15%左右，东部地区更是高达14.82%。另据国土资源部统计，在经济发达地区特别是城乡接合部，农户有强烈的转让宅基地使用权，或者转让宅基地上房屋的愿望，农村宅基地通过房屋买卖、出租、抵押变相流转已是普遍现象，流转的宅基地占比在10%—40%之间。但在我国一些经济发展缓慢、落后地区，宅基地非法流转并不普遍。以璧山县为例，依据农村宅基地流转及与流转有关的社会经济统计数据，调查结果显示，总计只有20%的村庄实际存在着房屋出租情况，出租户数在10户以上的村庄仅占11%，出现住宅买卖情况的村庄更少③。但从全国范围来讲，农村宅基地使用权制度闲置和非法流转问题已非常严重，全国村庄空置面积已超过1亿亩。而且，各地农村宅基地流转明显违法，因为根据《土地管理法》第62条第4款、《担保法》第37条第2款、国土资源部《关于加强农村宅基地管理的意见》第13条等规定，农村宅基地使用权人无权转让宅基地使用权。

（2）现有法律不健全。现有关于农村宅基地的法律规定主要有《中华人民共和国物权法》第十三章共4条规定，《土地管理法》《担保法》

---

① 朱岩：《"宅基地使用权"评释——评〈物权法草案〉第十三章》，《中外法学》2006年第1期，第89页。

② 吕军书：《物权效率维度下我国农村宅基地市场配置探微——兼论宅基地市场配置的风险防范》，《河南大学学报》（社会科学版）2012年第1期，第39页。

③ 赵亚萍、邱道持等：《农村宅基地流转的障碍因素分析——以重庆市璧山县为例》，《农村经济》2008年第8期，第15页。

的相关规定，对农村宅基地的进入及使用管理规定零星简单，禁止宅基地的抵押担保转让，对于宅基地退出尚无明文规定。长期以来，我国对农村宅基地使用权主要以相关农地政策加以规制，如"党的中央全会报告"，"国民经济和社会发展规划纲要"，中共中央、国务院多年来的"一号文件"。现有政策文件禁止宅基地使用权向城市居民流转，如2004年《关于深化改革严格土地管理的决定》和2007年《关于执行有关农村集体建设用地法律和政策的通知》。但有关宅基地的法律规定得不健全。多年来，地方政府针对农村宅基地问题进行了多方位的探索，有些地方甚至出台了一些规范性法律文件。早在2003年，浙江温州乐清开始尝试允许农民将多余的宅基地连同房产一并抵押；随后，重庆、成都等地也开始了此类尝试。近年来，各地尤其是经济发达地区更是有了突破性的发展。2013年3月11日，广东省政府公开发布《广东省城镇化发展"十二五"规划》，在国内首次用地方政府文件的形式明确农村土地可允许自由流转。① 浙江省温州规定2013年10月1日起农民房屋所有权可在县域内农户之间交易。② 严格来讲，这些地方规范性法律文件，不符现行法律规定及中央政策。

（3）宅基地使用权退出机制不完善。目前，我国农村宅基地退出仍处于地方探索阶段。地方的宅基地退出模式探索，一方面推动了农村的经济建设进程，促进了农村土地集约节约利用；另一方面，大多宅基地退出模式是在政府主导下退出，行政色彩较浓。一些地方政府对农民退出宅基地的早期承诺基本能兑现，但存在后来资金不到位、配套政策不健全问题，导致农民逐渐失去对政府政策的信任，宁愿闲置也不愿退出。根据国土资源部土地利用司和中国土地勘测规划院联合课题组就农民工希望如何处置闲置宅基地的调查显示，66.7%的人希望保留，一些一户多宅的农民工，希望有偿转让多余宅基地；只有4.7%的人表示能在城镇落户的前提下放弃宅基地，但必须给予合理补偿；另有11.4%的人希

---

① 胡廷鸿：《广东规定转户农民可自愿出让房屋或宅基地》，http://www.nbd.com.cn/articles/2013-03-13/722367.html。

② 《温州发布农村产权交易管理办法 小产权房转正》，finance.sina.com.cn/china/dfj/20130903/224016653072.shtml。

拿宅基地置换城市住房①。此外，宅基地退出是一项系统工程，涉及户籍制度的改革、宅基地退出激励机制的建立、社会保障制度的完善等众多相关制度的建设与完善问题。

2. 改革争议

导致农村宅基地使用权制度存在众多突出问题的原因是多方面的，如法律规定不完善、操作性不强；思想观念陈旧；配套制度缺失等，但深层次原因在于土地与其上房屋的法律关系问题。围绕二者的关系问题及由此而引申的农村宅基地使用权流转问题，存在以下两大分歧：

（1）"房地一体"与"房地分离"的争议

我国学术界在论及农村宅基地使用权和房屋所有权的关系时，多以"房地一体"或"房地分离"作为论证的基础。部分学者提出房地统一原则不适用于农村房屋所有权与宅基地使用权，认为将宅基地及其上房屋作为各自独立的财产符合国家政策，利于社会发展，满足当事人的需要，也能物尽其用。部分学者提出农村房屋所有权与宅基地使用权之间的关系应适用"房地一体"原则，认为这样可保证农民住房的权源，提高等级效率，简化法律关系。

2016年国土资源部《关于进一步加快宅基地和集体建设用地确权登记发证有关问题的通知》提出，推进"房地一体"的宅基地使用权确权登记颁证政策。要求在"房地一体"或不动产统一登记中，与房屋一并登记的地权是宅基地使用权或直接派生于所有权的集体建设用地使用权。2015年国务院《关于开展农村承包土地的经营权和农民住房财产权抵押贷款试点的指导意见》亦规定，农民住房财产权设立抵押的，需将宅基地使用权与住房所有权一并抵押，即地上房屋与宅基地使用权一并抵押，抵押权实现时一并转让。这些规定中关于"房地一体"的要求与国家现有相关立法相矛盾，因为我国现行法律明文禁止宅基地对外流转，亦未允许其作为抵押权的标的，宅基地使用权的收益权能无法实现②。但其上

---

① 何凤山、唐健等：《实现发展和稳定双赢——农民工宅基地权益情况调研报告》，《中国土地》2012年第3期，第42页。

② 陈小君：《宅基地使用权的制度困局与破解之维》，《法学研究》2019年第3期，第51页。

房屋允许流转。如果坚持"房地"一体登记、一体抵押，那么根据现有法律规定可推知，因宅基地使用权禁止流转，所以住房所有权也不得流转。这个推定结果显然与上述指导意见的规定相矛盾，逻辑上难以自洽。有学者就提出，从表面上看，现有政策导向坚持了"房地一体"原则，但实际上，这里所谓的"房地一体"原则，只不过是建筑物所有权的取得应有适法的土地权源（土地利用权）的变通表达，并不是真正意义上的"房地一致"[1]。因为，在我国，土地所有权只有国家和集体才能享有，除非国家或集体自身取得地上建筑物所有权，否则，建筑物所有权和土地所有权天然地不一致。就农民住房财产权的转让而言，也完全可以不采取住房所有权和宅基地使用权同时受让的规则，如受让人仅取得住房所有权，但同时取得宅基地使用权的租赁权。这样，农民原来享有的宅基地使用权并不丧失，如此即可实现"保证农民的基本住房权利"的公共政策目标[2]。《"两权"抵押指导意见》提出要"探索农民住房财产权抵押担保中宅基地权益的实现方式和途径"，在宅基地"三权"分置之下，这意味着农民住房财产权抵押权实现时不一定要就农民住房财产权一体变价，可以探索"房地分离"模式，即受让人仅取得住房所有权，而不取得宅基地使用权；受让人取得的住房所有权的土地权源是宅基地使用权的租赁权[3]。

笔者认为，"房地一体"与"房地分离"的争议在本质上是学者们对同一问题的理解角度有差异，但其观点是相同的。即坚持"房地一体"观点的学者，也承认农民住房所有权和宅基地使用权的主体可以分离，但认为"房地"这一自然状态的物不可分离，所以坚持"房地一体"。而坚持"房地分离"的学者，也承认农民住房与宅基地作为物天然一体、不可分离，但认为农民住房所有权和宅基地使用权可以分离为不同主体所有，所以坚持"房地分离"。综合看来，不管是坚持"房地一体"的学

---

[1] 高圣平：《宅基地制度改革政策的演进与走向》，《中国人民大学学报》2019年第1期，第27页。

[2] 高圣平：《宅基地制度改革政策的演进与走向》，《中国人民大学学报》2019年第1期，第27页。

[3] 高圣平：《宅基地制度改革政策的演进与走向》，《中国人民大学学报》2019年第1期，第25页。

者还是坚持"房地分离"的学者，都认为"房地天然一体，房地权利可以分离"。只不过坚持"房地一体"的学者抓住了这句话的前半句，坚持"房地分离"的学者抓住了这句话的后半句。依此，本书认为，学术界本无"房地一体"与"房地分离"的争议。

（2）宅基地"三权分置"政策提出后有关"第三权"的争议

宅基地"三权分置"政策提出后，作为解决我国农村宅基地制度存在的"宅基地闲置严重""一宅多地"等突出问题的主要改革，宅基地"三权分置"政策文件提出逐步允许开禁宅基地使用权流转，适度放活宅基地，解决农村宅基地使用权的抵押、担保等流转问题。但对于在宅基地使用权的基础上设置的"第三权"，如何称谓、如何定性，目前学术界尚未形成定论，并且在我国宅基地"三权分置"政策提出以前的"法定租赁权"与"法定地上权"的争议基础上，除了继续坚持宅基地"三权分置"政策提出前的观点外，争议继续深化。具体表现在：

第一种提法是以地上权的理论来界定"三权分置"中的使用权性质。如学者提出宅基地的"三权分置"应当在原有宅基地使用权的基础上再行创设一项新的用益物权，该项用益物权可以借鉴比较法上的"地上权"，并对其进行一定程度的重新构建，形成集体土地所有权—宅基地使用权—地上权的三层次权利结构模式[①]。

第二种提法是以法定租赁权的理论来界定"三权分置"中的使用权性质。如有学者认为可通过在宅基地上设置租赁权或交纳使用费的方式，解决宅基地的流转或身份问题。具体而言，具有物权化性质的"宅基地法定租赁权"是较适宜的权利形态[②]。例如，有学者认为，《"两权"抵押指导意见》提出要"探索农民住房财产权抵押担保中宅基地权益的实现方式和途径"，在宅基地"三权"分置之下，这意味着农民住房财产权抵押权实现时不一定要就农民住房财产权一体变价，可以探索"房地分离"模式，即受让人仅取得住房所有权，而不取得宅基地使用权；受让

[①] 席志国：《民法典编纂视域中宅基地"三权分置"探究》，《行政管理改革》2018年第4期，第45页。

[②] 陈小君：《宅基地使用权的制度困局与破解之维》，《法学研究》2019年第3期，第55—56页。

人取得的住房所有权的土地权源是宅基地使用权的租赁权①。

第三种提法是以建设用地使用权的理论来界定"三权分置"中的使用权性质。如学者建议用"所有权、宅基地使用权、建设用地使用权"表达宅基地"三权分置",即流转后产生的"第三权"可以称之为"建设用地使用权"②。

第四种提法是分类别界定"三权分置"中的使用权性质。如有学者提出可将宅基地"三权分置"下的"第三权"构建为"以租赁方式设定的宅基地租赁权"和"以分置方式设定的宅基地经营权"两种权利,对于前者权力可依照民法租赁合同规则确定;对于后者可参照德国次地上权制度的理论③。有学者提出可将宅基地"三权分置"下的"第三权"理解为是对非集体成员的"宅基地租赁权""抵押权"或"入股权"④。还有学者提出可将宅基地"三权分置"下的"第三权"理解为普通租赁权、法定租赁权,及法定地上权。认为传统意义上地上权是建立在所有权基础之上的,在目前我国土地集体所有制的宪法规定以及政治制度下,可将宅基地使用权所蕴含的资格权相对独立出来,成为设置地上权的基础。认为集体成员依据其成员资格获取宅基地的永久性使用权,并赋予集体成员类所有权的权利性质。对于集体成员再将宅基地使用权通过民事契约等法律行为转让给其他人,不应该具有身份限制,并且这种在集体成员的资格权之上再设定权利的性质,可以将其设定为具有物权性质的用益物权,其法理基础是地上权理论。考虑到我国特有的实际情况,宅基地使用权可以定性为租赁权,当事人计划长期经营并相对稳定从事经营的,可以设定法定租赁权和地上权,但必须要办理登记手续⑤。

---

① 高圣平:《宅基地制度改革政策的演进与走向》,《中国人民大学学报》2019年第1期,第25页。

② 刘锐:《乡村振兴战略框架下的宅基地制度改革》,《理论与改革》2018年第3期,第80页。

③ 宋志红:《乡村振兴背景下的宅基地权利制度重构》,《法学研究》2019年第3期,第89页。

④ 董祚继:《"三权分置"——农村宅基地制度的重大创新》,《中国土地》2018年第3期,第4页。

⑤ 孙建伟:《宅基地"三权分置"中资格权、使用权定性辨析——兼与席志国副教授商榷》,《政治与法律》2019年第1期,第138页。

以上第一、第二种观点都是对宅基地"三权分置"政策提出前已有观点的坚持，第三、第四种观点则是在宅基地"三权分置"政策提出后学者们提出的新思考。

（三）农村宅基地使用权制度改革的具体建议

1. 农村宅基地使用权制度改革的主要内容

（1）规范农村宅基地使用权进入制度。与我国当前宅基地空置率居高不下的现状相矛盾的现象是，很多地方宅基地用地指标极其缺乏。据调查，在陕西某村，一年只有一亩地的宅基地用地指标，只够五户人建房，而全村每年有近四十户需要新建房屋。因此，规范农民宅基地进入制度刻不容缓。我国农村宅基地使用权进入制度改革的主要内容是：以法律制度规范宅基地进入制度，并尊重农民的意愿。区别不同地区，采取灵活多样的方式。对于多数农村地区经济不发达，农民收入相对较低，因此宅基地的住房保障功能应继续维持，继续实行宅基地无偿使用，一户一宅，面积不得超过各地规定的用地标准。对于位于经济发达地区、其他地区城市规划区范围内的农户，逐渐不再允许一户一宅、分户建房；对于规划撤并的村庄居民点，停止新建、改建住宅，但需通过集中统建、提供定向安置住房或保障性住房等方式，变宅基地保障为住房保障。

（2）规范农村宅基地使用权转让制度。根据物权法，宅基地使用权被作为一种用益物权，具有流通转让的法律属性。但现有法律关于宅基地使用权的流转，只限于同一集体经济组织内部的成员之间。不过，我国有些地方已尝试在县域范围内的集体经济组织内部进行转让，还有些地方将宅基地退出转变成国有土地入市。例如2015年《江苏省农村宅基地管理办法》规定，进城农民的住宅符合规划的也可以将宅基地征为国有，由宅基地使用权人补办出让手续并按土地评估价的40%向政府补缴土地出让金后入市交易。随着集体经营性建设用地入市试点成功，可以预见将来可将宅基地转变成集体经营性建设用地入市，农民的宅基地用益物权受到的约束与限制将逐渐减少。

（3）规范农村宅基地使用权退出制度。农村宅基地退出是农村宅基地使用权自由流转的重要一环，宅基地退出制度的建立与完善，是实现宅基地使用权自由流转的基础。随着我国城镇化的快速发展，农村出现了大量常年空置宅基地，不仅造成土地资源的严重浪费，也导致农民的土地用益物权、土地财产权得不到充分保障。因此，宅基地退出也是农村经济生活发展的必然要求。2015年中央一号文件《关于加大改革创新力度加快农业现代化建设的若干意见》提出，农村的法治状况决定中国的法治状况。为农村法治体系化指明了方向。宅基地使用权作为农民最重要的财产权，在农民法治化的要求下，更是治理的中心。因此，农村宅基地退出制度的建立与完善，需要围绕着法律制度的完善而展开。严格规范宅基地使用权的退出程序，建立宅基地退回资金保障制度。同时，尊重农民对宅基地使用权退出的意愿，把握自愿有偿退出原则。自愿与有偿是一体的，自愿以有偿为前提条件，有偿建立在自愿的基础上，二者相辅相成。此外，还需要其他配套制度的改革，比如户籍制度改革，农村土地产权制度改革，引入农村房地产评估制度。

2. 农村宅基地使用权制度改革的突破点

（1）在经济发达地区、城乡结合地区实行宅基地使用权入市。关于农村宅基地使用权制度改革，争论由来已久，大致分为两派。一派主张宅基地应该像农村用地那样尽快入市。理由是，如果宅基地不能入市，随着城镇化步伐加快，宅基地空置现象会加重，造成资源极大浪费。如蔡继明认为，现在我国土地改革步伐迈得太小，宅基地应该允许入市[①]。于建嵘提出，以农民为主体，以市场化为取向，完善农村宅基地制度[②]。另一部分人对宅基地入市持相对保守的态度。理由是宅基地是农民的基本住房保障。如陈锡文指出，农民的宅基地和农民的住房是保障性住房，如同城里的保障性住房，不可以进入市场[③]。目前，农村宅基地使用权完全进入市场的社会、经济、法律条件还不具备。农民社会保障制度没有完全建立，农村民主法治化水平尚待提高，农村宅基地使用权市场化交易的规则还没有建立。建议在试点的基础上，首先在经济发达地区实行宅基地使用权入市，最后逐步在全国放开，实现农民宅基地使用权全面充分的自由流转。

---

① 蔡继明、王成伟：《市场在土地资源配置中同样要起决定性作用》，《经济纵横》2014年第7期，第26页。
② 于建嵘：《要让农村宅基地流转起来》，《探索与争鸣》2014年第2期，第21页。
③ 陈锡文：《不是所有农村集体土地都可以直接入市交易》，土流网。https://www.tuliu.com/read-8308.html，访问日期：2019年9月29日。

(2) 寻求宅基地"三权分置"后的权利可流转的理论基础。2018年中央一号文件《中共中央、国务院关于实施乡村振兴战略的意见》，针对这种政策文件要求"房地"一体登记、一体抵押与法律规定农民住房可转让、宅基地使用权禁止转让的矛盾，提出了我国将探索宅基地"三权分置"政策。可以说，该政策设立的主要目的是通过优化我国农地物权制度设置的层次结构，以此为基础来逐步允许开禁宅基地使用权流转，适度放活宅基地，解决农村宅基地使用权的抵押、担保等流转问题。但毕竟这还只是一种政策上的探索，宅基地"三权分置"的政策实现尚需突破理论上的障碍，寻求其衍生的理论基础。即对于在宅基地使用权的基础上设置的"第三权"，允许其独立于宅基地使用权，对外流转。但如何称谓这种权利，以及如何对这种权利进行定性。目前，学术界有多种提法，尚未形成定论。

本书认为在宅基地使用权的基础上设置的"第三权"，称谓上可在继续沿用"第二权"的"宅基地使用权"基础上，视具体情况将"第三权"称为"宅基地普通租赁权""宅基地法定租赁权""宅基地法定地上权""宅基地入股权"等。

对于宅基地使用权的基础上设置的"第三权"的定性问题，本书首先认为，用法定租赁权解释分置后的"第三权"具有法律基础，因为，我国民法已有关于租赁的法律规定。法定租赁权有其存在的实际意义。我国台湾地区"民法"债编1999年修订后增订的第425条之一，即为法定租赁权。规定"土地及其土地上之房屋同属一人所有，而仅将土地或仅将房屋所有权让与他人，或将土地及房屋同时或先后让与相异之人时，土地受让人或房屋受让人与让与人间或房屋受让人与土地受让人间，推定在房屋的使用期限内，有租赁关系。其期限不受第449条第1项规定之限制。前项情形，其租金数额当事人不能协议时，得请求法院定之"。按照此规定，农民住房所有权转让后，其下的宅基地使用权并不发生转移，房屋受让人只是取得宅基地的租赁权。法定租赁权的优点可归纳为：①操作难度较小，无须修改《物权法》；②实现农民房屋的经济价值，实现房屋的抵押担保功能；③增加农民的财产性收入；④减少农民房屋闲置率。法定租赁权从性质上讲是一种债权，农民房屋取得人基于买卖或其他方式取得房屋的所有权，对房屋下的宅基地，可以占有、使用，占有、使用的标的是宅基地，而非农民的宅基地使用权，所以，房屋所有权取得人应当向集体组织支付相应的租赁费用。

其次，用法定地上权解释分置后的"第三权"似乎存在难度。因为，法定地上权制度目前主要存在于德国及我国台湾地区，且其存在的主要前提是：建立在所有权基础之上。但我国农村宅基地的权利现状是农民尽享有使用权，与传统民法中的地上权在制度上有较大差异。并且我国《物权法》没有采用"地上权"的概念，如果直接采用"法定地上权"解释分置后的"第三权"的性质，似乎缺乏法律基础。但如果进一步分析，我们发现，我国农村宅基地使用权由集体经济组织成员免费取得，可终身使用，没有期限限制，虽然名义上为使用权，但实际上已起到所有权的作用，可视为一种"准所有权"。这样，适用于我国台湾地区的法定地上权制度的前提在大陆地区应不存在问题。并且，因为结合我国农村经济社会不断发展的现状，法定地上权的设定，不仅能实现农民的房屋经济价值，还可以实现农民土地升值和增值的权利，保证农民财产性收入的增加。更为重要的是，法定地上权能够较好地界定各种权力和利益，促进交易。对此，通过以上分析，用法定地上权解释分置后的"第三权"问题也不大。法定地上权为日本民法和我国台湾地区"民法"特有，该说认为土地和房屋可以分别转让、抵押。如我国台湾地区"民法典"第876条规定："设定抵押权时，土地及其土地上之建筑物，同属于一人所有，而仅以土地或仅以建筑物为抵押者，于抵押物拍卖时，视为已有地上权之设定，其地租、期间及范围由当事人协议定之。不能协议者，得声请法院以判决定之。"法定地上权的优点可归纳为：①土地和地上物可作为独立的交易主体，能够促进交易；②在土地与建筑物的所有人各异时，可避免因建筑物被拆除从而产生不必要的纠纷；③强化农民对其住房的处分权和对宅基地升值增值的权利；④利于界定各种权力和利益。

最后，考虑到我国特有的实际情况，宅基地分置后的"第三权"也可以定性为普通的租赁权，或者入股权等，灵活变通，以适应农村发展的需要，前提是有利于促进农民财产收益的增加。

二 农民住房财产权的保护

农民住房财产权是农民的重要财产权利,也是中共十八届三中全会的新提法。农民住房财产权的转让存在着广泛的社会需求,已十分普遍①。因为法律缺乏明确规定,司法机关裁判结果各异②。2006 年以来,相关省份一直在试点。近年来,经济发达地区更是有了突破性的发展。实践中农民住房财产权的规范发展,首先需要在理论上阐明其法律属性,并在此基础上制定相关法律。

(一) 农民住房财产权的概念

1. 概念的提出

与"农民住房财产权"紧密相关的概念有"住房权"③和"住房财产权",从渊源上讲,它们是正确理解和把握农民住房财产权的前提。住房权概念最早源自国际人权公约中"the right to adequate housing"的表述,从产生时起,就被作为一项基本人权对待,当前已得到国际社会的广泛认同。"住房是人类的基本需求,住房权现已被尊奉在国际人权法案和区域性宪法法律文书中。"④ 改革开放以来,我国政府文件中较早承认"住房权"的是国务院于 1988 年推出的《关于在全国城镇分期分批推行住房制度改革的实施方案》,该实施方案提出:改革住房分配体制。职工根据自己的经济承受能力,通过向市场购买或租赁住房解决住房问题,

---

① 据国土资源部统计,在经济发达地区特别是城乡接合部,农村宅基地通过房屋买卖、出租、抵押变相流转已是普遍现象,形成了自发的隐形市场,流转的宅基地占比在 10%—40% 之间。浙江义乌 1997 年 4 月至 2000 年,发生了 3223 宗农村宅基地使用权转让,其中三成左右卖给外村村民,一成半卖给城镇居民。

② 如 2013 年 3 月 11 日,广东省政府公开发布《广东省城镇化发展"十二五"规划》,在国内首次用地方政府文件的形式明确农村土地可允许自由流转。

③ 据笔者查阅到的资料,有些学者将住房权表述为"住宅权"。《现代汉语词典》中,住房与住宅基本一致,均指供人居住的房屋。只是对住宅附加了"多指规模较大的"。但学者们的研究似乎也没有专门区分房屋规模的大小,据此,笔者认为,两个概念并无本质区别。其他学者有的也持类似观点。如杜芳在其博士学位论文《我国公民住房权的司法保障研究》(2009) 中提出,"住房权在我国也成为'住宅权''居住权',尽管表述各有不同,但是本质上来看,区别不大。"

④ P. Kenna, Human Rights and Housing, *International Encyclopedia of Housing and Home*, 2012, pp. 703 – 708.

满足住房需求。我国关于"住房权"最早的学术研究是从国外住房立法的分析与借鉴入手的①。1991年城镇住房制度改革后，相关研究逐年递增。虽然研究角度各有不同，但多认为住房权是财产权和人身权的结合体②。由此，作为财产权的一种，住房财产权是住房权的重要组成部分，是具有经济价值的权利。特别对于已拥有住宅的人来说，行使住房财产权是实现住房权的主要手段。"对于那些拥有住宅的人来说，住宅财产权可以说就是住房权的全部。"③ 1986年，全国人大颁布的《民法通则》第75条明确规定：公民的个人财产包括公民的房屋、公民的合法财产受法律保护，禁止任何组织或者个人侵占、哄抢、破坏或者非法查封、扣押、冻结、没收。虽然规定得比较简单，但意味着个人的住房财产权至此获得了法律的完全承认。此后，周小川最早在其文章《房产权与住房改革》中提到"住房财产权"一词④。20世纪90年代初期，我国刚开始公房制度改革，实行住房商品化。关于公有房产权的处置，周小川认为不能简单化地把这些住房财产权当作是国家的且不能拱手相让的，认为公有房产权应按贡献转让给职工。相比"住房权""住房财产权"，无论是政府文件还是学术研究，"农民住房财产权"一词出现最晚。张要杰最早提到"农民住房财产权"一词，认为"赋予农民自有住房完整的产权，实现农民和市民在这一最核心的财产关系上的平等地位在当前显得尤为迫切"⑤。

2013年11月中共中央通过的《中共中央关于全面深化改革若干重大问题的决定》中提出：改革完善农村宅基地制度，选择若干试点，慎重稳妥推进农民住房财产权抵押、担保、转让，探索农民增加财产性收入

---

① 如寇孟良在其文章《对外国住房立法的初步探讨》中论证了日本、德国、苏联的住房权。黄之英在其文章《苏联的住房立法》中论证了苏联住房权。
② 如孙宪忠、常鹏翱认为应该包含财产性权利和人身性权利两个部分。金俭认为，住房权包括居住权、对住宅有自由处置并获取收益的权利等。
③ 张群：《居有其屋——中国住房权问题的历史考察》，博士学位论文，中国社会科学院研究生院，2008年，第97页。
④ 20世纪90年代初期，我国刚开始公房制度改革，实行住房商品化。关于公有房产权的处置，周小川认为"不能简单化地把这些住房财产权当作是国家的且不能拱手相让的"，认为公有房产权应按贡献转让给职工。
⑤ 张要杰：《简论建立"以工促农、以城带乡"的长效机制》，《古今农业》2006年第3期，第21页。

渠道。这是"农民住房财产权"在中央文件中首次被提出。

2. 农民住房财产权与宅基地使用权的关系

关于农民住房财产权与宅基地使用权的关系，一般认为，二者是一种包含关系，即农民住房财产权主要包括农村住房所有权与宅基地使用权。如 2015 年 8 月《国务院关于开展农村承包土地的经营权和农民住房财产权抵押贷款试点的指导意见》中对农民住房财产权进行了更加具体的界定。提出"农民住房财产权（含宅基地使用权）抵押贷款的抵押物处置应与商品住房制定差别化规定"。根据此规定，可以看出，《指导意见》中将农村住房财产权视同商品房财产权，宅基地使用权只是住房财产权的一个附属部分。例如有学者认为，农民住房作为一个集合概念，事实上包括农民房屋及所占宅基地，农民住房财产权包含农民房屋所有权及所占宅基地使用权[1]。宅基地使用权及宅基地上住房所有权共同构成的住房财产权，为当下广大农民的主要财产[2]。本书认为，农民住房财产权是指农民对建造于宅基地使用权的土地上的房屋，基于农民集体成员身份拥有的所有权，并对其下土地享有宅基地使用权。农民住房财产权主要包括农村住房所有权与宅基地使用权。

第一，农民住房财产权是一种财产权的集合。因农民住房建造于宅基地之上，其与宅基地使用权存在天然的关系。表现在农民住房所有权的行使受宅基地使用权制度改革的重要影响。例如农房抵押贷款，包括宅基地使用权抵押[3]。当前农民住房财产权行使受到宅基地使用权流转不能的牵制，权能无法充分实现。现有规则基于宅基地使用权的保障属性，限制农民住房财产权的行使，已经成为农村土地制度发展的障碍[4]。因此，宅基地"三权分置"改革对农民住房财产权的保障具有重要意义。2018 年 12 月 23 日《国务院关于全国农村承包土地的经营权和农民住房

---

[1] 焦富民：《农业现代化视域下农民住房财产权抵押制度的构建》，《政法论坛》2018 年第 2 期，第 130 页。

[2] 高圣平：《宅基地制度改革政策的演进与走向》，《中国人民大学学报》2019 年第 1 期，第 24 页。

[3] 体现在《"两权"抵押指导意见》指出："农民住房财产权设立抵押的，需将宅基地使用权与住房所有权一并抵押。"

[4] 高圣平：《宅基地制度改革政策的演进与走向》，《中国人民大学学报》2019 年第 1 期，第 24 页。

财产权抵押贷款试点情况的总结报告》提请十三届全国人大常委会第七次会议审议。全国人大宪法法律委对此报告提出的审议意见显示："两权"抵押贷款试点期限届满后，拟不再继续延期。因为农村承包土地的经营权抵押贷款问题已通过修改农村土地承包法予以解决；农民住房财产权抵押贷款问题，恢复施行有关法律规定。下一步，农房抵押贷款业务拟纳入宅基地"三权分置"改革的大盘子统筹考虑。在宅基地"三权分置"改革取得实质性进展的基础上，再视情况考虑物权法、担保法修改问题。有条件的地区可在风险可控前提下，继续稳妥探索宅基地使用权抵押①。

第二，如果从农民住房财产权行使出发，农民住房所有权与宅基地使用权处于平等地位。2016年3月15日，中国人民银行、中国银监会、中国保监会、财政部、国土资源部、住房和城乡建设部印发《农民住房财产权抵押贷款试点暂行办法》提出，农民住房财产权抵押贷款，是指在不改变宅基地所有权性质的前提下，以农民住房所有权及所占宅基地使用权作为抵押、由银行业金融机构（以下称贷款人）向符合条件的农民住房所有人（以下称借款人）发放的、在约定期限内还本付息的贷款。根据该暂行办法，农民住房财产权既包括农民住房所有权也包括宅基地使用权，从其措辞"农民住房所有权及所占宅基地使用权"中的"及"，"向符合条件的农民住房所有人"中的"农民住房所有人"可以看出，在该概念中，农民住房所有权与宅基地使用权处于平等地位。

第三，农民住房财产权作为一种集合财产权，不能被宅基地使用权制度所包容消弭。因为，农民住房所有权抵押必然涉及宅基地使用权的抵押，但宅基地使用权的抵押并不必然涉及住房所有权的抵押，如果宅基地上尚未建设有房屋时即是如此。2019年8月修订的《土地管理法》对农村土地财产权在立法上采用了全新的法律用语。将"农村村民居住的权利""农村村民的住房财产权益"写入土地法律，一方面体现出对农民土地权利的尊重和保护，另一方面也体现出农民的住房财产权与宅基

---

① 吴雨：《"两权"抵押贷款试点拟不再延期　农地和农房抵押贷款宜区别对待》，中央人民政府网，http：//www.gov.cn/xinwen/2018-12/23/content_5351398.htm，访问日期：2019年9月29日。

地使用权不能简单地画等号，二者应有不同的法律意义和价值。

基于此，本书认为，农民住房财产权是农民主要的财产权，因其与宅基地使用权具有天然的必然联系，所以将该部分内容放置于宅基地使用权保护之后，作为一种集合财产权。

（二）农民住房财产权的法律属性

1. 农民住房财产权主要是一种民事权利

关于农民住房财产权的基本属性上，主要观点有二：

其一，认为农民住房财产权主要是一种民事权利，内容主要包括住房所有权和宅基地使用权。因为是一种民事权利，所以与住房权不同，"住宅财产权是权利人可以自由处分的权利，权利人可以通过市场交易，订立合同，转让住宅财产权；住宅权具有不可转让性，这主要是因为住宅权具有人权的性质，是权利主体必须享有的权利，具有不可替代性"①。

其二，认为农民住房财产权具有双重性。一方面具有民事权利的属性，另一方面又具有保障权的属性。"农民财产权的法律主要涉及公法性质的法律。虽然《物权法》明确规定了土地承包经营权与宅基地使用权，但对其内容未作具体规定，而是规定'适用土地管理法等法律和国家规定'。"②

笔者认为第二种观点，过分强调住房财产权具有保障性的一面，实质上是混淆了住房财产权与住房权的关系。事实上，住房财产权是住房权的辅助性权利，是住房权的组成部分，侧重于权利人对特定住宅享有的经济价值的权利。笔者同意第一种观点，将住房财产权主要作为一种民事权利对待。认为财产权虽然由私法上的财产权和公法上的财产权两部分组成，但住房财产权首先是一种民事权利。虽然在某种意义上，土地和住房是保证农民能够得以生存的必备要件，农民住房财产权是人权的一部分。但毕竟，宪法中规定的财产权与民法中规定的财产权不同，宪法设权的目的在于个人对抗公权力非法的侵害，为国家权力的行使设定限度；民法设权的目的在于界定个人与个人之间私人生活的空间界限，

---

① 楚道文：《论住宅权》，《前沿》2010年第11期，第61页。
② 周林彬、于凤瑞：《我国农民财产性收入的财产权制度研究：一个法经济学的思路》，《甘肃社会科学》2011年第4期，第63页。

从而最大限度地保护主体的利益。宪法中对财产权的规定，更多的是从抽象、宏观的角度，其宗旨是整个社会的和谐发展。而民法作为私法，强调的是私主体的利益，内容更为具体，包括了占有、使用、收益以及处分等权能。农民住房显要的特征是有体物，对于没有住房的人来说，或许首先要解决的问题是获得一处住房。然而，在获得住房之后，最主要的问题则是如何行使住房的物的价值。后者的意义对于农民更为突出。因此，农民住房财产权主要是一种民事权利。

2. 农民住房财产权是一种不动产财产权

确权登记是农民住房财产权变动的基础。登记是不动产财产权变动必要的、不可或缺的组成部分。因为不动产财产权的变动，由当事人双方的合意和申请及登记机构的审核登记共同完成，缺乏登记，不动产财产权变动无从完成。中国《物权法》第9条规定："不动产物权的设立、变更、转让和消灭，经依法登记，发生效力；未经登记，不发生效力，但法律另有规定的除外。"在住房所有权中，除了占有、使用、收益权能外，民法上公认处分属于所有权的最基本的权能，住房的处分需通过登记完成。目前，中国农民房屋转让尚缺乏登记制度。因为农民房屋建立在集体所有的宅基地上，农民作为集体经济组织成员在建造房屋时依赖的，大多是县级人民政府对其申请宅基地的批复，基本上没有集体土地使用权证书，也不会存在房屋所有权证书。"在我国农村，至今也只有不规范的集体土地使用权登记制度，仍未建立集体土地上的房屋所有权登记制度，这是现行不动产登记制度的一大欠缺。"[①] 实践中，司法机关并不以房屋所有权和宅基地使用权未办理登记为由，否定农民住房产权转让的效力。"鉴于农村房屋及宅基地使用权缺乏登记的情况仍普遍存在，目前审判中不能仅以房屋所有权和宅基地使用权未办理登记为由，否定农村房屋产权转让的效力。"[②] 有学者提出采用登记对抗主义，使得未登记的农民住房有效。这样，"当事人之间签订的房屋买卖合同生效以后，

---

① 林承铎、韩佳益：《论农村私有房屋权利瑕疵及解决——从登记和抵押制度上看》，《西南交通大学学报》（社会科学版）2011年第4期，第116页。

② 徐万鑫、郑智杨：《未经登记的农村房产的有效转让和善意取得》，《人民司法》2010年第12期，第69页。

房屋所有权即发生转移，登记仅仅具有对抗第三人的效力"①。当前法律未作规定，司法实践与理论研究不一致，农民住房如何确权仍处于不确定的状态，导致实践中买方利益不易得到保护，买卖合同双方身份容易被篡改，甚至导致农村私有房屋买卖合同易归于无效等后果。

区别于农民土地财产权。关于农民土地财产权，学者看法较为一致，基本认为，农民土地财产权是农民对集体所有的土地所享有的一系列财产权利。例如有学者认为，农民土地财产权"包括一系列与农民拥有土地相关的财产权，诸如土地所有权、使用权，以及在此二者基础上派生的财产权利"②。农民土地财产权指"农村集体经济组织内的农民对农村集体土地所依法享有的各种财产性权利"③。同为不动产财产权，加之天然不可分割的关系，农民住房财产权与土地财产权在权能不完整、处分权存在障碍等方面具有共性。但与农民土地财产权相比，农民住房财产权有其独有特征：(1) 主体不同。按中国现有法律，农民土地所有权的主体只能是农民集体，不存在私有。农民住房财产权的主体则为农民。(2) 受国家干预程度不同。对于农民土地财产权，国家往往给予更多的干预。如土地征用制度、耕地保护政策。对于农民住房财产权，虽然国家也进行了限制与干预，但这种限制多是因农民住房下的集体土地，即宅基地所有权归集体，农民只具有使用权而引发的。相比而言，抛开集体土地因素，国家对农民住房的干预则较少，一般在规划中进行即可。

(三) 农民住房财产权保护及权利限制

根据民法理论，农民可对住房进行全面支配，最大限度地实现住房的物质利益。但这些权利同时须受到土地制度、社会发展等各方面因素的制约。

1. 农民住房财产权受土地制度的影响。与一般财产权不同，土地财产权与国家的经济制度，如社会主义公有制有着紧密的联系，同时也受

---

① 王立争、齐恩平：《论我国农村不动产物权制度的完善空间》，《农村经济》2010年第8期，第36页。
② 周林彬、于凤瑞：《农民土地财产权救济制度探析》，《经济法研究》2012年第1期，第316页。
③ 张金明、陈利根：《论农民土地财产权的体系重构》，《中国土地科学》2012年第3期，第41页。

经济体制,如社会主义计划经济的影响颇深。农村宅基地使用权上的"福利性"即是受经济制度、经济体制深刻影响的范本之一。在我国,农村宅基地所有权归集体,使用权由农民无偿使用。但农民住房转让,必然伴随着宅基地使用权的转移,导致的结果很可能是,外集体经济组织成员,其至城市居民因转让而享受了本集体经济组织成员独有的无偿使用宅基地的福利,这种现象显然与农村宅基地现有福利性规定相冲突。根据民法平等、自愿原则,土地使用权和房屋所有权均为一种独立的物权,有各自进行交易的能力。改革开放以来,中国经历了从"计划经济""以计划经济为主,市场调节为辅"到"社会主义市场经济"的巨大变革和体制转型。对于宅基地上的农民住房财产权继续沿用原有政策已不合时宜。

但也要承认,这种土地制度方面的原因,具有一定的时间性和持续性,情况非常复杂,改革不能一蹴而就。中央也提出一定要慎重稳妥试点[①]。通过试点,"重点探索宅基地有偿获得与使用、宅基地交易与流转、打破宅基地成员和村社边界,基本取向是逐步实现以财产权赋权交换福利分配权,实现农民对宅基地的完整用益物权,促进土地有效利用"[②]。不过,最终根本目的还是要进行土地制度改革,改革农村宅基地"制度落伍"的现状,扩大宅基地使用权权能。"下一步因为对宅基地制度的改革,要在保障宅基地用益物权基础上进一步扩大权能,使农民能够获得更多财产性收益。"[③] 可考虑分两步走,第一步放宽农民房屋流转的限制条件;第二步放宽宅基地使用权流转的限制条件。这是一个长期的过程,也需要很多前提条件。比如宅基地不能再无偿取得、明确使用期限等[④]。

2. 农民住房财产权受国家经济政策的影响。农民住房财产权必然受到国家经济政策的影响。马克思说"权利决不能超出社会的经济结构以

---

① 如国务院2014年4月20日《关于金融服务"三农"发展的若干意见》,制定农村土地承包经营权抵押贷款试点管理办法,开展农民住房财产权抵押试点。
② 刘守英:《中共十八届三中全会后的土地制度改革及其实施》,《法商研究》2014年第2期,第7页。
③ 胡存智:《宅基地改革方向是扩大权能而非自由买卖》,《国土资源》2014年第1期,第28页。
④ 岳尚华:《农民财产权利来自三方面——访国务院发展研究中心农村经济研究部部长叶兴庆》,《地球》2013年第12期,第24页。

及由经济结构制约的社会的文化发展"。① 个人的权利状况也受社会经济结构的影响,描述不同时代的个人的权利问题需要结合当时的社会基本结构层次及其相互的关系来说明。在当前中国城乡二元经济结构层次下,除固有的土地制度问题外,还存在城镇化发展等国家经济发展问题。在这种大的社会发展背景下,农民住房财产权必然受到国家经济政策的影响。

但同时,需要对国家的经济政策进行检验、反思与完善,使得其对农民住房财产权的影响处在合理的限度内。反思现有经济政策是否能促进生产力的发展,通过效率来检验现有制度的合理性,还要尊重农民的意愿。实践证明,当前国家有关政策法律对农民住房财产权的限制,并没有给农民带来更大的经济利益,也没有更好地促进生产力的发展。反而,无形中阻碍了生产力的发展。例如,大量农村宅基地的空置,既与国家严格的土地管理政策相违背,同时也更无效率可言。要最大限度地提高农民的财产收益,亟须改变当前低效率的土地、房屋利用现状,重视农村经济发展,改革当前中国城乡二元经济结构,逐步向现代经济结构转换。这需要一段较长的时间,目前须把握一点,即在限制农民住房财产权的同时,制定切实可行的政策,给予农民充分的补偿。

3. 农民住房财产权受"所有权社会化"观念的影响。19世纪末20世纪初,社会法学派开始兴起,并对民法产生了重要影响,其主要表现是对私人所有权的绝对性进行检讨和修正。由于不动产所负载的社会功能最多,因此法律对不动产财产权的限制相对较多。为了促进不动产有效率地使用或公平分配不动产产权归属,在必要的情形下,国家基于公权力的行使,制定相关法律或行政法规,使不动产财产权的规范符合公平或效率,有其正当化的理由。而且,"从财产权的演变中也可以发现财产权本身就具有相对性,绝对个人主义的财产权是不存在的"②。尤其是土地具有珍贵的不可再生资源的自然属性,国家为了促进社会共有的土地资源的有效使用,对建设于农村宅基地上的农民住房财产权进行必要

---

① 《马克思恩格斯文集》第3卷,人民出版社2009年版,第435页。
② 梅夏英:《当代财产权的公法与私法定位分析》,《经济法论丛》2001年第1期,第396页。

的限制是合理的。按照现有法律，这些限制包括：（1）取得的限制。如关于权利主体的限制，法律规定宅基地使用权必须由本集体经济组织成员才能取得。（2）使用的限制。目前农村宅基地产权制度为：农村宅基地属于集体所有，农民拥有宅基地使用权和房屋所有权，每户只能拥有一处宅基地，面积不得超过所在省（区、市）规定的标准。（3）收益的限制。法律为了保护经济上的弱者，如住宅承租人，有时会有收益上的限制。（4）处分的限制。目前法律对农民住房财产权处分的限制，是一种消极的限制，即规定农民住宅只能在本集体经济组织内部成员间处分，不准权利人为自愿性交易。现行法律规定农民财产权不能够以抵押等担保形式流转，也限制了农村金融市场的发展。但毕竟，农民住房财产权是一种民事权利，不能受公法的影响太大，否则会导致农民住房财产权内容的部分缺失。因此，需要不断的实践探索，在二者中找到一种最佳的平衡。"农民住房财产权是农民私权，一直受到法律保护，明确赋予农民住房抵押、担保和转让权，有利于更稳妥地实现农民财产收益。"①

第三节　土地征收中农民土地财产权的保护
——美国"公共利益"界定的借鉴

"公共利益"的法律规定，最早可追溯至罗马法时代。当时的罗马法虽没有征收权的规定，但已允许政府为了一些公共事务，在购买或使用私人财产中享有优先权，或者为了公共使用可无补偿地征用私人财产。如为了满足抗灾等公共利益的需求，土地所有权人被强制进行买卖活动②。纵观当今世界各国，关于土地征收中"公共利益"的界定，以美国最为典型。公共利益在美国联邦宪法第五修正案中被表述为"公共使用"，但很显然，"公共使用"并不像它字面含义表述的那样，只意味着被公共使用。其实，在美国早期联邦最高法院判例中，就已经将"公共使用"解释为"公共目的"，类似于我国"公共利益"的表述。

---

① 刘守英：《中共十八届三中全会后的土地制度改革及其实施》，《法商研究》2014 年第 2 期，第 8 页。
② 费安玲：《罗马法对所有权限制之探微》，《比较法研究》2010 年第 3 期，第 9 页。

在美国，围绕"公共利益"界定的争论和改革一直没有中断。2005年 Kelo 诉新伦敦城案后，争论与改革空前强盛，有了全方位发展。该案中，政府通过征收权，将征收来的私人土地转让给私人公司用于城市全面经济复苏计划。以 Kelo 为代表的被征收人声称，政府把他们所有的财产卖给私人公司，违反了宪法第五修正案对公共使用的规定。该案历经新伦敦城高等法院初审，新伦敦城高等法院上诉审，最终由美国联邦最高法院作出裁决，认为一个城市为了经济全面复苏，征收土地转让给私人公司使用，符合宪法关于"公共用途"的规定①。

与以前发生的类似典型案例不同，该案的影响更大，争议也更多，美国联邦最高法院最终以 5∶4 的争议性投票结果，判决政府强征不违反宪法，似乎也能反映出其中争议的浓浓火药味。如托马斯（Thomas）大法官提出了一个特别的异议，通过追溯征收权历史，他提出把公共使用的范围扩展到包含任何经济利益目的的征收，可以确保"损害"在少数族裔或贫穷人团体中分布比例不失衡。他认为，这些团体不仅不大可能较系统地将他们的土地最高最佳地用于公共利益，而且最不可能具有政治上的势力。但反对的法官的观点也极其鲜明。如奥康纳（O'Connor）大法官旗帜鲜明地反对为了经济发展征收私人土地，她警告说，征用土地的阴影笼罩着所有财产。没有什么能阻止国家以豪华的卡尔顿大饭店取代汽车旅馆，用购物超市取代住宅，用工厂取代农田。公众对凯洛（Kelo）判决的反对果断而强劲，引发了接下来的各种各样的法律改革。

作为联邦宪法事件，Kelo 案重申了联邦最高法院就立法机关对"公共使用"规定的尊重。在该案判决中，多数大法官都自然地选择遵从立法规定。亦即 Kelo 案只不过是对第二次世界大战后美国都市更新时代建立在宪法原则基础上的一系列案例的重申。这些案件中，法院都支持政府为了执行公共政策而征收土地。联邦最高法院进一步指出政府应承担公平补偿的法律义务，给土地所有权人充分的市场价值的补偿，借此来改进公共项目。Kelo 案后，美国许多州不再如 Kelo 案前那样为追求经济发展广泛使用土地征收权，并抓住这一时机，对其已经陈旧过时的土地征收权立法进行广泛的、形式多样的改革，限制征收权的使用。

---

① Kelo v. City of New London，545 U. S. 469（2005）.

一　Kelo 案后美国征收权行使中"公共利益"界定的改革

（一）从改革形式上看，各州关于"公共利益"的界定总体上更为谨慎，更为严格，更加趋向于保护私人财产权

许多州修改立法缩减土地征收中"公共利益"的范围，有效禁止地方政府为了经济发展而使用土地征收权。据统计，到 2006 年年底，对征收权开始实施立法改革的州已达到 32 个，2007 年，又有 9 个州加入此列①。其中犹他州是 Kelo 案后最早将立法改革付诸实施的州。加利福尼亚选民通过投票的方法修改州宪法中的征收权条款，拒绝另一个雄心勃勃的替代方案。2009 年，特拉华州对其相对较弱的征收权，强化了土地所有权人的权利，增加了征收前的程序审查。得克萨斯州立法者于 2010 年扩大其征收权改革。密西西比州选民于 2011 年支持州宪法主动修改其关于征收权的规定。

比较典型的有美国农业大州爱荷华州，该州进一步解释了"公共使用"，明确纯粹为了经济发展征收财产不符合"公共使用"的要求。爱荷华州法典规定："增加税收收入，增进就业机会，私人经营公司，私人投资住房和住宅开发，私有的或私人投资工商业开发，或者将拥有的私人的财产公开租赁等引起的经济开发活动，都不属于公共使用，公共目的或者公共改善。"② 此外，一些新的规定控制征收权用于扩大或创建湖泊用于地表饮用水资源建设和修建机场。还有，美国佐治亚州。2006 年 4 月 4 日，乔治亚州州长签署了住房法案 1313，即《土地所有人权利法案和私有财产权保护法案》，该法案明确指出：为了公共目的的经济发展不构成公共使用。③ 而且规定不得将为了公共利益征收来的财产，在 20 年内，再转让给任何公共利益之外的使用。还有，如果该土地 5 年内未被用于公共利益使用，土地原所有人可以重新收回土地或者获得额外的补偿。④ 还有些州，土地征收权改革从法院开始。州法院收紧了州宪法中关

---

① Richard R. Powell, Powell on Real Property, 79F – 35. §79F.03 [3] [b] (2012).
② 2005 IA H. B. 2351 §3, codified at Iowa Code §6A. 22 (2) (b).
③ 2005 GA H. B. 1313 §3, codified at D. C. G. A. §22 – 1 – 9 (b).
④ 2005 GA H. B. 1313 §3, codified at D. C. G. A. §22 – 1 – 9 (b).

于公共使用范围的理解，提出给予财产所有人更充分的保护。例如 County of Wayne v. Hathcock 案①。有些州则通过模糊经济发展的衡量标准来限制公共利益的范围。例如，虽然一些地方政府仍然允许行使征收权来补救财产衰落，但是，"公共使用"标准认定的模糊性已经被衰落标准认定的模糊性所代替。亦即，严格压缩了"公共使用"的范围，对财产是否衰落做更广泛的理解。这样，如果一个政府能够宣布任何财产"已衰落"，那么，它就能够充分证明政府对财产的征收是为了补救衰落而不是为了经济发展。② 有些州规定一定期限内暂停政府为经济发展行使土地征收权。如加利福尼亚州提出，2008 年 1 月 1 日前暂停为经济发展使用土地征收权。

（二）从改革实质上看，迄今许多州的改革并没有实质性进展

虽然很多州在立法上对征收权作出限制，但从改革效果看，没有实质性进展。例如，Kelo 案后，亚拉巴马州很快修改法律，加强财产权的保护。作为第一个对 Kelo 案作出强烈反应的州，受到很多专家的赞赏。但事实上，尽管付出了努力但并无成效。只是强加了一个规则，即政府在征收土地前必须宣布土地衰落。③ 其§11-47-170 条是这么表述的：尽管有其他法律规定，市或县不得为了以下目的征收私人财产，如私人住房、办公楼、工商业或住宅发展；或主要为了提高税收收入；或只是为了转让给另一私人，如非政府实体、公私合营公司及其他商业主体。但是，前提是这种细节性的条款不适用于被市政当局、房屋管理局或其他政府机构基于城市再开发规划或城市更新规划所覆盖、已衰落的地区而行使征收权的情况。本条款不得限制征收权用于公用事业或由于发电、传输、电话分配、气、电、水、下水道，以及其他产品或服务等其他实体。本条款也不得被解释为，禁止市县管理部门为了建设、维护及运营街道和路面、政府大楼、公园或其他休闲设置而行使征收权。这里的土地"衰落"，立法采用概括表述，认为包括：土地或建筑物"荒废""布

---

① County of Wayne v. Hathcock, 684 N. w. 2d 765（Mich. 2004）.
② See Ilya Somin, The Limits of Backlash: Assessing the Political Response to Kelo, 93 MINN. L. REV. 2100（2009）.
③ 2005 AL. SB 68, codified at Code of Ala. §11-47-170（b）.

置或设计有缺陷""缺乏通风设备""过量占有土地"及其他因素。但实际上,亚拉巴马州的立法对"衰落"的界定比较含糊不清,导致事实上很难确定"衰落"的范围。

佛罗里达州 2006 年的征收权立法改革引发了很大争议。新立法禁止为了阻止或消除贫民区或衰落区征收私人财产,也禁止为缓解或消除公共妨害征收私人财产。但新立法却同时规定,各地、市仍有权通过或强制执行一些与法典实施或消除公共妨害有关的法令,只是这些法令某种程度上不允许通过行使征收权征收私人财产。① 换句话说,佛罗里达州各地仍有权为消除妨害征收私人财产,并无须给土地所有人付款,只是不再有权为阻止或消除贫民区或衰落区征收私人财产。前者为警察权的范畴,后者为征收权的范畴。征收权不同于警察权,因为行使警察权征收土地,不需要给予补偿,即使该权利的行使给被征收人造成了损害或造成潜在的财产损害。这种规定显然没有太大实际意义。

类似情况还有很多。如 2006 年弗吉尼亚州立法机构拒绝制定法律限制土地征收权。如俄亥俄州在一个由 25 位成员组成的官方委员会提交了一份州土地征收权报告后,才颁布法律规定,为了经济发展行使土地征收权应中止,但中止时间仅为一年。

(三) 从改革的结果上看,仍有极少的几个州认真履行保护财产所有权的职责

包括密歇根州、伊利诺伊州、亚利桑那州、华盛顿州。但有人认为,之所以这些州认真履行保护私人财产的职责,主要原因是:在这些州,宪法特别重要。Kelo 案后,州宪法特别禁止为了私人利益征收私人财产,并且州宪法和州法院都要求征地需提供给私人财产最适合的保护。另外,还有极个别能有效限制征收权行使的州,如南达科他州等,主要是因为这些州从来都不会滥用权力。② 这一小部分州修改公共利益的规定并严格遵守的情况不能说明美国公共利益的改革方向。万事万物都不是绝对的,总有特殊和例外。因而这些州对公共利益规定的严格遵守并不影响美国

---

① 2006 FL H. B. 1567, §2, codified at Fla. Stat. §73.014 (1).
② Steve Kemme, *Moratorium Has Little Effect Here*, *The Cincinnati Enquirer*, Nov. 18, 2005, p. 2.

公共利益发展改革的总趋势。

总体而言，在 Kelo 案后，美国各州公共利益改革的特征表现在：绝大多数州在立法形式上总体方向是缩小其范围，增强私人财产权保护，虽然各州立法对"公共利益"的表述稍有差别。最值得注意的是，美国各州立法改革的实质效果不明显，许多州的改革并没有真正限制征收权的行使。

二　Kelo 案后美国各州"公共利益"改革效果不明显的原因分析

（一）土地征收权是政府固有的权力

在美国，有关征收权的理论主要有三：（1）"固有权力"理论。在美国，多数学者认为，"国家征收权"一词最早由荷兰思想家格劳秀斯于 1625 年创造。[1] 后来"国家征收权"被荷兰自然法领域的思想家附加了各自不同的理解。这些思想家都主张，征收权是所有政府固有的、必须具备的权利，私人权利应让位于政府征收权，政府几乎享有绝对的征收权。（2）"委托同意"理论。该理论由英国自然法学家洛克提出。与"固有权力"理论相比，该理论更加复杂，不像"固有权力"理论容易被接受，但或许与美国的政治理念更有关联，"委托同意"理论为该理论创建时期英国的法律制度提供了一个基本原理，即征收权本质上只能是立法权。这个理论是洛克 1690 年在他的一篇有关公民社会的短文中提出来的。该理论同样被用于征税权中。其实施需要四个步骤：第一，统治者无权从个体那里征收财产；第二，个体却可以自愿将其财产出卖给统治者或其他任何人；第三，代议政府是市民委托立法代表为了他们的利益代理行使其权力；第四，基于委托权，立法者就可以为了市民的利益同意放弃财产权。[2] 这四步分析并说明了征收权是纯粹的立法，即由市民委托政府立法，而非政府固有权力。（3）"无需补偿"理论。该理论折回到封建时代，认为国家征收权被统治者暗中保留，该理论在美国法中从来没有被突出，逻辑结果就是征收不需要补偿。在美国历史上有一个政府

---

[1] Richard R. Powell, Powell on Real Property, 79F-8. §79F.01 [1] [a] (2012).
[2] See William Stoebuck, A General Theory of Eminent Domain, 47 Wash. L, Rev. 553, 568 (1972).

明确推迟征收权的例子,在宾夕法尼亚殖民地,威廉·佩恩被授予一块位于费城周边的土地,附加百分之六的土地作为他对修建公路的捐献,可以理解为殖民政府以后可能会没有补偿地收回诸如此类确定将用来修建公路的土地。① 这个理论仅仅在美国历史上存在过,不适用于美国现今。

相比而言,"固有权力"理论直至今日仍是美国征收权最被普遍接受的理论之一。通过美国土地征收权的发展历史,可以看出,由于该理论被普遍接受,政府的土地征收权是政府固有的权力,其权力范围仍然广阔,并且可能如同警察权一样广泛。联邦宪法和美国几乎所有的州宪法都允许行使政府征收权,因此对于一块土地来说,征收者不仅可以征收给自己享有所有者的权利,也可以是更少的利益,可以像租赁权一样是暂时性的,也可以像地役权一样是地理上的。但是,立法机关在将征收权授予更小的实体时,就需要对征收权设置法定的限制。由此可以得出,美国 Kelo 案后各地的土地征收权改革,虽然范围较为广泛,多数地方立法压缩了土地征收权的行使范围,但土地征收权毕竟是政府固有的权力,私有财产权自应服从政府的土地征收权,在具体实施中,政府具有绝对的主动权,实施效果也就很难保证与立法规定一致。当然,政府的征收权也并非无可节制。美国联邦宪法第五修正案,对于政府征收私人财产,强调除了符合公共利益要求外,还要公正补偿。

(二) 公共利益与私人利益的平衡难以把握

对于 Kelo 案后许多州在立法上限制土地征收权,但实质上并不积极付诸实践的矛盾,有人分析认为:立法形式上的限制不排除地方政府为了向外界证明其是一个保护公民权利的政府,尤其是美国有着特别重视私人财产保护的传统,而实质上的不积极是因为政府也认识到行使征收权能够带来地方经济的发展、解决就业、提高税收,并且行使征收权完全可以通过公正补偿来平衡政府权力与私人财产权。② 这种解释道明了个中原因,也揭示了政府面临公共利益与私人利益的平衡时难以把握的难

---

① See William Stoebuck, A General Theory of Eminent Domain, 47 Wash. L, Rev. 553, 568 (1972).

② Rox Laird, Power of Eminent Domain. Des Moines Sunday Degister. January 29 2006.

题。事实上，一方面，因为征收权是国家固有的权力，相对于国家征收权，私人财产权处于弱势地位，所以相应地，就需要在立法上强调私人财产权保护的重要性，限制国家征收权的行使，以达到平衡；另一方面，实践中，城市要发展，公共利益需要维护，需要大量的土地，需要也必须征收私人的财产。为此，政府实践中势必对"公共利益"做扩充解释，尤其是在立法对"公共利益"限制得过死的情况下，这种扩充更加明显。所以，关键是平衡的把握问题。

在美国，公众对于征收权的看法因案件而异，对立法机构和法庭的判决而言，也同样遵循这样的规律，即案件不同，判决结果也不大相同，因为他们都试图在公共利益和私人利益之间求得一种平衡。例如，密歇根州最高法院，在受理的维恩县诉海斯卡克一案[1]中，宣告维恩县为私人经营企业和科技园区，征收毗连底特律大都国际机场的土地无效。但较早的波兰镇社区委员会诉底特律市一案[2]判决与此却截然不同，法院支持都市更新计划，认为通过征收取得私人财产权，紧接着转让给其他私人主体符合公共使用的目的。只要该财产被转让给私人主体后，用于解决集体行动问题，如建设高速公路；或者该财产转让后能得到持续的政府监督，如用于州政府公共服务委员会管理的石油管路建设；或者有事实表明该财产转让后具有独立的公共意义而不是为了私人受益，如为建造价格适中的房屋对遭受毁灭性破坏的毗邻地区土地的征用。伊利诺伊州最高法院在伊利诺伊西南部发展联盟诉纳欣诺市一案[3]中认为，不能将征收的土地，给予一个私人赛车跑道拥有者用作停车场，因为这种使用不是"公共使用"。但在拉斯维加斯市中心代理处诉帕帕斯一案[4]中，内华达州最高法院认为，在拉斯维加斯市中心，征用私有财产修建私有停车场，属于娱乐街道商场的一个组成部分，作为衰落区重建，可以征用私人财产。通过这些判例，可以看出，公共利益与私人利益的平衡是一个不易把握的难题。

---

[1] County of Wayne V. Hathcock 684 N. W. 2d 765 (2004).
[2] Poletown Neighborhood Council V. City of Detroit, 304 N. W. 2d 455 (Mich. 1981).
[3] Southwestern Illinois Dev. Auth. V. National City Envtl. LLC, 768 N. E. 2d 1, 8 – 10 (Ill. 2002).
[4] City of Las Vegas Downtown Redev. Agency V. Pappas, 76 P. 3d 1 (Nev, 2003).

(三) 抽象概括的立法模式

在美国，土地征收法律规定抽象概括。为了公共利益政府可以征收土地，但立法未明确界定"公共使用"的范围。例如美国联邦宪法第五修正案规定："非依正当法律程序，不得剥夺任何人的生命、自由或财产；非有公平补偿，不得征收私有财产以作公共使用。"联邦宪法第十四修正案亦要求州政府依据正当法律程序取得私有财产并保证法律对公民的平等保护。这种抽象概括规定的立法模式，使得各州立法机关有机会在不同时期立法中对公共利益内涵和范围进行重塑和解释。美国是典型的联邦制国家，分联邦、州、县、市四级政府，每级政府都可在联邦宪法（州法等）规定的范围内确定其法律制度。这种立法体系，决定了美国各州可以在不违背宪法的基础上，独立规定"公共利益"的内涵。例如，美国爱荷华州1846年首部宪法人权宣言部分提出：没有给予公正补偿的私有财产不能被征收用于公共使用。1860年立法机关扩充了政府的征收权，允许为了修建铁路征收私人土地。1957年立法机关允许州政府和地方政府为了城市更新计划行使土地征收权。1985年立法机关又一次将土地征收权的范围扩充为，为了经济发展可以行使土地征收权。1999年立法机关禁止政府为了私人发展征收农业用地。2005年联邦最高法院规定，各州为了商业发展可以行使土地征收权。与联邦最高法院的规定不同，2006年爱荷华州修改法律加强私人财产权保护。

(四) 部分理论本身的局限性

"公共利益"界定理论本身存在一些局限性，这也是 Kelo 案后，美国多数州公共利益实际改革意义不佳的原因之一。例如，一条"禁止政府为了私人主体的利益征收土地"的规定，但事实上，政府的土地征收行为总是会给私人主体带来利益。而且，即便是政府纯粹为了公共使用征收土地的行为，也总会带给某些私人主体以实实在在的利益。如政府行使征收权修建高速公路出口的坡道，这一行为通常会给该被征收土地周边的房地产主人带来一些直接的利益。

再如，政府征用某个私人主体的财产，目的是让另一个私人主体受益，一些人会反对政府为此行使土地征收权。然而，政府的这个目的在认定上往往并不简单。因为，从概念上讲，很难给一个立法机构或政府部门分配一个单一的目的，特别是当立法机构或政府部门人员较少时，他们的一项行为往往同时会有好几个目的。甚至，禁止政府行使征用权转让一个私人主体的财产给另一个私人主体的规定本身就是不确定的。毕竟，修建铁路也包括了这样一种转让，即政府行使征收权将私人的财产转让给另一个私人经营的铁路公司。没有几个人会认为这种转让是不恰当的，因为铁路创造了许多的公共利益。如果征收权对修建铁路来说是合适的，那怎么会认为它不能被用来振兴地方经济？进一步，如果政府因为这些实质的经济利益能够征收用于修建铁路的财产，为什么不也让他们去征收用于更具普遍意义的产业（如经济全面发展）的财产？也就是说，征收财产给私人使用同样可给公共带来利益。美国爱荷华大学法学院的海因斯（Hines）教授提出：新建的高速公路立交桥能够促进附近购物中心的发展；一个公共广场、公园或者休闲小道能够使其周边财产增值。同样，为了公共利益征收私人土地本身并不必然是征收权的滥用，只要社区大部分人能享受到商业发展带来的利益，如同他从公路和公园处享受到的利益一样。①

三　美国征收权行使中"公共利益"范围改革与中国新《土地管理法》"公共利益"规定的比较与借鉴

如何界定"公共利益"一直以来是困扰我国农村土地产权改革的紧迫问题，对此，学术界争议颇多。2020年1月1日修订实施的《土地管理法》，将保护农民利益作为基本原则和主要目标，完善了土地征收中"公共利益"相关制度，通过与美国征收权行使中"公共利益"范围改革的比较，可对我国以后相关实施条例的制定起到较好的启示意义。

（一）美国"概括与列举相结合"与我国"列举式"立法模式的比较

美国对公共利益进行抽象概括的模式进行界定。美国公共利益界定的发展历程比较客观地表明，公共利益的界定是一个难以达成一致的话题，没有一个标准来衡量它的对错。试图给公共利益界定一个清楚的边界，是不科学，也是不明智的。"公共利益的概念之所以难以确定，主要是因为其利益内容的不确定性和受益对象的不确定性。随着社会的不断

---

① N. William Hines, Domain and Development. Iowa City Press - Citizen. January 30 2006.

发展，公共利益的内涵也处于不断变化的过程中。"① 因此，美国概括与列举相结合的立法模式既保证了公共利益这一概念的适应性和开放性，又通过肯定列举在一定程度上限制了公共利益认定主体的裁量空间，具有合理性。

我国学术界关于公共利益的立法模式，讨论一直非常热烈。多数学者赞同在法律中列举法公共利益的范围，基本都认识到公共利益界定的困难。② 关于"公共利益"的范围，我国宪法与物权法都未作出规定。只是规定：为了公共利益的需要，国家可依法对土地实行征收或者征用并给予补偿。2011 年《国有土地上房屋征收与补偿条例》对此有个改进，其第 8 条采用概括加列举的方式规定了"公共利益"，其中列举了 5 种情形的公共利益，并有一个兜底条款。2020 年 1 月 1 日修订实施的《土地管理法》，其中一大亮点就是在总结试点经验的基础上，首次对土地征收的"公共利益"采用"列举"方式作出了明确的界定。

比较而言，两国在"公共利益"界定的立法模式上有所不同，但本质上并无大的差别，因为美国联邦和各州的法律都自成体系。美国联邦无统一的立法权，在刑事和民商事方面的立法权基本上属于各州。虽然官方可提出供各州立法参考的模范法典草案，但不要求各州强制采纳。因此，对于土地征收中"公共利益"的范围，各州政府有自由裁量的权利。我国 2020 年 1 月 1 日修订实施的《土地管理法》，虽然从形式上采取了列举的立法模式，但是，对所列举的内容，都加了一定的限定词"由政府组织实施的"，说明在土地征收时，很多情况下政府具有一定的自由裁量权，同时也说明这种列举式的规定，其"公共利益"的范围外延并非绝对清晰。两国的规定，都源于公共利益的内涵难以确定，也不宜确定，因而，都具有合理性，问题的关键是实践中怎么操作。

---

① 侯海军：《城市化进程中房屋征收补偿的"公共利益"界定》，《南京社会科学》2014 年第 5 期，第 87 页。

② 如有学者提出：法律正面列举公共利益，并将其类型化。同时反面排除不属于公共利益的情形。参见王利明《论征收制度中的公共利益》，《政法论坛》2009 年第 2 期，第 22 页。有学者提出：采取概括列举式的方法，由宪法的下位法界定公共利益。参见付铎、洪小潞《土地征收视野下的公共利益法律界定研究》，《国家行政学院学报》2009 年第 6 期，第 39 页。有学者提出：赞同采用列举式规定公共利益，同时提出公共利益界定规则。参见陈晓芳《土地征收中的"公共利益"界定》，《北京大学学报》（哲学社会科学版）2013 年第 6 期，第 115 页。

(二) 更多考虑农民权利保护的比较

基于征收权是政府固有的权力理论，政府可以在任何时候，只要需要，就可以行使征收权。虽然法律已从公共利益方面对其权力进行了限制，但由于公共利益界定本身的复杂性，存在很多模糊地带，不能排除对其理解作出利于政府行使征收权的解释。美国各州改革的实质效果不佳，这一实践成果告诉我们，试图通过清晰界定公共利益的范围来限制政府滥用征收权是远远不够的。因为，这不是根本原因，最本质的原因是如何在政府权力与私有财产权之间把握平衡。对此，没有一个一成不变的标准。结合征收权是政府固有的权力观点，对政府征收权与私有财产权平衡把握的主动权掌握在政府的手中。政府把握利益衡量的标准必须结合社会发展的历史阶段，结合经济发展现状，结合本国国情，从最大限度地满足社会各方利益的角度出发，制定适宜的政策及法律。我国当前，仍然处于经济体制转型的历史时期，新制度尚未成熟，旧体制的残余仍然极大地阻碍着经济发展，导致城乡发展不平衡。具体到农村土地改革，必须极大地激活农民的积极性和活力，这就需要切实保护农民的财产权。征收农村土地，在征收权和农民财产权的平衡上，更多地考虑到农民的权利保护，更多地限制政府的权力。这才是二者之间最大的平衡。

例如我国 2020 年 1 月 1 日修订实施的《土地管理法》，对土地征收中"公共利益"的界定作了列举式规定。明确提出因"公共利益"需要征地的情形具体包括：军事和外交需要用地、政府组织实施基础设施建设、公共事业、保障性安居工程、成片开发建设及法律规定可征收农民集体所有土地的其他情形等 6 种情形。毋庸置疑，这次修法明显限定了公共利益征地的范围，即便是最后的口袋条款，也限定为"法律规定"的可征收农民集体所有土地的其他情形，意味着其他征地情形，法律如果没有规定，不得列入公共利益的范畴，所以说本次修法，公共利益的范围是比较具体明确的。但从本质上讲，新法所规定的关于征地范围确定的"公共利益需要"基准，其实比较宽泛，给地方政府留下了比较大的自由裁量权①。例如，什么是成片开发建设用地？这个概念本身就比较模糊。在《土地管理法》修订二审分组审议时，委员矫勇就提出，征地6种情形中的"成片开发建设"一般指的就是房地产的开发，还有就像集餐饮、购物、娱乐为一体的万达式的这种成片开发，这种开发很难说是公益性的。② 此外，对于因"公用事业""保障性安居工程"而征地的，前面都加了"由政府组织实施的"，显然，地方政府在此有更大的自由裁量权。因此，即便是通过修法对公共利益进行了具体列举，在实践操作中仍应注意平衡好政府征收权和农民财产权的关系，甚至需要在征地时更多地考虑到农民的权利保护，更多地限制政府的权力。

（三）美国参考"公平市场价格"与我国"区片综合地价"给农民征地补偿的比较

美国宪法并未规定因为征收，财产所有人有权获得全部的损失补偿。因为如果按照所有人的实际损失进行全部补偿，无论是对于法院还是对行政机关而言，都要耗费巨大的时间及精力来确定实际损失的具体数额，这意味着需要付出高昂的代价，而且不实行百分之百全部补偿，能够促使征收机关在征收土地后全身心投入后续建设。所以，补偿标准由法院根据一些标准来判断。实践中，美国法院判断公正补偿的标准有多个。最主要的标准是以公平市场价格为参考。即以征收时被征收财产的市场价值作为公平补偿的标准。这也是公正补偿的宪法标准，意味着政府不会为财产被征用以后的升值进行补偿，同时公正补偿也包括了利息，即从征收时起到补偿时止这段时间内相关的利息应给予补偿。以土地征收中正式提出判决前的土地赔偿金和征收中产生的合理费用作为预先支付利息的基准。在美国联邦实践中，需要根据具体情况判断利益问题。例如对于政府根据"征收法案宣言"提出无须快速行动的征收行为，联邦最高法院认为，这种情况下政府征收行为开始才是政府补偿的起算时间。关于诉讼费用、代理费用，及其他诸如鉴定证人费用，在美国一般都不

---

① 党国英：《土地管理法修订有助于稳定土地流转价格预期》，新京报网，2019 – 08 – 28 – https：//tech.sina.com.cn/roll/2019 – 08 – 28/doc – ihytcitn2411049.shtml。

② 王姝：《土地管理法草案：成片开发征地须经"省级以上政府批准"》，新京报网，2019 – 08 – 22 http：//www.bjnews.com.cn/news/2019/08/22/618118.html。

在政府补偿范围之列。这些给我国土地征收中实现公平补偿提供了有益的借鉴。

当前我国处于城乡一体化改革的关键时期，赋予农民更多的财产权利是我国土地改革的总要求。为此，中央提出的"缩小征地范围"政策，这意味着政府的征收权将受到严格限制。将这一政策付诸实施的主要措施就是加强土地征收的程序规定，同时在公平赔偿上继续探索。2020年1月1日修订实施的《土地管理法》，首次明确了土地征收补偿的基本原则是保障被征地农民原有生活水平不降低，长远生计有保障。这个新规定的意义在于，改变了我国一直以来都是以土地征收的原用途来确定土地补偿的传统，而改之以年产值倍数法来确定土地补偿费和安置补助费的做法，以区片综合地价取代原来的土地年产值倍数法。另外在原来的土地补偿费、安置补助费、地上附着物三项基础上又增加了农村村民住宅补偿和社会保障费，这样就从法律上为被征地农民构建了一个更加完善的保障体系。并且，新一次《土地管理法》修订，完善了土地征收程序，把原来的批后公告改为了批前公告，赋予被征地农民在整个过程中更多的参与权、监督权和话语权，从法律上为被征地农民构建了更加完善的保障体系，极大地保护了农民利益。

同美国的"参考公平市场价格"补偿相比，区片综合地价更具有可操作性，而且灵活机动，更加适合我国各地区经济发展状况不统一的现状。因为区片综合地价除了考虑土地产值，还要考虑区位、当地经济社会发展状况等因素综合制定地价。

结　论

任何事物都不是非黑即白的，限制征收权使用可能会增强私人财产权的稳定性、安全性。限制征收权使用也意味着土地的整合或许比登天还难，本地区的绝好发展机会可能会拱手让给其他地区。事实上，通过实践，美国许多州也认识到收缩"公共利益"的范围并不明智。中国有关"公共利益"的政策文件包括：2015年11月的《深化农村改革综合性实施方案》，提出"缩小土地征收范围"；2015年1月的《关于农村农业土地征收、集体经营性建设用地入市、宅基地制度改革试点工作的意见》，提出"严格划定公共利益用地范围"。2020年1月1日修订实施的《土地管理法》，更是严格了"公共利益"的范围、土地征收的程序，完善了土地征收补偿的方式，极大地促进了对农民财产权益的保护。这些政策也是对中共十八届三中全会提出的"赋予农民更多财产权利"目标的推进和落实。赋予农民更多财产权利，表现在农村土地产权中，主要是限制政府的征收权，严格公共利益的范围，这种思路符合公共利益的内涵和特点，也与我国当前社会发展背景相吻合，但在具体实施中，应灵活处理，对公共利益不能限制过死，也不宜作广义的理解，关键是要把握好公共利益与私人利益的平衡问题。

第 五 章

农村集体产权制度改革中农民财产权的保护
——以农村妇女权益保障为例

农村集体产权制度改革是当前中国农村的重大制度变革，与改革开放初期的家庭联产承包责任制同等重要。改革的主要目的是确认农村集体资产所有权主体及权利保护问题，为解决农村妇女权益保障问题提供了新时机和主路径。但同时，中国正在进行的农村集体产权制度改革使农村妇女权益纠纷凸显、激增，其所反映出的性别平等问题，足以让人见微知著。数据显示，2016—2017年间，全国妇联接到有关妇女土地权益投诉8807件次，比前两年增长182%。随着我国市场经济的深入发展，农村妇女权利意识的增强，激增的农村妇女权益纠纷反过来也影响着集体产权制度改革的进程。

新时代人民不断增长的美好生活需求和不平衡不充分发展间的矛盾已成为我国社会的主要矛盾。反思发现，我国当前农村集体产权制度改革中的妇女权益矛盾已主要表现在农村妇女对美好生活的追求日益增长，权益却得不到平衡、充分的发展。处于社会制度变迁期的中国农村应明确认知农村妇女权益矛盾的新变化，打破传统认识观，不仅追求男女平等，同时追求经济发展与增长，将男女平等观念的追求和经济社会和谐发展相结合作为保障妇女权益的新目标。2016年1月1日，由联合国妇女署发起运行的《2030年可持续发展议程》，特别强调占有人类一半的妇女如果不能享有充分权利和平等机遇，人的潜能及可持续发展就难以充分发挥。"女性主义经济学"是经济学研究的一个新兴分支，它在追求男女平等信念的同时也追求经济发展与增长及二者综合发展的信念，正契合中国当前这一历史时期农村妇女权益保障的新需求，本章将以此为理论基础而展开。

新发展阶段，高质量发展已成为经济社会发展的主题，高质量发展既有对经济发展的要求，也有对社会各方面全面发展的要求。农民财产权的制度改革理应在继续通过"正式制度与非正式制度的合力作用"下，既追求农民通过行使财产权获得更多的经济效益，又追求农民财产权平等受保障，关注弱势农民，特别是关注农村妇女，保障她们的权益不被侵害。

第一节 农村集体产权制度改革中的"妇女权益"问题

一 问题的提出

中国自 2015 年开始在部分试点县进行农民股份合作及农民享有集体资产股份改革。目前，多地农村已将农村集体产权制度改革作为改革的重心。改革的背景是我国开始全面市场化、经济进入新常态、城镇化快速发展，农村集体经济实力不断增强及经济收益的持续增长，改革的焦点是农民财产权利的落实和充分保障，农村集体经济组织成员资格的界定则是农民财产权利落实和充分保障的基础，科学确认农村集体经济组织成员资格自然成为农村集体产权制度改革的首要路径。但中国许多农村受传统观念、体制制度不健全等因素影响，在农村集体产权制度改革中，以集体经济组织成员资格界定为"契机"，侵害农村妇女合法权益，特别是侵害外嫁女、离异女及其子女的土地承包经营权、土地征收补偿权、宅基地获取权、股份利益分配权等成员权利的情况比较严重。2016年 12 月国务院《关于稳步推进农村集体产权制度改革的意见》明确规定，要充分保障农村妇女合法权利在集体经济组织成员身份的确认过程中不受非法侵害。中共十九大重申男女平等的基本国策要坚持，妇女、儿童合法权益要充分保障。根据 2021 年年底基本完成农村集体产权制度改革的设计，当前正是农村妇女与传统"男尊女卑"等世俗观念相抗衡，改变其权益长期被侵害、被剥夺状况，争取自身平等权益的时间窗口。

农村妇女集体经济组织成员资格认定及权益保障可谓农村社会的"顽瘤",研究已多有涉及。如王珊珊、赵丽珍[①]从社会性别视角,提出中国立法缺乏社会性别理论影响,对保护女性合法利益没有起到应有的作用。高飞[②]结合我国农村土地法律制度进行整体性研究提出,造成农村妇女土地权益保障不到位的根本原因是集体土地所有权主体制度的不健全。王晓莉、李慧英[③]从城镇化背景出发研究提出,伴随着城镇化不断向前发展,农村妇女权益保护问题越来越不乐观。此外,有些学者通过研究农村妇女发展权、农村妇女平等权等较宏观地研究农村妇女权益保障问题,也有些学者结合具体案例、数据分析农村妇女权益问题。以上研究领域广、角度多,得出关于农村妇女权益保障的一些总体性认识。

近年来,随着农村集体产权制度改革的逐步开展,各地农村在集体经济组织成员资格的确认中因标准不一,导致许多矛盾,体现在农村妇女集体成员资格的界定及权益保障上更是矛盾层见叠出。对此进行的反思性研究中,不少观点均认可,农村妇女集体成员资格争议凸显了我国农村性别经济意识的欠缺,反映出现行相关制度的不完善及村民自治和国家法律存在长期的冲突,改革应以农村集体经济组织成员资格的确认为基础展开。如贺福中[④]认为,集体成员身份的确认是农村集体产权制度改革的前提。王竹青[⑤]认为,集体经济组织成员身份的认定是农村妇女土地权益获得的主要依赖。不可否认,农村集体经济组织成员资格确认及权益保障,可使农村集体经济组织能够更好地开展集体经济组织改制,顺利完成"资产变股权,农民变股东",并且在使集体经济组织职能得以"复位",解决家庭承包制带来的集体所有制"虚化"问题以及使集体资产得以在市场化运作轨道上发挥"资本"效能上,都具有难以替代的

[①] 王珊珊、赵丽珍:《法律与社会性别平等——以农村妇女土地承包经营权的法律保护为例》,《云南民族大学学报》(哲学社会科学版)2005年第4期,第19页。

[②] 高飞:《集体土地所有权主体制度研究》,法律出版社2012年版。

[③] 王晓莉、李慧英:《城镇化进程中妇女土地权利的实践逻辑——南宁"出嫁女"案例研究》,《妇女研究论丛》2013年第6期,第41页。

[④] 贺福中:《农村集体产权制度改革的实践与思考——以山西省沁源县沁河镇城北村为例》,《经济问题》2017年第1期,第115页。

[⑤] 王竹青:《论农村妇女土地权益法律保障的体系化构建》,《妇女研究论丛》2017年第3期,第49页。

作用。

但目前为止,结合"女性主义经济学"研究农村妇女资格的认定及权益保障的成果还没有。多项实践表明,无论是农村集体产权制度改革的主要目标,还是农村妇女权益争议的症结,都离不开社会主义市场经济的发展深化,更是与经济利益关联密切。中国还属于发展中国家,社会转型尚未完成,多项制度正处于深刻改革中,女性对经济发展的影响越来越明显。[①] 在新的历史背景下,如何在创新农村集体经济运行机制、探索农村集体所有制的有效实现形式的同时,保障妇女合法权益?这既是对新的社会矛盾的解决,又是对农村基层治理中旧矛盾的解决。本书结合当前中国经济转型这一特殊历史时期,以"女性主义经济学"作为研究的基本理论研究社会制度变革中农村妇女权益的制约因素,及如何使农村妇女权益"回归",同时提出,农村妇女权益保障的"逆向力"也影响着我国经济社会可持续发展目标的实现。

二 研究视角:"女性主义经济学"

所谓"女性主义经济学",是经济学研究新兴起的一个分支,20世纪90年代开始得到广泛认可。建立在现代主流经济学研究经济问题时缺乏社会性别分析视角这一重大缺陷的基础之上,"女性主义经济学"的产生可以说是新古典经济学本身理论匮乏和矛盾的应有后果。[②] 总结现有的相关理论观点,可以将"女性主义经济学"定义为以社会性别为研究视角,以提升妇女的经济社会地位为核心目标,以揭示并祛除经济学研究中的性别成见,丰富经济学为主要手段,以家庭、劳动力市场、经济学教育等为主要内容。它不仅表达了一种追求男女平等的信念,同时也表达了一种追求经济发展与增长的态度和追求性别平等与社会经济发展的综合发展的态度。

作为经济学新兴起的部门学科,"女性主义经济学"具有自己的研究

---

① 贾根良、刘辉锋:《女性主义经济学述评》,《国外社会科学》2002年第5期,第43页。鞠海亭:《村民自治权的司法介入——从司法能否确认农村集体组织成员资格谈起》,《法治研究》2008年第5期,第29页。

② 赵凯:《当经济学遭遇性别——女性主义经济学的纲领与范畴》,《思想战线》2005年第4期,第125页。

对象、研究领域、研究方法以及运行机制，归纳下来主要有这样几个特点：第一，关于其研究角度。女性主义经济学以社会性别为视角。与生物性别有差异，社会性别主要指的是建立在男女两性生理差异之上的文化社会构建或文化社会观念差别。后者则仅指男女之间的生理差别。如有研究认为，女性主义经济学从妇女解放的角度来研究经济中的性别角色。[1] 女性主义经济学以性别作为视角，对主流经济学的研究对象和研究方法进行了重新解释与批判。[2] 第二，关于其研究对象。女性主义经济学的研究对象是处于社会关系中的、具有社会身份的人，而不是主流经济学中被假定为完全理性的、可以进行自主选择的经济人。处于社会关系中的人受到其所处生活环境约束，自主性受到社会规范、性别关系、法律与各种规则的影响和限制。第三，关于其研究方法。主流经济学的"博弈论"研究方法强调博弈的双方，限制了它的研究范围，忽略了性别，忽略了家庭中孩子的作用。主流经济学倚重的定量分析方法，无法对诸如历史传统的影响、性别角色的认定等定性的问题进行分析。而女性主义经济学在"博弈论"的基础上侧重定性的分析，考虑到了儿童、文化、意识形态等因素。第四，关于制度与性别不平等。女性主义经济学认为性别研究特别需要关注妇女自我做主的权利和限制妇女能力发展的各种制度因素，因为制度是造成性别不平等的主要因素，如家庭制度、经济制度、政治制度等。如有学者提出，经济学应注重研究男女社会性别角色是如何在社会制度规范的演进过程中自发形成的。[3] 第五，女性主义经济学不仅关注妇女地位问题，而且关注妇女发展问题，综合分析性别平等与社会经济发展的关系。例如表现在经济分析上，就是不但要关注市场行为，而且要关注非市场行为乃至两者之间的关系。20世纪末以来，中国学者开始关注"女性主义经济学"理论，1995年9月，联合国第四次妇女大会通过的《行动纲领》要求保护和促进妇女人权，使中国

---

[1] 崔绍忠：《新古典经济学的价值论、本体论和认识论研究——女性主义经济学的批判和超越》，《思想战线》2011年第2期，第73页。

[2] 沈尤佳：《西方女性主义经济学的理论前沿研究》，《经济学家》2011年第7期，第29页。

[3] 朱成全、崔绍忠：《社会性别分析方法论与女性主义经济学研究——对新古典主流经济学的挑战》，《上海财经大学学报》2006年第5期，第10页。

的妇女研究开始"飞腾",成果颇为"发达",对中国经济学家的性别经济思想影响深远。但总体而言,有关"女性主义经济学"的理论研究在我国仍处在初始阶段,主要体现在朱玲、赵凯、崔绍忠和贾根良等学者的少量研究成果中①。

把"女性主义经济学"理论运用于农村集体产权制度改革与妇女权益保障的探讨,在研究视角上具有开拓性与探索性。理由如下:第一,"女性主义经济学"关于制度与性别不平等关系的分析研究,有助于厘清农村集体产权制度改革与妇女权益之关系,进而有助于纠正农村集体产权制度改革中将忽视,甚至侵害、剥夺妇女权益的现象常态化、合法化的认识局限或偏差,客观理解女性权益保障的积极意义,促进农村集体产权制度改革的顺利进行。联合国拉丁美洲和加勒比经济委员会在其促进经济与社会发展研究工作中,引用许多数据和案例得出,性别不平等导致增长低于预期,反之则有利于经济增长和社会发展。第二,"女性主义经济学"是经济学的一个新兴分支,与主流经济学相比,它强化了现代经济研究的性别意识,综合考察妇女发展与经济发展的关系,以提高妇女经济状况,推动性别平等为价值追求。这与中国农村妇女在经济转型过程中所遭遇的不公平待遇,具有一定的契合性。因此,"女性主义经济学"理论可给农村集体产权制度改革中妇女权益之保障以启迪。因为"女性主义经济学"理论注重为妇女自身的生活、话语方式制造机会,理解妇女与男性的不同,持有一种追求男女平等的信念和一种客观公正的态度。因此,有学者提出,中国女性在社会转轨中蒙受的不平等对待特别值得深入研究,而当前对此状况的研究往往被归入社会学领域,要么是从主流经济学视角进行研究,不能提供解决此种状况的根本方法。"女性主义经济学"提出了思考这些问题的全新角度,方法更加深刻全面。②第三,"女性主义经济学"理论运用在中国农村集体产权制度改革研究

---

① 包括朱玲《将性别分析引入发展经济学研究》,《中国妇女报》2001年9月25日第3版;赵凯《当经济学遭遇性别——女性主义经济学的纲领与范畴》,《思想战线》2005年第4期;崔绍忠《新古典经济学的价值论、本体论和认识论研究——女性主义经济学的批判和超越》,《思想战线》2011年第2期;贾根良、刘辉锋《女性主义经济学述评》,《国外社会科学》2002年第5期。

② 许婕:《女性主义经济学的兴起及启示》,《学术交流》2009年第9期,第121页。

中，可以促进该理论的本土化探索。开端于国外社会的"女性主义经济学"理论目前对发展中国家研究不足。发展中国家在全球化背景下处于社会转型和制度变迁过程中，其妇女经济地位的变化和发展与发达国家差异很大。因此，将"女性主义经济学"理论引入我国经济社会问题研究，以中国实践为研究基础，有助于建立起中国特色的社会主义妇女理论，为中国政府制定相关政策提供积极的参考，并可进一步丰富和发展经济学理论。

第二节 农村集体产权制度改革中"妇女权益"的制约因素

新制度替代旧制度，并不肯定会产生新均衡，有时会产生制度设计者意想不到的新结果，甚至导致新斗争。[①] 农村集体产权制度改革以来，尤其是随着农村土地承包经营权"三权分置"改革的深入，土地经济功能、流通功能不断增强，农村妇女却被广泛边缘化，在权利分配中受到挤兑和无视，农村妇女在集体经济收益分配中受歧视情况更加突出。

一 法律制度的漏洞对妇女权益的制约

改革开放以来，我国已逐步形成包括法律法规和司法解释在内的农村妇女权益保障法律体系，该法律体系是法院审理此类案件经常依据的法律条款，也是"外嫁女"在上访中通常引用的法律条款。以时间为顺序，具体有：1982年《宪法》第5条、第48条，2003年施行的《农村土地承包法》第6条、第30条，2005年9月施行的《最高人民法院关于审理涉及农村土地承包纠纷案件适用法律问题的解释》第24条，1992年实施、2005年12月修订的《中华人民共和国妇女权益保障法》第30条、第32条、第33条、第55条，2007年施行的《中华人民共和国物权法》第63条第2款，以及1998年修订并正式实施、2010年重新修订的《村民委员会组织法》第36条等规定。上述法律法规的制定、前后修订，以

---

① 柏兰芝：《集体的重构：珠三角地区农村产权制度的演变——以"外嫁女"争议为例》，《开放时代》2013年第3期，第109页。

及司法解释的出台从立法上为村民自治权划定了边界，为司法机关介入村民自治、保障妇女权益提供了法律依据。通过"中国裁判文书网"近几年发布的案例，法院对农村妇女权益纠纷案件基本上予以受理，有关法院不受理该类案件的媒体报道也少了许多。①

但存在的新问题是，法院受理该类案件后，使用以上法律规定都是以农村妇女集体经济组织成员资格已经确定为基础。即在已确认农村妇女具有集体经济组织成员资格的前提下，因土地等财产权益受到侵害的救济渠道，可以是选择请求调解、申请仲裁、提起诉讼三种方式中的任何一种，且无先后顺序之别。如张某英与义乌市佛堂镇张宅二村村民委员会、村股份经济合作社侵害集体经济组织成员权益纠纷一案，法院认为，村民应当平等享有本村的村民待遇，并肯定具有集体经济组织成员资格人员的征地补偿安置份额分配权。②

紧接着的问题是，当前中国尚无统一的规范化方案来确定农村集体经济组织成员的资格。国家层面的法律、法规、司法解释均未对集体成员资格标准给予明确规定，各地实务部门的认识和做法各不相同。③ 特别是我国许多农村的村规民约与现有法律规定多有冲突，导致此类纠纷不断，成为基层社会矛盾的又一导火索。

根据笔者在"中国裁判文书网"上的题名中输入"集体经济组织"，全文中输入"外嫁女"关键词，精选出 2012 年 1 月 1 日至 2017 年 12 月

---

① 但考察我国 20 世纪 80 年代至今的司法史，发现司法机关面对该类纠纷，在受理与否上曾多次反复。以 2005 年 9 月施行的《最高人民法院关于审理涉及农村土地承包纠纷案件适用法律问题的解释》为界点，之前法院对该类案件是否受理的矛盾与争议很大。例如广州市两级法院受理"外嫁女"权益纠纷就经历了从一概不受理，到部分地区、部分案件受理，到后来一概不予受理，政策反复变化。有些法院对该类案件即使不受理，理由也不一，甚至出现所谓的"选择性司法"。拒受理的理由主要有：(1) 部分法院认为，农村妇女与村委会（村民小组）不属于平等主体，双方之间的纠纷不属于人民法院受理民事纠纷的范围；(2) 部分法院认为，在实行村民自治的法律框架下，法院无权直接确认集体成员应享有的分配权益；(3) 部分法院认为，外嫁女的数量庞大，涉及外嫁女权益纠纷问题如处理不当，容易引发村民大规模上访，造成影响社会稳定的问题，民事审判难以妥善处理外嫁女的权益纠纷。2005 年最高院司法解释出台以后，法院基本达成共识，一般都受理有关农村妇女土地权益纠纷案件。
② 浙江省义乌市人民法院民事判决书（2016）浙 0782 民初 1182 号。
③ 叶苏达：《从土地承包仲裁看集体成员资格认定》，《农村经营管理》2017 年第 5 期，第 9 页。

31 日期间涉及 11 省 105 个有关农村集体经济组织成员资格的案件，统计发现，司法机关的判决 100% 是依据集体经济组织成员资格来确定妇女是否应获得补偿，但各地法院对农村集体经济组织成员资格的认定均有自己的答案，没有统一的认定依据和认定标准。

首先，表现为认定依据多样化。其中一些法院依据一般原理解决。如刘某芳、张某与涪陵区南沱镇连丰村村民委员会 6 组侵害集体经济组织成员权益纠纷一案①，在农村集体经济组织成员资格的认定上，没有具体的法律依据，而是以有相对稳定的生产生活关系，集体土地是其主要生活保障，并具有所在集体常住户口，来判断是否具有农村集体经济组织成员资格。一些法院以地方立法作为判决依据。如佛山市三水区云东海街道隔海股份合作经济社与佛山市三水区云东海街道办事处一案②，依据《广东省农村集体经济组织管理规定》第 15 条规定，认为"有当地户口 + 履行法律法规和组织章程规定义务"的认定为农村集体经济组织成员。还有一些法院，根据当地实际情况，制定了法院自身便于操作的指导意见来妥善处理农村妇女权益纠纷，如温州、重庆、西安、邢台等地中级人民法院颁布了有关"农村集体经济组织成员资格界定"的办法，依此为依据解决农村集体经济组织成员资格争端。③

其次，由于认定依据不同，导致存在不同的认定标准。有的地方法院以"户口"作为唯一认定标准。如谢某维与西安市长安区郭杜街道办事处某村村民委员会、西安市长安区郭杜街道办事处某村村民委员会第二村民小组侵犯集体经济组织成员权益纠纷一案④认为，原告谢某维在被告村组出生，在被告村组落户，结婚前后户口一直未迁出，应认定其为该村村组合法村民。有的地方法院以"户口 + 村民义务"为认定标准，如广东省一些法院依据《广东省实施〈中华人民共和国妇女权益保障法〉办法》第 24 条规定，认为农村集体经济组织成员中的妇女，在土地权益、集体经济组织收益分配权益等方面与本农村集体经济组织其他成员

---

① 重庆市高级人民法院民事裁定书（2015）渝高法民申字第 01316 号。
② 广东省佛山市中级人民法院行政判决书（2016）粤 06 行终 386 号。
③ 如温州市中级人民法院出台的《关于为我市农村综合改革提供司法保障的若干意见》，里面明确规定依法界定集体经济组织成员资格。
④ 西安市长安区人民法院民事判决书（2014）长安民初字第 00167 号。

一律平等，只要其结婚后或者离婚、丧偶后户口未迁出原农村集体经济组织，同时履行了集体经济组织章程义务。有的地方法院采取"村民义务＋村民代表大会同意"标准，如辽宁省一些法院依据《辽宁省实施〈农村土地承包法〉办法》第6条规定，履行了村民义务，并经本集体经济组织成员三分之二以上村民代表大会通过，可认定为本集体经济组织成员。有的地方法院采取"基本生活保障＋户口＋固定生产生活"标准，如海南省一些法院依据海南省高级人民法院《关于审理农村集体经济组织土地补偿费分配纠纷案件若干问题的意见（试行）》第3条规定：在征地补偿安置方案确定时，以本集体经济组织的土地为基本生活保障，同时具有本集体经济组织户籍，并在本集体经济组织形成较为固定的生产生活关系的，可认定为本农村集体经济组织成员。

农村集体经济组织成员资格的认定依据、认定标准不一致，直接结果是导致审判结果的不一致，无形中损害到法律的价值，影响到司法权威，又不能保证宪法及其他法律保障的男女平等得到有效落实。"女性主义经济学"理论提出，制度是造成性别不平等的主要因素。解决农村集体产权制度改革中的妇女权益纠纷，需要在法律制度层面进一步解决问题。

二　村民自治的有限性对妇女权益的制约

中国的村民自治是一种区域性社会自治，主要由村民委员会来执行。如果说法律制度的漏洞对农村妇女权益的制约在短期内有望改观，那么村民自治的有限性对妇女权益的制约，在几千年传统观念的深刻影响下将需要漫漫长途来"治愈"。我国改革开放以来40余年的历史，是一个剧烈的社会变迁期，经历了从"计划经济""以计划经济为主，市场调节为辅"到"社会主义市场经济"的巨大变革和体制转型[①]。1993年宪法修正案正式明确"国家实行社会主义市场经济"之后，社会主义市场经济不断向前发展，但相应的社会制度、经济制度未能建立完善，农村"男权为中心"的传统观念仍然盛行，农村妇女的权益随着社会经济的快

---

① 惠建利：《社会主义市场经济条件下私有财产权问题研究》，中国社会科学出版社2013年版，"摘要"。

速发展反而受到更多歧视。据统计，2000 年没有土地的农村妇女占总数的 9.2%。十年后的 2010 年没有土地的农村妇女增长到 21.0%[①]。

受传统观念影响，村民自治不能客观、公平地表达各方利益主体的诉求，带来当前中国农村社会的深层次矛盾与冲突。中国相当一部分农村在宅基地、征地补偿款等利益分配中仍旧存在着以男性为中心的传统利益分配模式[②]。体现在村民会议在民主表决集体经济组织成员资格、核定并分配集体资产中因投票程序不科学侵害农村妇女权益现象严重等。旧有的"男权为中心"的观念经常被外化为乡规民约或其他具体的股份合作社章程等。而且，面对利益分割，农民从内心讲希望减少分配对象，自己有机会多分配。农村妇女，尤其是外嫁女、离异女等人数占比相对较少，传统思想观念恰好为农民这种内在的私心通过"少数服从多数"这一所谓的民主决策程序披上了恰当的外衣，结果使农村妇女权利受到制约。许多农村出嫁女数量本来就不多，多次投票中集体成员都会以绝对多数否定她们的权益[③]。有效制止农村集体经济组织成员资格确认程序中的不科学现象，防止多数人侵蚀少数人权益，需要扎扎实实完善制度保护女性之合法权益。

此外，对农村集体经济组织成员资格的认定，现行法律法规缺乏明确规定，使得村民自治有了侵犯少数人权益的余地和机会。实践中确实有许多农村利用法律漏洞，"拓展"村民自治范围，制定出本村的集体经济组织成员资格认定标准，这些认定标准常常会以村民自治章程或村规民约等形式，限制出嫁女及其子女的权益，使其不能享有平等的村民待遇。有学者指出，"外嫁女"纠纷使村民自治与国家法律间的矛盾和村庄内部的矛盾更加明显。[④] 围绕农村妇女权益的纠纷成为农村集体产权制度改革的一大焦点。实践中，法院对村规民约和法律的冲突基本上都是通

[①] 第三期中国妇女社会地位调查课题组：《第三期中国妇女社会地位调查主要数据报告》，《妇女研究论丛》2011 年第 6 期，第 5 页。

[②] 朱玲：《农地分配中的性别平等问题》，《经济研究》2000 年第 9 期，第 34 页。

[③] 柏兰芝：《集体的重构：珠三角地区农村产权制度的演变——以"外嫁女"争议为例》，《开放时代》2013 年第 3 期，第 109 页。

[④] 柏兰芝：《集体的重构：珠三角地区农村产权制度的演变——以"外嫁女"争议为例》，《开放时代》2013 年第 3 期，第 109 页。

过具体个案的审查来进行,导致对诸如外嫁女、离婚女等村集体成员资格问题的认定标准不同和执法上的不同,常常产生当事人不服判决并进行申诉的情况。①

村民自治的有限性是导致农村社会不能和谐稳定的主要因素,同时对农村集体产权制度改革的顺利进行也有消极影响。"女性主义经济学"将其研究对象定为处于社会关系中的,受所处社会规范、性别关系等影响和限制的人。在主流经济学"博弈论"的基础上侧重定性分析,考虑到了文化、意识形态等因素的影响,这些理念对于客观正确理解村民自治对农村妇女权益的影响有一定启示意义,从而可促进农村集体产权制度改革的顺利进行。

三 成员资格的经济价值对妇女权益的制约

在农村集体产权制度改革中,农村妇女权益纠纷不断升级的原因,除了缺少清晰的法律界定、村民自治存在有限性这些主导因素外,还有一个重要的因素不容忽视,那就是成员资格所蕴含的经济价值。因为,集体成员资格的认定结果与集体经济组织内部不同社会群体的利益分配直接挂钩,集体经济组织股份改制对农民而言属于集体利益分配,这种新的集体利益分配是出嫁女权益纠纷层出不穷的主因。②"女性主义经济学"注重综合分析性别平等与社会经济发展间关系的观点从一定意义上说明,不能静态认识农村妇女权益问题,其与经济发展密切相关。

实际上,我国《继承法》《婚姻法》中同样存在男女一律平等的要求,且我国农村地区对此认识比较统一,争议不大。那么,为什么有关农村妇女土地平等受保护的要求很难达成共识,而且争议很大?从某种意义上讲,问题的本质不仅仅是性别观念问题,还在于利益分割在"作祟"。在乡村,很多人的观点是分给妇女,尤其是离异、出嫁妇女土地及其他权益不公正公平。对此认识,需要理性分析。不排除有些村庄假借

---

① 鞠海亭:《村民自治权的司法介入——从司法能否确认农村集体组织成员资格谈起》,《法治研究》2008年第5期,第29页。

② 柏兰芝:《集体的重构:珠三角地区农村产权制度的演变——以"外嫁女"争议为例》,《开放时代》2013年第3期,第109页。

村规民约的幌子，掩盖其真实的意图是经济利益驱使下的对私利的贪图。对此，有学者也提出了类似的疑问。如吕芳①提出，许多乡村男子在城镇化快速发展的背景下，去我国经济发达省市谋生，基本不对户籍所在村庄有贡献、履行义务，却毫无争议地被认定为集体经济组织的成员。相反，位于同一村庄的外嫁女、离异女却常常遭到排斥。并提出了深刻的思考结论：这本质上归因于国家的整体经济发展，需要依赖社会的整体进步解决，而非少量出嫁女享受了村民资格导致②。同样有学者提出，传统的宗法规则已不能与利益目标、经济标准等经济力量相对抗，只能作为它的配合和辅助③。经济飞速发展是中国社会转型期的利益纠葛的诱因，是引起外嫁女纠纷的主因④。农村集体产权制度改革包括资源性、经营性、非经营性资产三类资产的改革，首先需对这三类资产清查核资，进行集体成员资格认定，直接关系到村民的切身利益，包括村民是否会有成员资格，以及相伴随的集体土地使用权、资产收益分配权等多重权利，无形中会给农民带来福利，增加农民的收入。尤其是被誉为"财富的唯一来源"⑤的土地，作为农民集体和农民最为重要的资产，一旦出错，容易产生新的更大的矛盾。

第三节　农村集体产权制度改革中"妇女权益"的回归

农村集体产权制度改革中的妇女权益保障问题，既是中国几千年来传统思想的残余，也是现有经济、法律制度不完善的产物，农村妇女权益的回归，不仅是农村妇女的追求，也是保证农村社会稳定、集体产权制度顺利改革的需要。同时，农村妇女权益保障的"逆向力"也影响着

---

① 吕芳：《法律是有性别的吗?》，《华东政法学院学报》2005 年第 3 期，第 48 页。
② 吕芳：《法律是有性别的吗?》，《华东政法学院学报》2005 年第 3 期，第 48 页
③ 孙海龙、龚德家、李斌：《城市化背景下农村"外嫁女"权益纠纷及其解决机制的思考》，《法律适用》2004 年第 3 期，第 26 页。
④ 陆永棣：《从立案审查到立案登记：法院在社会转型中的司法角色》，《中国法学》2016 年第 2 期，第 204 页。
⑤ ［法］弗朗斯瓦·魁奈：《魁奈经济表及著作选》，晏智杰译，华夏出版社 2006 年版。

我国经济社会可持续发展目标的实现。

一 完善农村集体经济组织成员资格确认制度

我国现行法律法规、部门规章或规范性文件对有关成员资格的界定没有明确规定，各地法院在相关案件的判决中缺乏法律和政策依据，认定依据与认定标准很不同，需要进一步确定集体经济组织成员资格的认定依据与认定标准。对于如何确定，学者们观点不一：有学者提出，应制定全国统一的农村集体经济组织成员资格认定标准。[①] 有学者提出，农村集体经济组织成员资格认定应由村民委员会开会投票决定，因为其属于村民自治范畴。[②] 本书认为制定全国性的农村集体经济组织成员资格认定依据很有必要。从时间上考虑，由于农村集体经济组织成员资格认定关涉到农村集体产权制度改革的顺利推进，鉴于改革的紧迫性和法律修订程序的严肃性，认为目前关于农村集体经济组织成员资格的认定，宜分两步走。

首先，鼓励各地从实际出发依据现有相关法律法规，制定集体经济组织成员资格界定的地方法规或规章，对成员资格界定的宗旨、目标、原则、条件、认定标准、具体程序等作出指导性规范。并对农村"出嫁农""出嫁城""离异女"等极易受到侵害人群，作为集体经济组织的特殊一员，对其成员资格进行专门认定。其次，再由全国人大常委会通过立法对集体经济组织成员资格作出全国性规定。因为只有国家制定统一的集体利益分配法律标准，才有可能彻底解决农村妇女利益诉求纠纷。[③] 本书认为作为一种民事权利，集体经济组织成员权的主体应为农村每一村民，自然包括外嫁女、离异女等，成员权的内容不仅仅是农村土地承包经营权，还有其他权利。因此，由《妇女权益保障法》《农村土地承包法》《土地管理法》规定都不合适。本书提出进行专门的集体经济组织立

[①] 陈小君：《"三权分置"与中国农地法制变革》，《甘肃政法学院学报》2018年第1期，第22页。

[②] 陈晓强：《浅析农村集体经济组织成员资格的认定》，《现代农业》2017年第9期，第50页。

[③] 桂华：《法治剩余的行政吸纳——"外嫁女"上访的体制解释》，《开放时代》2017年第2期，第164页。

法，对成员资格认定作出一般规定比较合适，国家已有相关立法计划。2015年中央一号文件提出尽快调研草拟农村集体经济组织条例。2017年修订的《民法总则》中关于特别法人的规定实际上也是对农村集体经济组织的立法进程的促进。但《民法总则》仅简单确定集体经济组织的特别法人属性，接下来尚需具体规定农村集体经济组织的成员资格、权利义务及法律责任等一系列问题。① 农村集体经济组织统一立法关于村民资格的确认，内容不应过于具体，立法仅需规定资格认定基本标准，其他细化规定可授权村民会议作出。②

农村集体经济组织成员资格认定的基本条件可设定为：必备条件+协助条件，即可简洁表述为"户籍+协助条件"。其中，户籍为必备要件，协助要件包括：血缘、土地承包经营权、集体收益分配权、民主管理权、现居住状况、履行乡村义务、社会保障来源等。当前国内多地实践中已采用此种标准。例如，山东省实施《中华人民共和国农村土地承包法》办法第6条特别强调，出生于本村、结婚到本村、被领养到本村等其他将户籍迁入本村的人员，为本集体经济组织成员。邢台市中级人民法院《关于审理农村集体经济组织收益分配纠纷案件若干问题的意见》（2010）第6条规定，在本村、组生产生活，依法登记常住户籍，并形成权利义务关系的人为本农村集体经济组织成员。另外，我国农村户籍制度内涵丰富，种类繁多。按照法律规定，婚姻机制是农村妇女户籍变动的主因之一，但受传统观念的影响，婚姻机制本身在户籍变动中就具有一定的弹性。例如有的地方的惯例是农村妇女如果改嫁至其他地方，其子女户口随母亲户籍一起变动。有些地方则受传统观念影响，认为妇女改嫁到其他地方，其子女户籍不发生变动，认为只要是宗族的子孙，就不能剥夺他们的户籍地位。③ 因此，为了克服户籍单一标准的弊端，需要

---

① 农业部经管司、经管总站研究组：《推进农村产权制度改革培育发展多元化服务主体——"中国农村经营体制机制改革创新问题"之三》，《毛泽东邓小平理论研究》2013年第8期，第48页。
② 梅宇：《审判权、行政权与村民自治之冲突与协调——以涉农村土地承包纠纷为切入点》，《全国法院系统第二十二届学术讨论会论文集》，2011年，第152页。
③ 胡亮：《产权的文化视野——雨山村的集体、社群与土地》，社会科学文献出版社2012年版。

附加其他标准作为辅助。

二 创新村民自治制度

中国的村民自治自1997年《中华人民共和国村民委员会组织法（试行）》实施以来不断完善。尤其是农村集体产权制度改革以来，许多地方村民自治的内容有很大扩展，包括农村承包地的确权、三权分置等，都成为村民自治的新内容，也产生了积极的效果。但以村民自治为核心的农村基层民主在我国各地农村存在着明显差距，一些地方严格依法开展各项民主活动，一些地方利用形式上的民主程序，违反相关政策和法律规定剥夺妇女的合法权益。妇女在集体经济事务和村民自治中缺乏话语权，充满歧视、侵害的村规民约在村民自治的外衣下成为农村女性宅基地权益受损的重灾区。[①] 为了适应新的形势，需不断修订和完善现行的村民自治组织法，以适应村民自治的新发展，实现依法管理、民主治村。党的十九大报告也强调健全自治、法治和德治相结合的乡村治理体系。党的二十大报告对于发展全过程人民民主作出部署，强调基层民主是全过程人民民主的重要体现。

首先是明确、理顺法律法规与村规民约间的关系。要明确村民会议投票事项应与法律法规、国家政策精神相一致，强化法律法规对村规民约的指导和规范，使农村妇女在集体经济组织成员资格的获取上得到平等对待。对于与法律、法规以及现代司法理念相抵触、侵害妇女合法权益的村规民约，应严格追究相关责任人的法律责任。现有法律对此已有明确规定。例如，《中华人民共和国村民委员会组织法》第20条规定，乡规民约不能与国家法律、政策相矛盾；第36条规定，村民会议决议如侵害村民合法权益，则承担相应的法律责任。实践中，地方法院也多据此断案。然而，现行《中华人民共和国村民委员会组织法》只是简略规定，村民自治方案如果侵害村民合法权益，责任人应承担法律责任，而对应承担何种具体法律责任（是民事赔偿责任还是停止侵害责任），没有

[①] 湖南省长沙市望城区人民法院行政审判庭课题组：《集体土地上房屋征收过程中"一户一基"制度的困境与出路——基于长沙市望城区人民法院土地行政征收类案件的实证分析》，《法律适用》2017年第3期，第37页。

作出明确的规定。大多数地方实施《中华人民共和国村民委员会组织法》办法中对于村民自治方案侵害村民合法权益时责任人具体承担何种法律责任的规定也不明确。只有个别地方的这一办法中明确规定了责任人应承担的责任类型。例如，《重庆市实施〈中华人民共和国村民委员会组织法〉办法》第 39 条明确规定，村规民约以及村民会议等的决定如果侵害村民合法权益，责任人需依法承担赔偿责任。笔者建议，通过立法，明确村民自治方案侵害村民合法权益时所应当承担的法律责任的具体类型。并且，建立村民自治方案检查规则，删除村民自治方案中男女权益不平等对待的条款。检查的步骤可以是，先由村民委员会对现有村民自治方案检查，看是否存在侵害农村妇女权益或与法律不一致的问题，后由县乡相关部门清查。

其次，明确村民委员会同农村集体经济组织之间的关系。中国现行法律法规对村民委员会的法律地位及其职责作出了比较明确的规定[①]，但没有明确规定农村集体经济组织的具体职能。按照当前法律规定，同为法律主体，农村集体经济组织同村民委员会彼此独立，但又相互联系。根据《民法总则》第 96 条、第 99 条、第 101 条的规定，村民委员会和农村集体经济组织均为特别法人，法律地位平等，彼此独立。[②] 两者在一定条件下又彼此联系。例如，对于未设立村集体经济组织的村庄，根据《民法总则》第 101 条，村民委员会可以依法代行村集体经济组织的职能。但在实践中，农村集体经济组织的经济实力普遍比较弱，集体资产产权归属不清，其经济职能多由村民委员会代行，甚至在一些村庄，农村集体经济组织已名存实亡，由村民委员会完全取代行使其集体资产管理职能。从民法上讲，作为独立法人，农村集体经济组织应当独立从事

---

① 根据《村民委员会组织法》第 2 条规定，村民委员会是村民自我管理、自我教育、自我服务的基层群众性自治组织。根据《村民委员会组织法》第 4 条的规定，村民委员会依照宪法和法律，支持和保障村民开展自治活动、直接行使民主权利（参见《中华人民共和国村民委员会组织法》，中国人大网，http：//www.npc.gov.cn/huiyi/cwh/1117/2010 - 10/28/content_1602777.htm）。根据《宪法》第 111 条规定，村民委员会主要负责居住地区的公共事务和公益事业等（参见《中华人民共和国宪法》，中央人民政府网，http：//www.gov.cn/xinwen/2018 - 03/22/content_5276319.htm）。

② 参见《中华人民共和国民法总则》，中央人民政府网，http：//www.gov.cn/xinwen/2017 - 03/18/content_5178585.htm#1。

农业经营活动。所以,适时对农村集体经济组织进行立法,是明确其职能、使其能够独立开展农业经营活动的客观要求,也是完善村民自治的合理路径。《关于稳步推进农村集体产权制度改革的意见》提出,要及时研究、制定法律,赋予农村集体经济组织法人资格①,这为未来进一步改革指明了方向。农村集体经济组织的法人地位也已得到作为民事基本法的《民法总则》的确认。随着农村集体产权制度改革的深入,集体经济组织逐步独立规范运作是必然趋势。

三 明确新时代农村妇女权益保障的新目标

历史上,各种社会重大变革都受女性的影响,社会变革成功与否可通过女性的社会地位得到衡量。② 农村集体产权制度改革是当前中国社会的重大变革之一,为农村妇女权益保障提供了重要机遇。反过来,保障农村妇女合法权益对于推进农村集体产权制度改革也有着不容忽视的影响。

女性权益保障问题既是性别问题,又是经济问题。女性主义经济学强调经济社会发展中女性的贡献,深化了经济学领域中男女不平等及其对经济增长影响的研究,拓展了传统经济学的研究视野。有关论点为思考中国农村集体产权制度改革中妇女权益保障、妇女社会地位提高的经济意义提供了新思路。中国是一个农业大国,随着中国城镇化进程的推进,农村青壮年男性劳动力大多进城务工,呈现出较为明显的非农化倾向。农村妇女约占农业劳动力的60%以上③,女性已经成为农业生产的主力军,留守农村从事农业生产的多为女性,农业女性化已是中国的客

---

① 这一意见提出,"抓紧研究制定农村集体经济组织方面的法律,赋予农村集体经济组织法人资格,明确权利义务关系"。参见《关于稳步推进农村集体产权制度改革的意见》,http://www.gov.cn/zhengce/2016-12/29/content_5154592.htm。

② 参见马克思《马克思致路德维希·库格曼》(1868年12月12日于伦敦),《马克思恩格斯文集》第10卷,人民出版社2009年版,第299页。

③ 据全国妇联统计,中国妇女劳动力占农村劳动力的60%以上,已经成为新农村建设的主力军。广东省妇联的数据显示,广东省农村妇女在农业劳动力中占65%以上,这一比例在一些地区已达到70%或更高。具体见中国新闻网,《统计:中国妇女劳动力已占农村劳动力60%以上》,http://www.chinanews.com/gn/2015/03-09/7112472.shtml。

观事实。这不仅体现在数量上，而且随着农业现代化、机械化、规模化的发展，女性在农业生产中发挥的作用越来越突出，男女之间在对农村经济的影响方面差别越来越小。特别是近些年发展起来的观光农业、休闲农业更契合妇女自身的特点。农村集体经济组织成员资格认定是集体产权制度改革的基础，农村妇女在其中得到与农村男子平等的权益，小可激发农村妇女的生产动力，大可缓和社会矛盾，对于确定农村集体资产产权、唤醒农村沉睡资本、促进农村经济发展也有重要影响。调查结果表明，男女不平等会损害人类福利，阻碍经济增长与人类发展。[①]《1999—2000 年世界发展报告》在援用亚洲、非洲发展中国家近 30 年经济增长数据的基础上指出，性别歧视度低的国家经济增长较快；反之，经济增长缓慢。可见，保障妇女权益、提高妇女社会地位，对社会发展、经济增长具有促进作用。以农村妇女经济行为对新农村建设的促进为例，妇女劳动力是新农村建设的主力军，是农民家庭收入的主要贡献者，其生产行为、消费行为、新技术运用行为对新农村建设的影响最为显著。[②]

此外，如果农村妇女在经济转轨过程中持续遭遇不公平待遇，不仅其自身利益直接受损，而且将带来更为突出的问题，例如农村出生性别比失衡、农村妇女综合素质下降、农村社会不稳定因素增加等。在中国一些城中村、城周村，土地在城镇化快速推进过程中基本被全部征收，受到性别歧视的农村妇女及其子女如果难以平等享受村民待遇，丧失基本生产生活资料，会逐渐沦为贫困人群，其结果是国家扶贫负担的加重和农村经济可持续发展的受阻。另外，在农村集体产权制度改革中，如果农村妇女的权益持续受侵害，权利意识已逐渐增强的农村妇女可能会对农村集体产权制度改革施加阻力，通过陈情、上访、诉讼等各种方式给地方政府施加压力。实践中，这种阻力已成为影响农村社会稳定的重要因素之一。放任侵害农村妇女土地权益行为发生，不但会引发大量行

[①] 庞晓鹏、董晓媛：《性别平等对经济增长的功能性影响》，《江汉论坛》2014 年第 5 期，第 17 页。

[②] 李玉杰：《新农村建设中的农村妇女经济行为研究——以黑龙江省为例》，博士学位论文，东北林业大学，2013 年，第 47 页。

政诉讼案件,而且将影响农村地区的社会稳定和经济发展①。

结　论

农村妇女权益受侵害的现实状况与男女平等的现代法律理念背道而驰,也阻碍了经济社会的可持续发展。基于女性主义经济学视角,结合中国农村集体产权制度改革实践,本书研究发现,开展农村集体产权制度改革以来,妇女权益纠纷逐年递增。其中,法律制度存在漏洞,对农村集体经济组织成员资格认定标准缺乏统一立法,是导致农村妇女权益纠纷不断的主要因素之一。村民自治存在有限性,深受传统观念影响,缺乏社会性别基础,难以客观、公正地表达女性群体的利益诉求,是农村妇女权益频遭侵害的另一主要影响因素。此外,经济利益关系失衡对农村妇女权益保障的制约,成为引起农村妇女权益纠纷的又一主要因素。

针对这些制约因素,笔者提出如下推动农村妇女权益保障的建议:首先,完善正式制度,将相关政策上升为法律。对于农村集体经济组织成员资格的认定,应全国统一立法,完善正式制度。宜分两步走:先对农村集体经济组织成员资格认定标准作出地方性规定,待条件成熟时对这一认定标准作出全国统一规定。统一立法仅需对成员资格认定基本标准作出总的规定,其他细化规定仍由地方立法机关作出。其次,完善非正式制度,发挥非正式制度对正式制度的辅助作用。主要是完善村民自治制度,实现依法管理、民主治村。建议通过立法,明确村民自治方案侵害村民合法权益时所应当承担的法律责任的具体类型,并适时对农村集体经济组织进行立法。最后,实现制度效益下农村妇女财产权益的平等化和收益最大化。随着中国城镇化进程的推进,农村妇女已成为农业生产的主力军。农村妇女在集体产权制度改革中得到与农村男子平等的权益,对于提高农村妇女社会地位、促进经济增长以及实现两者的综合发展,均具有积极作用。

---

① 湖南省长沙市望城区人民法院行政审判庭课题组:《集体土地上房屋征收过程中"一户一基"制度的困境与出路——基于长沙市望城区人民法院土地行政征收类案件的实证分析》,《法律适用》2017年第3期,第37页。

第六章

小农户入股新型农业经营主体的财产权保护

小农户长期、大量存在是我国的基本国情，是我国农业现代化、乡村振兴的基础依靠力量。因此，在中国特色农业现代化进程中，一定要"尊重小农、帮助小农"，既保护其土地承包经营权、宅基地使用权、集体资产收益权等财产权益，又创造条件与机会，保护其参与农业现代化和新型城镇化的发展权益，使其获得更多的财产收益。当前，小农户入股农民专业合作社，龙头企业是激活小农户财产权，增加其财产收益的重要机遇，但是，小农户现代生产经营经验不足，需要政府的适当引导。

党的十八届三中全会《决定》提出赋予农地承包经营权抵押权能，允许土地承包经营权入股。2019年2月21日，中共中央办公厅、国务院办公厅印发的《关于促进小农户和现代农业发展有机衔接的意见》指出：发展多种形式适度规模经营，培育新型农业经营主体。但同时，面临的基本国情是，我国各地农业资源条件差异大，所有地方集中连片进行规模经营不现实，小农户家庭经营未来一段时间仍将是我国农业的主要经营方式。因此，在鼓励发展多种形式适度规模经营的同时，完善针对小农户的扶持政策，促进小农户和现代农业发展有机衔接。中央出台的《关于完善农村土地所有权承包权经营权分置办法的意见》也指出："支持新型经营主体相互融合，鼓励家庭农场、农民专业合作社、农业产业化龙头企业等联合与合作，依法组建行业组织或联盟。"

小农户以土地经营权入股龙头企业，是小农户与现代农业发展有机衔接的主要方式。通过土地经营权入股，一方面农民的土地资金有望变为资产，获取更多的财产收益；另一方面，也激活了沉睡的土地资源，可有效避免土地资源的浪费。特别是在当前社会主义市场经济条件下，大量农民进城务工，耕地荒置较为严重的社会背景下。但毕竟小农户入股龙头企业在我国还处于探索阶段，相关制度不够充分。因此，如何创新制度，有效化解小农户土地经营权入股风险，成为农民土地经营权等相关财产收益权保护的首要问题。首先，制度的核心功能是激励与约束，通过提高经济活动的收益实现对经济活动主体的激励。据此，小农户土地经营权入股龙头企业相关制度的制定，需遵循效益优先的基本逻辑，并坚持农民财产权与龙头企业财产权平等保护的基本原则。其次，对小农户财产权给予更多关注，体现公平。市场主体平等受保障是社会主义市场经济体制的题中应有之义，在农民土地财产权的有效实现离不开市场这个载体，但在小农户与龙头企业的法律关系中，农民是市场经济关系弱势一方，其财产权更应受到特别关注。

第一节　小农户是农村发展的基础

据农业部统计，截至 2016 年年底，我国经营规模在 50 亩以下的农户有近 2.6 亿户，占农户总数的 97% 左右，户均耕地面积 5 亩左右；以土地经营规模 50 亩为标准，全国经营规模在 50 亩以上的新型农业经营主体约有 350 万个，经营耕地总面积约 3.5 亿亩，平均经营规模 100 亩左右。由此可见，小农户仍然是我国农业经营的主体，在乡村振兴战略背景下，小农户财产权益是否得到充分保障，直接决定了我国乡村振兴战略的实施状况。

一　保护小农户基本权益是农村发展的基础

1. 保护小农户基本财产权益。当前及今后很长一段时间内，小农户都是我国农村发展的基础。小农户的稳定、有序发展是农村发展的基本前提。因此，扶持小农户，更好发挥小农户在农村稳定、乡村治理、农村生态环境保护等方面的重要作用，有利于发挥农业的基础功能，传承乡村文化，为实施乡村振兴战略打好群众基础。对小农户而言，基本财产权益得到有效保护是其首要需求。具体包括落实小农户土地承包权、宅基地使用权、集体收益分配权,激活土地承包权、宅基地使用权以及集体收益分配权的流通功能。只有小农户的土地财产权能激活了,才能推动小农户适度规模经营,增加农民的财产性收入,从而增强小农户生产经营的积极性和主动性,使小农户成为发展现代农业的积极参与者和直接受益者,也能更好地推动乡村振兴战略的有效实施。

2. 完善小农户土地政策。主要是稳定土地承包关系,落实第二轮土地承包到期后再延长30年的政策。并完善农村土地承包经营权登记制度,为小农户确权。在维护小农户土地承包权益的基础上,引进工商资本,进行专业经营。通过土地流转、股份合作等多种形式提升土地经营规模。及时调处流转纠纷,依法稳妥规范推进农村承包土地经营权抵押贷款业务。引导长期进城落户的非农户有序退出承包地。此外,要建立健全农村土地承包经营权价值评估机制,依法保障小农户在土地经营权流转、入股、抵押等方面的正当权益。①

二 鼓励小农户以土地经营权、林权等入股龙头企业,增加财产收益

2013年11月15日公布的《中共中央关于全面深化改革若干重大问题的决定》阐述了全面深化改革的重大意义,总结了中国改革开放35年来的历史性成就和宝贵经验,提出了到2020年全面深化改革的指导思想、总体思路、主要任务、重大举措。标志着从1978年开始中国改革开放进入到新阶段。决定剔除:保障农民集体经济组织成员权利,积极发展农民股份合作,赋予农民对集体资产股份占有、收益、有偿退出及抵押、担保、继承权。

1. 鼓励小农户以土地经营权、林权等入股龙头企业。随着农业现代化的不断发展,出现了各种新的生产方式,如农业产业化发展下的统一生产、统一营销,农业新技术、新方法的不断涌现。但小农户对新生产方式、新技术的接受能力低,单纯依靠小农户的发展难以适应社会发展的新需求,需要发挥龙头企业对小农户的带动作用,并完善利益联结机

---

① 阮文彪:《小农户和现代农业发展有机衔接——经验证据、突出矛盾与路径选择》,《中国农村观察》2019年第1期,第15页。

制,让小农户分享政策红利和现代化发展成果,实现共生、共营、共享、共赢。国家出台政策鼓励龙头企业通过公司+农户、公司+农民合作社+农户等方式,将小农户纳入现代农业产业体系,鼓励小农户以土地经营权、林权等入股龙头企业,探索实行农民负盈不负亏的分配机制。并制定相应的特殊措施解决小农户依靠自身能力难以解决的问题,对小农户的财产权益予以保护。①

2. 发挥政府引导作用。正是因为小农户参与现代农业,是农村经济发展的形势所需,也是小农户增加其财产收益的有效手段,并且小农户自身存在某些先天缺陷以及体制障碍等原因,因此应发挥政府引导作用,引导小农户土地经营权有序流转,提高小农户经营效率。中国农业现代化并非一个纯市场的过程,而是与国家资源投入、与农业政策导向、与土地制度安排等有密切联系的。② 但政府在引导过程中,一定要把握原则。首先,注重惠农政策的公平性,防止排挤小农户行为。时任农业农村部部长韩长赋提出:一些新型经营主体下乡更多是关心自身的经营效益,忽略带动农民发展,压缩了小农户分享农业现代化的成果的机会。导致一些地方"资本下乡却代替了老乡,没有带动老乡""农家乐光让老板乐了,没有让农民乐""富了老板,亏了老乡"等现象。③ 其次,以市场为导向。市场应是发挥小农户与现代农业的有效衔接的基础。以市场化为基础,推动资本、人才等要素自由流动、自由组合。换句话说,现代农业的规模多大,数量多少,小农户参与的程度多深,应根据市场需求进行判断和引导。中国农业大学人文与发展学院院长叶敬忠认为,发展产业扶贫,要以市场为导向,参与竞争。特别是规模化和专业化的农业产业发展,本身就存在较大的自然风险和市场化风险。如果盲目推行"一乡一业"或"一村一品"式的专业化产业,容易陷入低水平、同质化

---

① 中共中央办公厅国务院办公厅印发:《关于促进小农户和现代农业发展有机衔接的意见》,中国政府网,http://www.gov.cn/zhengce/2019-02/21/content_5367487.htm,访问日期:2019-4-14。
② 贺雪峰:《保护小农的农业现代化道路探索》,《思想战线》2017年第2期,第103页。
③ 《中国还有2.3亿小农户,中央发文要耐心引入现代农业轨道》,https://baijiahao.baidu.com/s?id=16260906044148952908&wfr=spider&for=pc,访问日期:2023-2-16。

竞争，会给脆弱的贫困小农户带来更多不确定性和生计风险①。

3. 总结地方经验，纳入法制轨道。中国各地积极推进土地经营权入股合作社和公司，实现了小农户与现代农业的"牵手"②。但无论是湖北的"按户连片"耕种模式、江苏的"联耕联种"模式，抑或是山东的"土地托管"模式、重庆梁平的"五种典型"模式，都是强调在不进行土地流转的基础上如何将农户组织起来与规模化的服务进行对接③，在基层实践层面，大多数基层政府基于自身工作实践，因地制宜地进行衔接机制的探索，虽具创新意义，但太过零散，缺乏系统性的衔接实践设计。

第二节 小农户与新型农业经营主体有效链接的意义

在市场经济冲击下，小农户有增加财产性收益的愿望，但小农户在知识储备、信息和资源收集、抗风险能力等方面存在不足，加之我国土地产权流动性不强，致使小农户处于主观有增强财产收益的渴望但客观行动不足的矛盾状态。因此，引导新型农业经营主体与小农户建立稳定有效的利益联结机制，对于促进乡村产业兴旺、农户增收致富至关重要。④ 鼓励小农户以土地经营权、林权等入股龙头企业、农民合作社，形成稳定的利益共同体，发展农业产业化，统一生产营销、信息技术互通共享。发挥龙头企业对小农户带动作用，并采取特殊保护，如保底分红、二次返利、吸纳就业等方式，带动小农户共同发展探索实行农民负盈不负亏的分配机制。当前，2亿多小农户是中国农业的基础，如果小农户利益受到侵害，隐患不容忽视，轻则农民发展不足，重则利益受损，制约农业现代化的进程。

新型农业经营主体与传统农业经营主体（小农户）不同，是指种植

---

① 叶敬忠、贺聪志：《基于小农户生产的扶贫实践与理论探索——以"巢状市场小农扶贫试验"为例》，《中国社会科学》2019年第2期，第138页。

② 王乐君、寇广增、王斯烈：《构建新型农业经营主体与小农户利益联结机制》，《中国农业大学学报》（社会科学版）2019年第2期，第89页。

③ 苑鹏、丁忠兵：《小农户与现代农业发展的衔接模式：重庆梁平例证》，《改革》2018年第6期，第106—114页。

④ 王乐君、寇广增、王斯烈：《构建新型农业经营主体与小农户利益联结机制》，《中国农业大学学报》（社会科学版）2019年第2期，第89页。

大户、家庭农场、合作社、龙头企业、农业产业化联合体等农业现代化的引领力量,在小农户基础上发展起来的,紧密对接市场,发展农业适度规模经营的农业新生产力。新型农业经营主体与小农户有效链接的形式主要有:一是农户自主联合型。农户依据合伙制原则实现资源、资产的共同管理、共同经营。这种模式多依托口头约定,易产生纠纷。二是新农人+小农户型。新农人即农民群体中具有创新、创业精神的先锋群体,由其带动小农户通过个体、合作和企业形式进行经营。三是中小规模新农民型。及农户以中小经营规模和土地适度规模为载体,通过自主创业、自主经营和自负盈亏实现与现代农业发展的衔接。①

一 小农户入股农民合作社组织

合作社是将分散的小农户进行整合,从而实现自我服务和自我管理的合作组织,是小农户和现代农业发展衔接的最为普遍的组织载体。② 据我国第三次农业普查公报显示,截至 2016 年年底,全国在工商部门登记的农民合作社总数为 179 万个,其中,农业普查登记的以农业生产经营或服务为主的农民合作社有 91 万个。就数量增长而言可谓壮观。然而,令人质疑的是众多的合作社有名无实。习近平总书记于 2016 年 5 月 24 日考察黑龙江时也指出,农业合作社是发展方向,有助于农业现代化的发展。③

创新合作社组织小农户机制。坚持农户成员在合作社中的主体地位,发挥农户成员在合作社中的民主管理、民主监督作用,提升合作社运行质量,让农户成员切实受益。鼓励小农户利用实物、土地经营权、林权等作价出资办社入社,盘活农户资源要素。财政补助资金形成的资产,可以量化到小农户,再作为入社或入股的股份。支持合作社根据小农户生产发展需要,加强农产品初加工、仓储物流、市场营销等关键环节建

---

① 叶敬忠、豆书龙、张明皓:《小农户和现代农业发展:如何有机衔接?》,《中国农村经济》2018 年第 11 期,第 72 页。
② 叶敬忠、豆书龙、张明皓:《小农户和现代农业发展:如何有机衔接?》,《中国农村经济》2018 年第 11 期,第 72 页。
③ 杜尚泽:《习近平黑龙江考察:农业合作社是发展方向》,人民网,cpc.people.com.cn/n1/2016/0525/C64094-28378088.html,访问日期:2023-2-16。

设,积极发展农户+合作社、农户+合作社+工厂或公司等模式。健全盈余分配机制,可分配盈余按照成员与合作社的交易量(交易额)比例、成员所占出资份额统筹返还,并按规定完成优先支付权益,使小农户共享合作收益。扶持农民用水合作组织多元化创新发展。支持合作社依法自愿组建联合社,提升小农户合作层次和规模。

小农如何和农民专业合作社衔接?有学者总结了小农户和农民专业合作社衔接的三种模式:第一种是农民专业合作社带动型。农民专业合作社为社员服务,强调非市场化。这种模式多"泛化"或"异化",发展质量不高,难以将小农户和现代农业发展相衔接。第二种是依托股份合作制的集体经营带动型。集体经营带动型是村集体以股份合作制为纽带,推动村集体与村民联合,小农户成为村集体经济的直接股东。第三种是综合性的合作组织带动型。综合性的集体经济组织实现了农村组织经济性和公益性的互融。但面临政策支持乏力、与村两委和政府关系困境等,实践中难以完全推广。[①] 有学者总结了小农户和农民合作社衔接的两种模式:农民专业合作社和农民综合性合作社。认为,对绝大多数小农户而言,都是从事大田作物生产,更适宜成立地区农民综合性合作组织,专业性合作社对他们并不适合。因为地区综合性合作组织是以村集体经济组织为载体、以该集体经济组织成员为对象的农民合作经济组织。而我国农民专业合作社本身不受地域和原有集体经济组织的限制,以土地承包经营权或经营使用权为基础合作。[②] 本书认为,不管运用怎样的衔接模式,在初期,首先注意的是防止不必要风险的产生,并以农民财产权的有效保护为根本。

二 小农户入股龙头企业

小农户入股龙头企业是以市场为导向,以经济利益为纽带,以农副产品加工销售等企业与农户结成利益共同体来进行生产经营活动的模式。

[①] 叶敬忠、豆书龙、张明皓:《小农户和现代农业发展:如何有机衔接?》,《中国农村经济》2018年第11期,第71页。

[②] 郭庆海:《小农户:属性、类型、经营状态及其与现代农业衔接》,《农业经济问题》2018年第6期,第30页。

2016年农业部第七次监测合格的全国农业产业化龙头企业达1131家,每个省的省级农业产业化龙头企业也都有数百家,加总在一起仅国家和省级以上农业产业化龙头企业就数以万计。据相关报道,截至2016年年底全国共有农业产业化组织41.7万个,带动农户达1.26亿户,已经达到第三次农业普查经营户的60%。有学者认为,龙头企业作为第三种类型的服务载体——农业产业化经营组织,在已经实现农业现代化国家取得了成功的实践。它内生于农产品加工企业,是农产品加工企业实施纵向一体化的结果,一直以来得到国家的大力支持。[1]

小农户如何和龙头企业衔接?有学者总结了小农户和公司衔接的四种模式:一是松散联结型。公司与农户无固定契约关系,而是松散的自由买卖关系。如公司通过市场与农户建立不稳定的营销关系,缓解小农户农产品滞销问题,同时获得相应的生产原料且无须承担农户经营风险。二是订单农业型。公司与农户建立较为稳定的合同契约关系,公司向农户定期定向收购农产品,农户根据合同约定向公司出售农产品。双方受合同权利义务关系的约束,但公司无须承担农户经营风险。三是公司+基地+农户型。公司通过土地流转形成规模经营的生产基地或产业园区,农户则在公司的统一安排下进行雇佣劳动,公司享有生产过程的支配权。四是公司和农户的股份合作型。公司与农户共同出资入股,以股权为纽带实现纵向整合的经营组织。公司和农户的股份合作具有利益共享和风险共担的色彩。[2]

有学者将小农户和现代农业发展衔接的方式归纳为"规模扩大""劳动力节约""产值提升""产业拓展"四种类型。为了促进小农户和现代农业发展的有机衔接,需要根据不同类型农户的差别化政策需求,加快培育适度经营规模的"新中农",努力强化小农户和其他主体的利益联结,深化农村集体产权制度改革以优化农村土地资源配置,并创新体制

---

[1] 叶敬忠、豆书龙、张明皓:《小农户和现代农业发展:如何有机衔接?》,《中国农村经济》2018年第11期,第64页。

[2] 叶敬忠、豆书龙、张明皓:《小农户和现代农业发展:如何有机衔接?》,《中国农村经济》2018年第11期,第71页。

机制以支持城镇人才、资金回流农业农村。①

有学者认为,"公司+农户"的农业产业化模式存在着交易成本过高的问题,而且农户与公司之间存在着谈判地位不平等的问题。因此,理想的合作模式应当是"公司+合作社+农户"。从发达国家经验和农业产业化经营实践来看,农业产业化的发展依赖于农民合作社的成长与成熟。②

农业产业化经营的运行机制是一个长期以来应解而未解的基本问题。机制的核心设计是"利益共享,风险共担",而在多年的实践中,无论是"利益共享"还是"风险共担",都有若干摩擦的案例。农业产业化经营机制的弱化状态固然有多个原因,但最值得关注的则是,农业产业化历经几十年的发展,至今尚未有一部可遵循的农业产业化立法,最敏感的农民利益分配问题处于法律缺失的状态。运行机制的内核是利益关系,唯有通过立法的形式为合作各方确立利益保护的保障,特别是对处于弱势地位的小农户确立法律保护的保障,才会使合作各方在一致的目标下融合成利益共同体。③

越来越多的新型农业经营主体因投资结构、管理方式等因素逐渐偏离其主体所特有的经营方式,朝着与其内部治理特征相符合的方向发展,也有越来越多的主体从兼具多种经营方式和覆盖多种经营业务回归到与自身主体特征相适合的经营方式和经营领域。农业企业的一二三产融合特征愈加明显,并呈现出专注于营销、加工、物流仓储、国际贸易、休闲观光等二、三产业的发展趋势。④

在未来的政策设计上,应尽快扭转上述局面,不断创新符合新型农业经营主体发展的体制机制,引导建立不同类型新型农业经营主体之间的良性互动关系。在支持内容上,应采取共性与个性相结合的扶持策略。

---

① 刘同山、孔祥智:《小农户和现代农业发展有机衔接:意愿、实践与建议》,《农村经济》2019年第2期,第1页。

② 郭庆海:《小农户:属性、类型、经营状态及其与现代农业衔接》,《农业经济问题》2018年第6期,第36页。

③ 郭庆海:《小农户:属性、类型、经营状态及其与现代农业衔接》,《农业经济问题》2018年第6期,第36页。

④ 钟真:《改革开放以来中国新型农业经营主体:成长、演化与走向》,《中国人民大学学报》2018年第4期,第53页。

针对补贴、保险、信贷、用地等各类主体的共性需求，应以非排他的普惠型扶持政策为主。针对不同新型农业经营主体的特殊需求，应以明确目标群体的特惠型扶持政策为主。企业经营类主体应重点探索工商企业租种、托管耕地的准入监管办法和"非农化""非粮化"等经营风险的预防措施。①

第三节　乡村振兴战略下小农户土地经营权入股公司的风险识别与防控对策研究

党的十九大报告首次提出乡村振兴战略，2018 年中央一号文件对贯彻该战略进行了总体部署，2019 年中央一号文件突出实施乡村振兴战略总抓手。2021 年、2022 年、2023 年中央一号文件连续三年更是围绕"全面推进乡村振兴"部署农村工作。乡村振兴离不开农村土地资源"盘活"，需要小农户和现代农业发展有机衔接。土地经营权是农地产权结构中的新型权利，以土地经营权入股公司，建立"农户+公司"或"农户+合作社+公司"等利益联结机制，发展专业化、规模化生产，是小农户参与农业现代化的有效路径，也是落实乡村振兴战略的重要途径。

一　小农户土地经营权入股公司的政策目标与政府扶持的作用区间

2014 年以来，土地承包经营权"三权分置"开始成为我国农村新时期土地产权制度改革的主要内容。2014 年中央一号文件——《关于全面深化农村改革加快推进农业现代化的若干意见》首次以中央政策文件的形式提出，"在落实农村土地集体所有权的基础上，稳定农户承包权，放活土地经营权，允许承包土地的经营权向金融机构抵押融资"，从而明确了"三权分置"改革的基本内容。2016 年 10 月颁布的《关于完善农村土地所有权承包权经营权分置办法的意见》可以说是我国首部针对农地"三权分置"的专门性政策文件，该文件对"三权分置"等内容作了全面

---

① 钟真：《改革开放以来中国新型农业经营主体：成长、演化与走向》，《中国人民大学学报》2018 年第 4 期，第 55 页。

的规定。土地经营权入股龙头企业的政策目标在于，通过土地经营权入股公司带动小农户参与农业现代化，变革"均田制"下"细碎化"的土地经营模式，从而有效提升农业经营的现代化水平。对于这一政策目标的实现，因应土地经营权入股公司法制的不完备及农村经济环境的薄弱，需要政府的适度扶持。政府在具体的引导和支持中，需遵循市场规律适度干预，确保农户及公司双方秉持自愿原则，并统筹兼顾入股农户与公司的利益诉求。具体如下：

（一）确保自愿。2018 年 12 月修订通过的《农村土地承包法》将农村土地实行"三权分置"的制度法制化，土地经营权作为一种独立的权利被法律予以确认。然而，在我国广大农村，小农户受传统"重农抑商"观念支配，以及对国家新政策的理解与掌握不精准，基本处于被动观望状态。因此，当前，政府的扶持作用必不可缺。然而，正是因为当前阶段的特殊性，政府在扶持中需把握扶持的力度和空间。首先，双方"自愿"在当前非常关键。当前，小农户土地经营权入股公司在我国多数地区尚处于探索阶段，政府需循序渐进，不能操之过急。在做好政策宣传和入股硬环境建设的同时，坚持自愿原则，切不可采取"少数服从多数决"的方式强制入股。根据我们的调研，在甘肃武威、陕西榆林等地的实践中，那些由小农户自愿流转土地经营权给公司、合作社等新型经营主体的，几乎不存在矛盾纠纷。即使有，一般都比较好处理，不大会出现群体性上访事件。但同时，由于这些地区属农业大区，自上而下的政府强制性推动入股，引进公司强迫个别或者部分农户流转土地的情况也略有存在。事实证明，此类政府主导的入股，一旦发生纠纷，都是群体性上访事件。因此，当前政府在扶持小农户土地经营权入股公司中，主要是完善土地经营权入股相关政策措施；建立并不断完善入股土地信息交流平台，履行相应的监管职责；确保农民的知情权、参与权和收益权，按照市场规则协商确定入股各方的权利义务和利益分配；鼓励探索形式多样、符合实际的入股方式，不搞强迫命令，坚持自愿原则，就是最好的扶持区间。

（二）坚持适度扶持。适度主要体现在，政府在扶持小农户土地经营权入股公司中，一定要落实土地经营权入股公司的上限控制制度，坚持"适度规模经营"，不可盲目追求"大规模"。在实践中，个别企业、合作社等新型经营主体盲目追求"大规模"连片流转土地,而经营主体本身的经营能力并不能承受如此大的规模,往往会导致流转费或者入股分红无法落实,造成纠纷。

(三)把好产业发展项目关。实践中,部分小农户土地经营权入股公司主要从事的是农业产业发展项目。农业产业经营往往受自然、市场因素影响大,投入产出需要准备期,因此,前期产业发展项目的选择需要充分的市场调研和对经营风险的备案。例如,实践中,有些公司流转大规模土地经营苹果、葡萄等林果业,由于见效时间长,前三四年基本没有收益,而经营主体却要支付大额流转费,容易造成公司资金链断裂,不能足额支付流转费,引发土地流转纠纷。此外,在实践中还存在对市场研究不够,种植农作物过剩,无收益。比如,甘肃武威地区前几年有公司种植洋葱,流转土地3000亩,后来收成不好,经营主体跑路。[①] 因此,作为政府,在经营主体选定产业发展项目时,需提供专业市场经营人员与农业技术人员对经营主体进行指导和帮助。

(四)坚持依法扶持。政府的以上扶持,一定要建立在合法的基础之上。农民以土地经营权入股,有多种入股载体形式,具体包括:直接入股公司、直接入股农民合作社、先入股到农民合作社再由合作社入股公司、与公司开展非法人形式的股份合作等。无论采取何种形式入股,具体的运行管理都需遵循有关法律法规。当前,有关土地经营权入股公司的法律法规主要有《土地承包经营权法》《债权法》《公司法》等——中国裁判文书网。例如,《公司法》对有限责任公司的股东人数有不超过50人的上额限制。为了不违反相关法律法规,农民可先以土地经营权入股农民合作社,再由合作社入股公司。我国贵州省盘州市主要采取这种形式,据统计,到2017年6月,当地已经组建以土地经营权入股的农民合作社500多个,合作社参与入股的农业项目公司100多个。

二 小农户土地经营权入股公司的风险识别与类别划分

目前学术界对土地经营权入股公司风险的识别,主要有以下几种:

---

① 此部分内容来自对甘肃武威区仲裁人员的访谈笔录整理。

（1）根据风险的性质进行分类。如王邦习、李长健等[①]指出农地经营权入股存在经营、法律、政策等多重风险。

（2）强调土地风险。杨继瑞、谢家银等[②]提出需关注农户入股后的失地风险。杨玉珍、陈小君等[③]则指出土地经营权未来运行存在农地"非粮化"、农地变相私有化等风险。

（3）强调合同风险。林建伟、吕军书等[④]强调土地经营权入股公司的违约风险。

现有划分很不统一，具有随机性和划分的随意性，没有区分具体的划分标准，没有论证划分的具体意义。本书尝试找到一种更科学、更系统的划分标准。本书主要从小农户财产权益保护角度出发，将土地经营权入股风险根据以下标准进行分类：

（一）根据风险的影响因素对风险进行划分。风险有赖于因果解释，根据风险的产生因素，可将风险划分为：自然风险、经营风险、违约风险和社会风险。

自然风险。小农户土地经营权入股公司的自然风险主要是指由于台风、洪水、蝗灾等自然灾害直接导致的农作物产量降低的风险。虽说随着农业科技的发展，科学技术已有效降低了自然灾害对农业生产的影响，但目前仍存在不少难以消除的、危害不可小觑的自然风险。例如，2014年某课题组对安徽省21个产粮大县403户种粮大户的调查发现，其中296户种粮大户在2014年遭遇不同程度的自然灾害，占73.45%；262户

---

① 王邦习：《农地经营权入股的法律风险及其防控——基于全国依法公开相关裁判文书的实证》，《农村经济》2018年第7期，第28—35页；李长健、冯莲芳：《三权分置、农地流转及其风险防范》，《西北农林科技大学学报》（社会科学版），2016年第7期，第49—55页。

② 杨继瑞：《中国农村集体土地制度的创新》，《学术月刊》2010年第7期，第63—72页；谢家银：《农村土地承包经营权入股的价值考量与风险防范》，《广西社会科学》2015年第7期，第85—88页。

③ 杨玉珍：《农业供给侧结构性改革下传统农区政策性土地流转纠偏》，《南京农业大学学报》（社会科学版）2017年第7期，第79页；陈小君：《土地经营权的性质及其法制实现路径》，《政治与法律》2018年第8期，第2页。

④ 林建伟：《风险认知对农地经营权抵押贷款供给意愿的影响——基于信贷员认知的视角》，《经济问题》2018年第3期，第47—51页；吕军书、贾威：《"三权分置"制度下农村土地流转失约风险的防范机制研究》，《理论与改革》2017年第6期，第181—188页。

农户无法及时售粮，占 65.01%①。

经营风险。是指公司企业在经营过程中可能发生的风险。具体可进一步划分为：(1) 市场风险，即企业生产的产品在市场上是否有销路，产品的生产技术、质量、服务、销售渠道等是否有市场竞争力；(2) 财务风险，即企业经营中因管理不善，产生资金困难等问题；(3) 团队风险，即企业核心团队问题及员工冲突、流失和知识管理等。

违约风险。即小农户土地经营权入股公司后因双方的违约产生的经营风险。如土地经营权入股成立公司后的耕地非农化、非粮化风险、农地变相私有化等违约风险。

社会风险。社会风险主要是指因小农户及公司之外的主体的社会行为造成的风险。如因政府错误的行政干预造成的生产损失；因劣质种子、化肥及农药等农业生产资料造成的生产损失。因公司与第三人之间的合同纠纷造成企业严重经济损失等。

(二) 根据风险产生的时间段不同对风险进行划分。可以将风险划分为"事前""事中""事后"风险。小农户土地经营权入股公司的风险受农业产业链的影响，风险具有明显的阶段性。在农业生产前、农业生产中、农业生产后各个阶段风险具有一定的差异性。

"事前"风险，主要是指农业生产前的准备和投入阶段存在的风险。例如生产资料如种子、化肥的供应风险。"事前"风险可通过生产资料补贴信息服务等得到化解。

"事中"风险，主要是指农业产品的生产过程中面临的风险。例如抗病虫害等技术风险。"事中"风险可通过农业保险、风险基金等化解。农业保险结合农业风险基金以重点应对自然风险，技术推广和服务体系来稳定农业技术的供给、降低技术风险的冲击；风险基金可协调农业保险的政策性问题，技术推广和应用则能推动农业保险的创新、提高农业保险的需求，风险基金也可配合新技术的推广和应用；农业保险通过稳定收益水平以保障产后环节中套期保值的顺利实施，技术的推广则为订单农业提供了基本条件，而风险基金与价格支持相互协调以实现风险管理

---

① 江激宇等：《种粮大户经营风险感知机理与实证检验》，《西北农林科技大学学报》(社会科学版) 2016 年第 4 期，第 123 页。

的低成本和高效率。

"事后"风险,主要是指农业产业链的产后环节面临的风险。该环节主要风险是市场风险和制度风险,同时也受到资产风险等的影响。产后环节的风险管理方式可考虑期货市场和基金、订单农业、价格支持等。①

(三)根据风险的特性对风险进行划分。可以将风险划分为公司共有风险和公司农业经营的特有风险两类。这种划分的主要意义在于,不同风险的解决方法不同。

公司共有风险。主要是指任何类别的公司所具有的共同的风险。一般而言,公司生产经营风险、违约风险、社会风险是所有公司都可能遇到的风险。对于公司共有的风险,可以依据惯例或已有的法律法规进行解决。

公司农业经营的特有风险。主要是指从事农业经营的龙头企业,所面临的一般的公司所不曾遇到的风险。如自然灾害风险,对于不从事农作物生产经营的企业而言,则不在风险考虑之列。小农户土地经营权入股公司的特有风险,除了自然灾害风险外,还包括双方因违约产生的风险。由于小农户入股的标的是土地经营权,土地经营权在公司入股中属于新事物,具有一定的特殊性,比如土地经营权入股成立公司后的耕地非农化和非粮化风险、农地变相私有化等风险都是一般公司入股风险中所未曾遇到的情况,对此类风险的解决方法自然与公司共有风险的解决方法不同。

(四)根据风险的影响范围不同对风险进行划分。可以将风险划分为宏观风险和微观风险。

宏观风险。如自然风险、政策风险、社会风险等。宏观风险,一般需要通过政府的干预或辅助得以避免。

微观风险。如经营风险、违约风险等多方面的风险。微观风险一般可通过小农户及公司自身尽量避免。

相对而言,小农户土地经营权入股公司面临的诸多风险中,最关键的还是公司的经营风险。如果公司挣钱,那么纠纷就少;如果公司连年

---

① 黄楚凌、陈锐灵、蔡君平等:《农场经营与管理》,华南农业大学出版社2002年版,第169页。

亏损，那么纠纷不但会多，而且还会出现群体性上访事件，造成很大的不良影响。因此，土地经营权入股成立公司，需要在股权设置及经营管理模式上下一番功夫。

（五）根据面临风险的主体不同对风险进行划分。可以将风险划分为小农户面临的风险和公司面临的风险。小农户土地经营权入股公司的风险除了双方共同面临的市场风险、违约风险等外，小农户及入股公司也面临一些自身特有的风险：

小农户面临的风险。包括公司经营不善"跑路"，耕地非农化、非粮化风险，农地变相私有化等风险。

农业企业面临的风险。包括受自然风险影响的企业存在获得稳定货源的风险、农户违约风险、农产品交易中的信息劣势风险、劳动力紧缺风险等。①

三 土地经营权入股公司风险的消极影响

土地经营权入股公司风险的类别很多，这些风险的存在产生了很多消极影响。例如，公司因经营不善解散而导致农户生计保障的缺失、农户失地；土地经营权"入股出租化"倾向；"保底收益 + 分红"模式中"只保底不分红"；土地经营权入股公司中的不规范情形导致大量的债务纠纷对目前发展良好的态势冲击；因政府自上而下强制推动入股引发群体性事件等消极影响。这些消极影响，既包括给农户及公司带来的经济层面的消极影响，也包括带来的精神层面的影响。

（一）农户利益受损

首先表现在农户失地带来的生计保障的缺失。土地经营权入股公司既是一项政策性工作，又是一项民生性很强的工程，实践中不可避免地会面临多方面的风险，譬如公司在产业化经营中遭遇自然风险，或者土地经营权入股成立公司后农地被变相私有化等风险，其结果都可能引发农民土地经营权入股的收益问题，如处理不当甚至会导致农户生计保障的缺失。实践中，小农户入股意愿不强多是出于这一原因。例如黑龙江

---

① 赵成、黄志红：《论农业产业化发展的金融抑制及其化解——基于企业经营风险视角的分析》，《湖南社会科学》2014年第4期，第183页。

省佳木斯市桦南县作为开展土地经营权入股发展农业产业化经营的试点县（区）之一，不少农民不愿意入股的原因主要是担心将土地经营权入股发展农业产业化经营，一旦经营不善，他们会有失地的风险，基本利益难以保障。因此宁可自己种地，因为觉得自己种地"最保靠"①。

其次表现在"保底收益+分红"模式中"只保底不分红"给农民生计保障造成影响。2018年12月六部委发布的《关于开展土地经营权入股发展农业产业化经营试点的指导意见》明确提出，鼓励地方土地经营权入股中实行"保底收益+按股分红"，目的是使农民特别是贫困户能够在土地经营权入股中获得稳定收益，并有效解决生计保障问题。并且对该措施的实施提出了具体的建议，例如加强村民委员会或集体经济组织的书面备案和监督制度；探索"优先股""先租后股""入股履约保证保险"等多种制度，为农民的"保底收益"提供保障。

最后表现在公司解散清算情况发生时。根据《公司法》的规定，公司如经营不善解散时必须进行清算。由此，小农户土地经营权入股公司，可能会导致农户失地。特别是对于偏远山村，地势不平，流转土地需要改造整治，使土地连片，易于公司进场开发。由于前期土地入股农业企业或者专业合作社难度较大，对于流转来的土地缺乏总体规划，以至于公司破产清算后，归还农民土地难以回归流转前的使用状态。对此，学者们提出不同解决思路。例如有学者认为农村土地经营权折价入股具有专属性，不列为破产清算财产。因而小农户不会因公司的破产清算而失去土地。但有学者认为，这种把折价入股农地排除在破产清算财产之外的做法，也只能说是在目前的法律尴尬境地下，防范农地入股带来的社会风险的权宜之计。实践中，即便一些小农户愿意将土地经营权入股公司，但提出的基本条件是要保证自己不失地。为此，有些公司会在公司章程中专门作出此方面保护农民利益的规定。如黑龙江省佳木斯市桦南圣田农业科技发展有限公司的公司章程中有一条就明确，企业在破产清算时，农民入股的土地不计入偿还债务环节。我国《农村土地承包经营权流转管理办法》第19条规定"农地股份合作制企业解散时，入股的土

---

① 康宇：《中国试验田桦南县土地经营权入股试点：破局保底租赁》，澎湃新闻网，https：//www.thepaper.cn/newsDetail_forward_1720096，访问日期：2017-06-29。

地应当退回原承包农户"。但农地作为入股企业的法人财产,按照破产法原理,在破产清算时理应列为破产财产,参与破产清算。上述二者之间有明显冲突,实践过程中必然出现两难境地:入股土地参与破产清算违背法律规定,如果退还村民入股土地,则难保债权人利益。正是由于当前的土地政策和法律规定的冲突,导致入股这一流转土地形式在实践过程中难以得到有效实施,致使更多工商业资本投资农村持观望态度。

(二) 公司经营积极性受影响

当前,我国大多数农村尚处于土地经营权入股公司的探索阶段,表现在地方政府、公司的积极性较高,小农户积极性不高,因此,为了促进小农户将手中的土地经营权入股,包括入股公司和合作社,基本都以保障农民不失地为前提,每年必须支付给农民保底收益。但公司存在经营风险是不争的事实。受自然风险影响,企业存在获得稳定货源风险、农户违约风险、农产品交易中的信息劣势风险、劳动力紧缺风险等[1]。如果没有相应的风险防范措施,公司的经营状况难以维持,生产经营的积极性势必受到影响。为此,设立入股保险、引进风险保障金等救济机制亟需跟进。

(三) 国家利益受损

首先,土地经营权入股公司中的土地"非农化"倾向,既使得当前农村发展的良好态势受到冲击,也违反了国家耕地保护政策。就目前现状分析,农地被明目张胆地改变用途,换做建设用地的情况还比较少见。但是,入股而来的部分耕地甚至是基本农田变成绿化用地、花卉果园、农家休闲项目、旅游观光项目用地的现象时有发生;不少城市郊区"农家乐"休闲娱乐用地上出现了坚固的永久性建筑物,打农地使用的"擦边球",钻法律的空子,使土地承包经营权入股后的耕地失去种植农作物、产出农产品的基本功能。要想防范土地用途的改变,必须对入股土地加强跟踪和监管。首先,把入股土地登记造册,实时跟踪入股土地的现状。其次,对于实际操作过程中入股土地改变土地用途的情况建立实时惩戒机制。规定需要具有可操作性。把改变用途的惩戒分成几等,根

---

[1] 赵成、黄志红:《论农业产业化发展的金融抑制及其化解——基于企业经营风险视角的分析》,《湖南社会科学》2014年第4期,第183页。

据改变用途面积占入股总面积的比例进行相应的惩戒，以警示改变用途的企业，起到防范和遏制现状的用途。

其次，土地经营权"入股出租化"倾向。强化风险管控，维护农民利益。土地经营权入股期限不能超过土地承包剩余期限，入股的土地不能改变土地性质和用途，不能降低耕地的基础地力，严禁入股土地"非农化"。

最后，土地经营权入股公司中的不规范情形导致大量的债务纠纷，若预判不及、处理失当，易引发群体性事件。实践中常常存在政府土地经营权入股积极性高而农户与社会资本反应较平淡，如果基层政府采取"少数服从多数决"、或自上而下强制推动入股，容易引发群体性事件进而冲击目前发展良好的态势。

四 土地经营权入股公司风险的防控机制

基于土地经营权入股公司存在"事前""事中""事后"风险，存在"宏观风险"和"微观风险"等，综合诸风险的衍生机理，及土地经营权入股公司风险诸因素的差异性，构建系统的风险防控机制具有重要意义。

（一）完善土地经营权入股公司法制机制

当前，我国土地经营权入股发展农业产业化经营改革在一些地方，如贵州，取得了一定成效，但也存在诸多风险。从规范主体行为的角度，下一步，应加强土地经营权入股公司各主体的风险行为。第一，立法部门应制定相应政策文件，包括《农村承包土地的经营权评估办法（试行）》《土地经营权入股、抵押贷款风险保障办法》《土地经营权处置管理办法》等，为土地经营权入股公司提供法制保障。第二，各地政府部门应增强对法律法规及政策的理解和运用能力，做到"有法可依，执法必严，违法必究"，为农村良好营商环境的形成做好法制基础。第三，强化土地经营权入股公司执法监管机制，营造规范小农户、合作社入股行为，规范农业产业化公司生产经营行为的良好法制氛围，将农村根深蒂固的"违规文化""法律不管用文化"消除在土地经营权入股公司的萌芽阶段。将小农户、合作社和龙头企业的合作发展纳入法治轨道，形成问题发展与解决有规矩、有预期，上下协调一致，推动土地经营权入股的龙头企业、合作社等更好更快发展。第四，规范入股主体双方的行为。

通过这种规范，有效预防违约风险的发生。例如山东青州王坟有机农业发展有限公司通过公司直接集约农户土地探索"农户+龙头企业"的入股模式。为防范风险，严格规范双方的入股签约行为。(1) 制定完善的章程，包括公司章程。(2) 签订协议明权责。由农业产业化公司与农户签订《土地入股合作协议》，通过书面文件明确双方责任，使双方权利、义务受法律保护。严禁改变土地用途，确保土地用于农业生产，不得用于建筑等其他用途。(3) 设定退出做预防。(4) 风险补偿降风险。通过财政局出资3000万元设立农村土地经营权入股发展农业产业化经营风险补偿金，用于入股试点出现风险时补偿农户。

(二) 完善入股联结机制

2018年12月六部委发布《关于开展土地经营权入股发展农业产业化经营试点的指导意见》鼓励地方在土地经营权入股的实现形式上积极创新，并以列举法指明可以创新的具体方式，包括：农户以土地经营权直接入股公司，农户以土地经营权直接出资农民专业合作社，先出资农民专业合作社、再以农民专业合作社名义出资公司等。实践中，各地根据其实际情况在入股形式上更是多样化。如贵州盘州市在农民将土地经营权入股合作模式中探索并积累了许多经验。其入股形式主要有：成立市属国有平台公司牵头以货币出资公司，同时农户以土地经营权直接出资村级合作社、再由村级合作社以农户入股到社的土地经营权量化出资公司，形成"平台公司+合作社+农户"模式。保底收益由平台公司负责垫付，在项目公司分配利润时优先偿还平台公司。另外盘州市还探索其他模式，如"农户直接入股到公司""农户入股到村级合作社，再由村级合作社出租给公司""农户入股到村级合作社，由村级合作社抵押贷款再投资"等。通过不断完善入股联结机制，有效消除小农户土地经营权入股公司的顾虑，促进了地方农业产业化经营的发展。

(三) 建立完善土地经营权价值评估机制

建立完善土地经营权价值评估机制，是为小农户土地经营权入股发展农业产业化经营提供保障的主要环节之一。一般而言，小农户的土地经营权价值受土地经营的年限、自然条件、经营项目等因素的影响，其实际价值往往存在较大差异，给价值科学评估造成难度，需要发展专业性评估机构通过专门性的农村产权价值评估体系提供专业性服务。随着我国农地市场的逐步发育，小农户土地经营权价值评估问题已引起了越来越多的学者关注。实践中，各地的主要做法是按照土地年租金乘以入股年限计算土地经营权的价值，或者按照土地租金与其他种植成本计算各方持股比例，或者根据近 3 年当地相关作物平均产量乘以平均价格，扣除相关生产成本等进行保底计算。例如山东青州王坟有机农业发展有限公司通过公司直接集约农户土地探索"农户 + 龙头企业"的入股模式。在"保底收益 + 股份分红"机制中，该公司以固定年租金，即以每年每亩1067 元作为保底，再加股份分红。但这些地方探索需要继续提炼总结，形成规范性的制度。为此，有人"建议农业部尽快出台农村土地经营权管理办法"，引导土地经营权流转市场的建立和完善。①

(四) 完善法律纠纷解决机制

2018 年新修订的《农村土地承包法》第五十五条明确，因土地承包经营发生纠纷的，双方当事人可以通过协商解决，也可以请求村民委员会、乡（镇）人民政府等调解解决。当事人不愿协商、调解或者协商、调解不成的，可以向农村土地承包仲裁机构申请仲裁，也可以直接向人民法院起诉。该规定对小农户土地经营权入股公司法律纠纷的解决作出了一般性规定。多年来，农业部积极指导推动农村土地承包经营纠纷调解仲裁体系建设，总体上，"乡村调解、县市仲裁、司法保障"的农村土地承包经营纠纷调解仲裁体系已基本建立。截至 2016 年年底，全国已设立仲裁委员会 2472 个，比 2010 年增长了 1.4 倍，其中县级仲裁委员会达到 2374 个，基本覆盖全国各涉农县（市、区）；聘任仲裁员达到 3.9 万名，比 2010 年增长了 2.4 倍。乡镇一级设立农村土地承包调解委员会31716 个，村级调解组织 59 万个。② 但实践中，地方政府仲裁委员会在人员的配备、经费的保障上都存在严重不足，影响到相关纠纷的及时、有效的仲裁。法院也缺乏处理土地承包经营权纠纷的专业审判机制，导致部分纠纷长期无法得到妥善的解决。因此，从法律上尚需配足对从事农

---

① 《土地经营权价值评估遇难题引发全国人大代表回应》，央广网，http://mip.guan-gyuanol.cn/news/goriginal/2016/0314/544178.html，访问日期：2016 - 03 - 14。

② 《关于政协十二届全国委员会第五次会议第 1815 号（农业水利类 166 号）提案答复摘要》，农业农村部网站，www.moa.gov.cn/govpublic/HZJJTZ/201709/t20170921_ 5871997.htm，访问日期：2023 - 02 - 16。

村土地承包经营纠纷调解的仲裁员及相关工作人员,并对其法律法规知识和纠纷调解仲裁操作能力的再培训。

(五) 完善土地经营权入股风险防范机制

首先,村民委员会或集体经济组织应对承包农户土地经营权入股进行书面备案,对公司、农民专业合作社使用承包地进行监督。探索新方式让农民在公司、农民专业合作社具有稳定良好的经济效益,发挥保险化解风险的作用。其次,各地农业农村部门要牵头组织开展土地经营权入股指导服务工作,对尚未开展试点的地方适时选择一批具备条件的公司、农民专业合作社开展试点。对已开展试点的地方加强土地经营权入股的日常指导、妥善处理入股中的各种纠纷、督促土地经营权入股的公司合法规范经营。最后,各地农业农村部门要与财政、银行、税务、市场监管等部门沟通协调,加大土地经营权入股发展农业产业化经营的支持力度。对符合条件的土地经营权入股的公司给予财政支农支持及农业信贷担保支持,落实相关公司税收优惠政策。

五 土地经营权入股公司风险的治理对策

本书立足于系统论证与缜密推理,凝练出"政府'适度引导'——中间组织'积极疏导'(包括农民合作社、行业协会、仲裁机构等)——辅助机构'有效辅导'(土地确权登记机构、风险评估机构等)"的完整的风险防控"三导"对策。构建完备的制度体系,使政府帮扶适度、中间组织疏导顺畅、农户及公司主观能动性真正得到激发、辅助机构辅助有效,在此基础上形成市场逻辑主导,政府、中间组织、农户及公司、辅助机构四方协同推进的、易操作的对策建议。

(一) 政府的"适度引导"

1. 完善法律法规。不断完善法律法规,对小农户土地经营权入股公司行为进行规范,完善风险预警、备案等制度。通过法律法规手段,遏制风险的产生。例如,2018年新修订的《农村土地承包法》第45条规定,县级以上地方人民政府应当建立工商企业等社会资本通过流转取得土地经营权的资格审查、项目审核和风险防范制度。工商企业等社会资本通过流转取得土地经营权的,本集体经济组织可以收取适量管理费用。一些地方为了积极稳妥推进农村土地经营权入股工作,在风险防范措施方面纷纷有所举措。例如安徽省天长市出台了《关于农村承包土地经营权入股设立公司登记的实施意见》，建立健全风险防范机制，不能因为企业经营不善，损害入股农民的利益；也不能因为个别农民中途撤股，影响到企业正常经营。2019年7月20日浙江省《关于完善农村土地所有权承包权经营权分置办法的实施意见》鼓励农村集体经济组织依法行使监督权，完善土地规模流转风险防控机制，对投资规模流转农村集体土地的工商资本严格准入门槛，防控土地流转风险。

2. 调整、完善政策。调整、完善小农户土地经营权入股公司的相关政策，既促进土地流转与规模经营，又防止贪求规模大的政策导向。在政策制度中明确，不得以经营规模作为各项奖补政策的唯一标准，鼓励适度规模经营。设立当地农业产业规模化生产风险评估及预警体系，提升公司经营风险防范意识和能力。

3. 强化公司风险认知及管理培训。地方政府部门应定期派专人与小农户及经营公司开展面对面交流，帮助小农户正确认识规模经营的可能风险，重视公司风险认知及风险管理的培训。应建立专门的技术培训机构，针对新技术、新品种、新设备的引进和推广应用。同时，鼓励、宣传已成功经营的公司的带动效应，组织行业内部定期交流，共同促进风险管理。此外，积极引导公司建立农机合作社、资金合作社、销售合作社等合作组织，真正实现公司的组织化生产经营，降低融资成本和销售交易费用，提高农户的社会资本，全面提高种粮大户抵御市场风险的能力。①

（二）中间组织的"积极疏导"

其中，目前最重要的是加强农村土地承包经营权纠纷仲裁工作队伍建设工作。足额且专业的仲裁工作队伍对做好土地入股经营纠纷事前的防范和纠纷的事后解决有着积极的疏导作用。目前，全国农村土地承包纠纷仲裁机构基本都成立在县区，而且绝大多数都是由县区农经站工作人员兼任。各地农经站人员都缺乏，且承担的职能比较多，就甘肃省凉州市武威区农村仲裁委员会来说有：村级财务管理及代理会计培训、农

---

① 江激宇等：《种粮大户经营风险感知机理与实证检验》，《西北农林科技大学学报》（社会科学版）2016年第4期，第129页。

村"三变"改革、农民减负、土地承包管理、土地确权及纠纷仲裁、农经统计、农民专业合作社、家庭农场等新型经营主体的培育及规范化建设、精准扶贫、担保中心等工作,而工作人员只有10人,干仲裁工作的都是兼职,而且实实在在干的只有1人,所以对仲裁员的培训、调解员的培训等工作都做不上去,更遑论事前的防范。因此,就仲裁队伍的建设来讲,首先,仲裁员要"专",不但要专职干,而且要有一些法学专业、有学习劲头的专业人员;其次,无论是中央还是地方,各级政府要重视这项工作,目前可以说造成农经工作以及仲裁工作无法提质增效的原因还是重视不够;再次,由于仲裁不收取任何费用,而农经站一年的工作经费(不只是仲裁一项的经费)不多于5万元,仲裁不仅要送达各类文书,还要调查取证,下乡入户必不可少,多数情况都是干部自掏腰包下乡入户调查,久而久之,没有人愿意干仲裁工作,所以,建议给仲裁员发放相应补贴;最后,乡镇调解组织的健全是仲裁工作的有力保障,目前有好多地区的乡镇已经没有了农经站,更遑论乡镇土地纠纷调解员了。例如,甘肃凉州区乡镇有农经站,每个乡镇有至少3人的农经编制,但一是由于农经工作头绪繁多,专业性强、责任大,许多干部干不了一年就会想方设法考走、调走、借调等;二是由于政府领导不重视,不让干部干业务工作,白天让下队入户、打扫卫生,只让干部晚上干业务,久而久之没人愿意干业务,干的也只是当一天和尚撞一天钟,没有钻研精神。所以,建议乡镇农经站调解工作人员要专起来。

还有一个就是,农村土地纠纷调解仲裁目前在甘肃省凉州区武威市是这样一个体系,市上没有仲裁机构,县区有仲裁委,各乡镇设调解委员会(基本由司法所、经管站、农技站、畜牧站等工作人员兼职),村上设调解小组,由村文书小组组长等兼任,对于这些人来说等于都多干了一项工作,而调解仲裁工作都属于费很大劲,回报又小的工作,造就基层干部对此项工作的积极性不高,所以调解仲裁工作没有达到我们预想的结果。因此,调解仲裁工作如果国家从上到下重视起来,所取得的效果将不亚于司法所甚至法院。下一步如果宅基地的纠纷仲裁也由农经负责的话,完全可以让这支队伍做得如法院一样专,因为仲裁不但能定分止争,还应该承担培训广大的村组干部的法律法规意识,这个也是至关重要的。土地入股公司这块,如果没有违法的干预,一般不会有大的纠纷。

如果能够更专,本书认为将土地纠纷仲裁从立法层面上改为仲裁前置更为妥当。因为目前或裁或审虽然看似给了农民更多的渠道解决纠纷,但实质上却让农民维权更难,一则法院一般不受理此类纠纷,二则政府不重视仲裁工作,因而不加强仲裁工作力量,仲裁部门人员缺乏也无力应对,存在推诿扯皮现象。本书认为改为仲裁前置的前提是我们的队伍要有专业的保障,如果以目前的局面还不够成熟,因为缺乏专业的人员,怕影响农民的权利。

健全农村土地承包经营纠纷调解仲裁体系。涉农县(市、区)应健全土地承包仲裁机制,并按规定聘任仲裁员。根据需要及地方实际,设区市可以设立农村土地承包仲裁组织,负责所辖区的相关仲裁工作。强化乡镇(街道)调解机制建设,建立乡镇(街道)农村土地承包经营纠纷调解组织或明确相应的调解受理组织。村(组)设立调解小组或指定专人调解。引导土地承包经营纠纷当事人先向村、镇调解机构申请调解,调解不成的再向农村土地承包仲裁委员会申请仲裁或向人民法院起诉。配备必要的调解办公设施,保障工作经费,妥善化解农村土地承包经营纠纷。[1]

此外,还需进一步加快完成农村承包地确权登记颁证,建立完善土地经营权价格评估体系,建立健全土地经营权流转市场,为土地经营权入股提供保障。[2]

(三)辅助机构的"有效辅导"

第一,加快产业平台和融资平台建设。产业平台和融资平台建设,为公司从事农业产业化经营进行经营辅助和经济辅助。该辅助对于防范自然风险、市场风险、法律风险和道德风险有积极的意义。

第二,优化金融支农体系。农业产业化经营的公司在运营过程中,不可避免地面临较大的自然风险和市场风险,特别是一些农业产业化公

---

[1] 2019年7月20日浙江省《关于完善农村土地所有权承包权经营权分置办法的实施意见》。

[2] 2018年12月六部委发布《关于开展土地经营权入股发展农业产业化经营试点的指导意见》。

司尚处于起步阶段,农业公司数量多,但整体规模不大,生产季节性特征产品的公司,往往需要更多的融资渠道弥补资金周转的不足。因此,给予农业产业化经营的公司合理的、优惠的金融支持,可有效增强这些农业产业化经营的公司抵御经营风险的能力,从而有效提高农业产业化的发展水平。

第三,完善农业保险机制。以政府为主导,在中央财政和地方财政的支持下,通过农业保险公司、政策性保险机构的共同投资,农业企业和农户的广泛参与,建立农业风险基金。以便在市场行情不稳、公司无法按预定价格收购或出售农产品时,通过风险基金,弱化市场风险对农产品供需双方的冲击。对于一些小型企业,可以尝试建立契约保证金制度。①

第四,开展土地流转履约保证保险制度。例如四川崇州市为化解土地经营权入股风险,在传统政策性保险的基础上,为保障土地流转当事人合法权益,引入平安保险、太平洋保险、锦泰保险等3家保险机构开展土地流转履约保证保险,制定出台了《关于推进土地流转履约保证保险工作的通知》《崇州市土地流转履约保证保险实施办法(暂行)》,对土地流转双方的合同行为进行担保保险,保额1000元/年/亩,费率3%左右。其中,政府补贴保险费50%,流入人承担40%,流出人承担10%,以此降低因土地经营权入股农业产业化龙头企业而可能造成的违约损失。②

结 论

小农户通过向农民合作社组织、龙头企业等流转承包地,促进了土地的连片规模经营,推动了农业生产经营现代化的有效实现,也改善了耕地质量,促进了资源的有效利用率,增加了农民的经济收入来源,使

---

① 赵成、黄志红:《论农业产业化发展的金融抑制及其化解——基于企业经营风险视角的分析》,《湖南社会科学》2014年第4期,第184页。
② 叶含勇:《四川崇州多措并举护力农业共营》,中国农村网,http://www.xinhuanet.com/politics/2017-05/25/c_1121037158.htm,访问日期:2019年9月30日。

农民的土地财产权价值得到体现。小农户土地经营权入股公司对于深化农村土地产权制度改革，加强土地的流转、改变大量土地闲置都具有重要意义。构建完备的制度体系，尊重农民意愿，遵循市场化机制，同时兼顾小农户弱势地位的现实，加强小农户土地经营权入股公司的风险防范，有效保障农民的土地安全、解决农民入股的后顾之忧、促进农业产业化经营。在注重土地制度改革效益的同时，兼顾公平。

参考文献

一 中文类参考文献

(一) 经典原著

《邓小平文选》第1—3卷,人民出版社1993、1994年版。

《建国以来重要文献选编》第1册,中央文献出版社1992年版。

《江泽民文选》第1—3卷,人民出版社2006年版。

《马克思恩格斯文集》第10卷,人民出版社2009年版。

《十四大以来重要文献选编》(上),人民出版社1996年版。

《胡锦涛文选》第1—4卷,人民出版社2016年版。

习近平:《摆脱贫困》,福建人民出版社2014年版。

习近平:《论坚持全面深化改革》,中央文献出版社2018年版。

(二) 国内相关著述

曹泮天:《宅基地使用权流转法律问题研究》,法律出版社2012年版。

丁关良:《土地承包经营权基本问题研究》,浙江大学出版社2007年版。

杜润生:《中国农村体制变革重大决策纪实》,人民出版社2005年版。

费孝通:《乡土中国生育制度》,北京大学出版社1998年版。

冯友兰:《中国哲学简史》,北京大学出版社1996年版。

高飞:《集体土地所有权主体制度研究》,法律出版社2012年版。

国家法官学院案例开发研究中心编:《中国法院2018年度案例·土地纠纷(含林地纠纷)》,中国法制出版社2018年版。

国家经济体制改革委员会综合规划司编:《中国改革大思路》,沈阳出版社1988年版。

贺雪峰:《地权的逻辑——中国农村土地制度向何处去》,中国政法大学出版社 2010 年版。

胡亮：《产权的文化视野——雨山村的集体、社群与土地》，社会科学文献出版社 2012 年版。

黄楚凌、陈锐灵、蔡君平等：《农场经营与管理》，华南农业大学出版社 2002 年版。

黄建中主编：《农地"三权分置"法律实施机制理论与实践》，中国法制出版社 2017 年版。

惠建利：《社会主义市场经济条件下私有财产权问题研究》，中国社会科学出版社 2013 年版。

梁慧星：《中国物权法草案建议稿——条文、说理、理由与参考立法例》，社会科学文献出版社 2000 年版。

刘国光：《中国经济体制改革的模式研究》，中国社会科学出版社 2009 年版。

刘守英：《中国土地问题调查——土地权利的底层视角》，北京大学出版社 2017 年版。

全国人大农业与农村委员会法案室编著：《农村土地承包法律制度研究》，中国法制出版社 2017 年版。

孙建伟：《城乡统筹视野下的城乡建设用地置换法律问题研究：以我国宅基地置换中的新型权利为视角》，法律出版社 2017 年版。

汪军民：《土地权利配置论》，中国社会科学出版社 2018 年版。

王国林：《失地农民调查》，新华出版社 2006 年版。

温铁军：《三农问题与制度变迁》，中国经济出版社 2009 年版。

袁威：《工商资本参与"三权分置"改革视角下的农民土地利益分享机制研究》，西南财经大学出版社 2022 年版。

张威主编：《土地管理法律实务》，武汉大学出版社 2015 年版。

周其仁：《产权与制度变迁——中国改革的经验研究》，北京大学出版社 2004 年版。

（三）期刊论文

柏兰芝：《集体的重构：珠三角地区农村产权制度的演变——以"外嫁女"争议为例》，《开放时代》2018 年第 3 期。

蔡继明：《论我国城乡建设用地增减挂钩模式的转变》，《天津社会科学》

2021年第5期。

蔡立东、姜楠:《农地三权分置的法实现》,《中国社会科学》2017年第5期。

曹建民:《土地承包经营权物权化的意义》,《中国土地》2005年第1期。

陈锡文:《乡村振兴应重在功能》,《乡村振兴》2021年第10期。

陈小君、蒋省三:《宅基地使用权制度:规范解析、实践挑战及其立法回应》,《管理世界》2010年第10期。

陈晓强:《浅析农村集体经济组织成员资格的认定》,《现代农业》2017年第9期。

陈学斌、胡欣然:《农村改革40年回顾与展望》,《宏观经济管理》2018年第11期。

崔宝玉、刘峰、杨模荣:《内部人控制下的农民专业合作社治理——现实图景、政府规制与制度选择》,《经济学家》2012年第6期。

崔绍忠:《新古典经济学的价值论、本体论和认识论研究——女性主义经济学的批判和超越》,《思想战线》2011年第2期。

崔万田、周晔馨:《正式制度与非正式制度的关系探析》,《教学与研究》2006年第8期。

党国英:《持续深化土地要素市场化改革的几个方面》,《当代金融家》2021年第1期。

邓大才:《试论当前我国农地产权制度安排的弊端及改革的基本思路》,《经济评论》1999年第2期。

第三期中国妇女社会地位调查课题组:《第三期中国妇女社会地位调查主要数据报告》,《妇女研究论丛》2011年第6期。

刁其怀、青晖:《评〈农民住房财产权抵押贷款试点暂行办法〉》,《中国房地产》2016年第13期。

丁关良:《1949年以来中国农村宅基地制度的演变》,《湖南农业大学学报》(社会科学版)2008年第4期。

丁关良:《〈物权法〉中"土地承包经营权"条文不足之处评析》,《湖南农业大学学报》(社会科学版)2007年第5期。

董祚继:《"三权分置"——农村宅基地制度的重大创新》,《中国土地》2018年第3期。

费安玲:《罗马法对所有权限制之探微》,《比较法研究》2010年第3期。

冯令泽南:《农村宅基地产权法律与习俗的矛盾及其应对》,《农业经济》2018年第7期。

冯小:《宅基地权属观念的地方性建构——基于皖北S村宅基地制度实践的分析》,《西北农林科技大学学报》(社会科学版)2014年第5期。

高飞:《农村宅基地"三权分置"政策入法的公法基础——以〈土地管理法〉第62条之解读为线索》,《云南社会科学》2020年第2期。

高海:《宅基地"三权分置"的法实现》,《法学家》2019年第4期。

高圣平:《宅基地制度改革政策的演进与走向》,《中国人民大学学报》2019年第1期。

高旭斌:《〈社员宅基地管理条例〉应迅速制定》,《法学杂志》1983年第3期。

公茂刚、辛青华:《新中国农地产权制度变迁研究》,《经济问题》2019年第6期。

桂华:《法治剩余的行政吸纳——"外嫁女"上访的体制解释》,《开放时代》2017年第2期。

郭庆海:《小农户:属性、类型、经营状态及其与现代农业衔接》,《农业经济问题》2018年第6期。

韩松:《论宅基地分配政策和分配制度改革》,《政法论丛》2021年第1期。

何君:《国家转型、农村正式制度变迁与乡镇政府行动》,《经济社会体制比较》2014年第6期。

贺福中:《农村集体产权制度改革的实践与思考——以山西省沁源县沁河镇城北村为例》,《经济问题》2017年第1期。

贺雪峰:《保护小农的农业现代化道路探索》,《思想战线》2017年第2期。

侯海军:《城市化进程中房屋征收补偿的"公共利益"界定》,《南京社会科学》2021年第3期。

胡存智:《宅基地改革方向是扩大权能而非自由买卖》,《国土资源》2014年第1期。

胡若溟:《国家法与村民自治规范的冲突与调适——基于83份援引村民

自治规范的裁判文书的实证分析》,《社会主义研究》2018 年第 3 期。

湖南省长沙市望城区人民法院行政审判庭课题组:《集体土地上房屋征收过程中"一户一基"制度的困境与出路——基于长沙市望城区人民法院土地行政征收类案件的实证分析》,《法律适用》2017 年第 3 期。

黄延信:《农村土地承包经营权延续的前沿问题研究》,《毛泽东邓小平理论研究》2019 年第 5 期。

黄忠华、杜雪君:《农村土地制度安排是否阻碍农民工市民化:托达罗模型拓展和义乌市实证分析》,《中国土地科学》2014 年第 7 期。

贾根良、刘辉锋:《女性主义经济学述评》,《国外社会科学》2002 年第 5 期。

姜楠:《宅基地"三权"分置的法构造及其实现路径》,《南京农业大学学报》(社会科学版) 2019 年第 3 期。

蒋省三、刘守英、李青:《土地制度改革与国民经济成长》,《管理世界》2007 年第 9 期。

焦富民:《乡村振兴视域下宅基地"三权分置"改革的法律制度设计》,《江海学刊》2022 年第 4 期。

鞠海亭:《村民自治权的司法介入——从司法能否确认农村集体组织成员资格谈起》,《法治研究》2008 年第 5 期。

孔明安:《财产权、主体与正义——兼论精神分析视野下的"财富即自我"观》,《马克思主义与现实》2018 年第 1 期。

李光宇:《论正式制度与非正式制度的差异与链接》,《法制与社会发展》2009 年第 3 期。

李怀:《非正式制度探析:乡村社会的视角》,《西北民族研究》2004 年第 2 期。

李泉:《农村宅基地制度变迁 70 年历史回顾与前景展望》,《甘肃行政学院学报》2018 年第 2 期。

李少武、张衔:《三权分置改革中农村土地承包经营权抵押贷款研究》,《重庆社会科学》2019 年第 1 期。

李玉杰:《新农村建设中的农村妇女经济行为研究——以黑龙江省为例》,博士学位论文,东北林业大学,2013 年。

李哲:《关于我国土地承包经营权及其流转的法律思考》,《法学论坛》

2018年第4期。

厉以宁:《论城乡二元体制改革》,《北京大学学报》(哲学社会科学版) 2008年第2期。

厉以宁:《一部解读中国经济40年成功秘诀的书——评郑新立同志〈奇迹是如何创造的〉一书》,《宏观经济管理》2019年第3期。

林承铎、韩佳益:《论农村私有房屋权利瑕疵及解决——从登记和抵押制度上看》,《西南交通大学学报》(社会科学版) 2011年第4期。

刘灿:《构建农民与农村经济长期发展的财产权基础——基于成都市改革经验的理论分析》,《经济理论与经济管理》2011年第11期。

刘广栋、程久苗:《1949年以来中国农村土地制度变迁的理论和实践》,《中国农村观察》2007年第2期。

刘剑文:《私人财产权的双重保障——兼论税法与私法的承接与调整》,《河北法学》2008年第12期。

刘锐:《乡村振兴战略框架下的宅基地制度改革》,《理论与改革》2018年第3期。

刘守英、熊雪锋:《中国乡村治理的制度与秩序演变——一个国家治理视角的回顾与评论》,《农业经济问题》2018年第9期。

刘同山、孔祥智:《小农户和现代农业发展有机衔接:意愿、实践与建议》,《农村经济》2019年第2期。

龙翼飞、徐霖:《对我国农村宅基地使用权法律调整的立法建议——兼论"小产权房"问题的解决》,《法学杂志》2009年第9期。

卢代富:《经济法中的国家干预解读》,《现代法学》2019年第4期。

陆学艺:《中国"三农"问题的由来和发展》,《当代中国史研究》2004年第3期。

陆永棣:《从立案审查到立案登记:法院在社会转型中的司法角色》,《中国法学》2016年第2期。

吕芳:《法律是有性别的吗?》,《华东政法学院学报》2005年第3期。

吕军书:《物权效率维度下我国农村宅基地市场配置探微——兼论宅基地市场配置的风险防范》,《河南大学学报》(社会科学版) 2012年第1期。

吕军书:《物权效率维度下我国农村宅基地市场配置探微——兼论宅基地

市场配置的风险防范》,《河南大学学报》(社会科学版) 2012 年第 1 期。

马贤磊、曲福田:《东西部农村非正式制度与农地制度创新》,《江苏社会科学》2005 年第 6 期。

马智胜、马勇:《试论正式制度和非正式制度的关系》,《江西社会科学》2004 年第 7 期。

梅夏英:《当代财产权的公法与私法定位分析》,《经济法论丛》2001 年第 1 期。

梅宇:《审判权、行政权与村民自治之冲突与协调——以涉农村土地承包纠纷为切入点》,《全国法院系统第二十二届学术讨论会论文集》2011 年版。

农业部经管司、经管总站研究组:《推进农村产权制度改革培育发展多元化服务主体——"中国农村经营体制机制改革创新问题"之三》,《毛泽东邓小平理论研究》2013 年第 8 期。

庞晓鹏、董晓媛:《性别平等对经济增长的功能性影响》,《江汉论坛》2014 年第 5 期。

裴德海:《政治制度文明:社会主义政治文明的必然选择》,《安徽大学学报》2006 年第 4 期。

钱忠好:《中国农村社会经济生活中的非正式制度安排与农地制度创新》,《江苏社会科学》1999 年第 1 期。

乔晓阳:《关于这次修宪的背景、过程、原则、内容及意义》,《中国法学》1999 年第 2 期。

秦刚:《中国特色社会主义道路的价值取向》,《中国特色社会主义研究》2016 年第 5 期。

冉昊:《财产权的历史变迁》,《中外法学》2020 年第 2 期。

阮文彪:《小农户和现代农业发展有机衔接——经验证据、突出矛盾与路径选择》,《中国农村观察》2019 年第 1 期。

沈尤佳:《西方女性主义经济学的理论前沿研究》,《经济学家》2011 年第 7 期。

史卫民:《国外土地制度变迁中农民土地权益保护的比较与借鉴》,《现代经济探讨》2014 年第 2 期。

宋刚:《论土地承包权——以我国〈农村土地承包经营法〉为中心展开》,《法学》2002年第12期。

宋志红:《宅基地资格权:内涵、实践探索与制度构建》,《法学评论》2021年第1期。

孙海龙、龚德家、李斌:《城市化背景下农村"外嫁女"权益纠纷及其解决机制的思考》,《法律适用》2004年第3期。

孙宪忠:《中国农民"带地入城"的理论思考和实践调查》,《苏州大学学报》(哲学社会科学版)2014年第3期。

王崇敏:《宅基地使用权制度现代化构造》,博士学位论文,武汉大学,2013年。

王栋、刘玉凤:《基于"祖业权"观念下的农村宅基地利用考量》,《商》2015年第31期。

王海娟、胡守庚:《土地制度改革与乡村振兴的关联机制研究》,《思想战线》2019年第2期。

王敬尧、魏来:《当代中国农地制度的存续与变迁》,《中国社会科学》2016年第2期。

王乐君、寇广增、王斯烈:《构建新型农业经营主体与小农户利益联结机制》,《中国农业大学学报》(社会科学版)2019年第2期。

王立争、齐恩平:《论我国农村不动产物权制度的完善空间》,《农村经济》2010年第8期。

王利明、周友军:《论我国农村土地权利制度的完善》,《中国法学》2012年第1期。

王珊珊、赵丽珍:《法律与社会性别平等——以农村妇女土地承包经营权的法律保护为例》,《云南民族大学学报》(哲学社会科学版)2005年第4期。

王盛开、方彬:《改革开放以来中国共产党的农村政策取向演变的历史考察》,《求实》2006年第12期。

王小映、王得坤:《婚嫁妇女土地承包经营权的"权户分离"与权益保护》,《农村经济》2018年第11期。

王晓慧、李志君:《土地承包经营权的性质与制度选择》,《当代法学》2006年第4期。

王晓莉、李慧英：《城镇化进程中妇女土地权利的实践逻辑——南宁"出嫁女"案例研究》，《妇女研究论丛》2013年第6期。

王竹青：《论农村妇女土地权益法律保障的体系化构建》，《妇女研究论丛》2017年第3期。

温世扬、韩富营：《从"人役权"到"地上权"——宅基地使用权制度的再塑造》，《华中师范大学学报》（人文社会科学版）2019年第2期。

吴玉军：《个人自由与国家权力的边界——对古典自由主义自由观的一种考察》，《同济大学学报》（社会科学版）2017年第2期。

席志国：《民法典编纂视域中宅基地"三权分置"探究》，《行政管理改革》2018年第4期。

夏柱智：《城市转型的实质挑战及土地制度的应对——兼论集体土地入市问题》，《思想战线》2019年第2期。

肖鹏：《论农业经营主体制度的构建——以〈民法总则〉为视角》，《首都师范大学学报》（社会科学版）2017年第5期。

肖瑛：《从"国家与社会"到"制度与生活"：中国社会变迁研究的视角转换》，《中国社会科学》2014年第9期。

徐万鑫、郑智杨：《未经登记的农村房产的有效转让和善意取得》，《人民司法》2010年第12期。

许经勇：《改革开放以来农民个人财产权变迁的思考》，《北京行政学院学报》2018年第3期。

杨嵘均：《论正式制度与非正式制度在乡村治理中的互动关系》，《江海学刊》2014年第1期。

杨瑞龙：《我国制度变迁方式转换的三阶段论——兼论地方政府的制度创新行为》，《经济研究》1998年第1期。

杨雅婷：《〈民法典〉背景下放活宅基地"使用权"之法律实现》，《当代法学》2022年第3期。

杨一介：《论农村宅基地制度改革的基本思路》，《首都师范大学学报》（社会科学版）2021年第4期。

姚洋：《中国农地制度：一个分析框架》，《中国社会科学》2000年第2期。

易继明、李辉凤：《财产权及其哲学基础》，《政法论坛》（中国政法大学学报）2000 年第 3 期。

用国清：《农村土地制度现状及改革设想》，《国土经济》1994 年第 4 期。

于建嵘：《要让农村宅基地流转起来》，《探索与争鸣》2014 年第 2 期。

余澳：《农村土地承包经营权有偿退出机制的建构》，《农村经济》2018 年第 9 期。

岳尚华：《农民财产权利来自三方面——访国务院发展研究中心农村经济研究部部长叶兴庆》，《地球》2013 年第 12 期。

曾大鹏：《土地承包经营权抵押的法律困境与现实出路》，《中国农村观察》2017 年第 2 期。

张海峰：《对土地问题的几点想法》，《上海农村经济》1994 年第 1 期。

张金明、陈利根：《论农民土地财产权的体系重构》，《中国土地科学》2012 年第 3 期。

张术环：《产权、农地产权、农地产权制度》，《学术论坛》2005 年第 3 期。

张翔：《财产权的社会义务》，《中国社会科学》2012 年第 9 期。

张要杰：《简论建立"以工促农、以城带乡"的长效机制》，《古今农业》2006 年第 3 期。

赵成、黄志红：《论农业产业化发展的金融抑制及其化解——基于企业经营风险视角的分析》，《湖南社会科学》2014 年第 4 期。

赵凯：《当经济学遭遇性别——女性主义经济学的纲领与范畴》，《思想战线》2005 年第 4 期。

赵万一、汪青松：《土地承包经营权的功能转型及权能实现——基于农村社会管理创新的视角》，《法学研究》2014 年第 1 期。

赵亚萍、邱道持等：《农村宅基地流转的障碍因素分析——以重庆市璧山县为例》，《农村经济》2008 年第 8 期。

郑新立：《农村土地公有制实现形式的三大突破》，《宏观经济管理》2013 年第 12 期。

钟真：《改革开放以来中国新型农业经营主体：成长、演化与走向》，《中国人民大学学报》2018 年第 4 期。

周江梅、黄启才：《改革开放 40 年农户宅基地管理制度变迁及思考》，《经济问题》2019 年第 2 期。

周业安：《中国制度变迁的演进论解释》，《经济研究》2000 年第 5 期。

朱成全、崔绍忠：《社会性别分析方法论与女性主义经济学研究——对新古典主流经济学的挑战》，《上海财经大学学报》2006 年第 5 期。

朱玲：《农地分配中的性别平等问题》，《经济研究》2000 年第 9 期。

朱岩：《"宅基地使用权"评释——评〈物权法草案〉第十三章》，《中外法学》2006 年第 1 期。

宗熙：《宅基地纠纷法院应不应该受理？》，《法学杂志》1982 年第 5 期。

邹诗鹏：《马克思对古典自由主义的批判及其思想史效应》，《哲学研究》2013 年第 10 期。

（四）国外相关著述

[法] 弗朗斯瓦·魁奈：《魁奈经济表及著作选》，晏智杰译，华夏出版社 2006 年版。

[英] 霍布斯：《利维坦》，黎思复等译，商务印书馆 1985 年版。

[英] 霍布斯：《论公民》，应星、冯克利译，贵州人民出版社 2003 年版。

[英] 洛克：《政府论》（下篇），叶启芳、瞿菊农译，商务印书馆 1996 年版。

[英] 休谟：《人性论》，关文运译，商务印书馆 1980 年版。

[英] 亚当·斯密：《国民财富的性质和原因的研究》下卷，郭大力、王亚南译，商务印书馆 1996 年版。

（五）其他类

《让亿万农民吃下土地权利"定心丸"》，中央人民政府网，http://www.gov.cn/zhengce/2018-12/30/content_5353495.htm。

《土地经营权价值评估遇难题引发全国人大代表回应》，央广网，2016 年 3 月 14 日，http://mip.guangyuanol.cn/news/goriginal/2016/0314/544178.html。

陈锡文：《不是所有农村集体土地都可以直接入市交易》，土流网，https://www.tuliu.com/read-8308.html，访问日期：2019 年 9 月 29 日。

党国英：《土地管理法修订有助于稳定土地流转价格预期》，新京报网 2019 年 8 月 28 日，https://tech.sina.com.cn/roll/2019-08-28/doc-ihytcitn2411049.shtml。

中共中央办公厅　国务院办公厅印发：《关于促进小农户和现代农业发展有

机衔接的意见》2019 年 2 月 21 日。中国政府网，http://www.gov.cn/zhengce/2019-02/21/content_5367487.htm。

二 外文类参考文献

（一）期刊类

Dong X, Putterman L. Pre-reform industry and the state monopsony in China. *Journal of Comparative Economics*, 2000.

Lowe S. A tale of two cities-rental housing in Budapest and Sofia in the 1990s. *Journal of Housing and the Built Environment*, 2000.

（二）论文类

Richard R. Powell, Powell on Real Property, 79F-35. §79F.03［3］［b］（2012）.

See Ilya Somin, The Limits of Backlash: Assessing the Political Response to Kelo, 93 MINN. L. REV. 2100（2009）.

Steve Kemme, Moratorium Has Little Effect Here, Cincinnati Enquirer, Nov. 18, 2005, P. 2.

Richard R. Powell, Powell on real property, 79F-8. §79F.01［1］［a］（2012）.

See William Stoebuck, A General Theory of Eminent Domain, 47 Wash. L, Rev. 553, 568（1972）.

Rox Laird, Power of Eminent Domain. Des Moines Sunday Degister. January 29 2006.

Thomas L. Daniels. Assessing the Performance of Farmland Preservation in America's Farmland Preservation Heartland: A Policy Review. Society & Natural Resources. 2020, 33, (6): 758-768。

Yuzhe Wu, Zhibin Mo, Yi Peng, Martin Skitmore. Market-driven Land Nationalization in China: Anew System for the Capitalization of Rural Homesteads. Land Use Policy. 2018 (1): 561。

（三）其他类

Kelo v. City of New London, 545 U.S. 469（2005）.

2005 IA H.B. 2351 §3, codified at Iowa Code §6A.22（2）（b）.

2005 GA H. B. 1313 §3, codified at D. C. G. A. §22-1-9 (b).

County of Wayne v. Hathcock, 684 N. w. 2d 765 (Mich. 2004).

2005 AL. SB68, codified at Code of Ala. §11-47-170 (b).

2006 FL H. B. 1567, §2, codified atFla. Stat. §73.014 (1).

County of Wayne V. Hathcock 684 N. W. 2d 765 (2004).

Poletown Neighborhood Council V. City of Detroit, 304 N. W. 2d 455 (Mich. 1981).

Southwestern Illinois Dev. Auth. V. National National City Envtl. LLC, 768 N. E. 2d 1, 8-10 (Ill. 2002).

City of Las Vegas Downtown Redev. Agency V. Pappas, 76 P. 3d 1 (Nev, 2003).

N. William Hines, Domain and Development. Iowa City Press – Citizen. January 30 2006.

致 谢

本书系由我的博士后出站报告修改完善而来。我于2019年11月从西南政法大学博士后流动站出站,岁月荏苒,转眼已有三年,对于博士后出站报告的后续研究,一直没有停歇。

时间如白驹过隙,虽然在西南政法大学求学的时间匆匆已过。但期间的经历与过往却历历在目,给我的人生画上了浓墨重彩的一笔。进站、考核、出站前往重庆,都有不一样的感受。最初进站,因为是初次去重庆,所以对这个城市充满了好奇与惊喜。但因为要参加进站考核,我同时又战战兢兢。中期考核再次前往西南政法大学,已经熟悉的校园、熟悉的师友,使我倍感亲切,也多了一份从容。出站考核,更是多了份自信,因为我将要蜕变为出站的博士后了。当然,也可能是年岁渐长、岁月沧桑的历练。

而这一切,都离不开师友和亲人的支持与帮助。

特别感谢敬爱的、宽容的、谦逊的卢代富导师,您的支持、鼓励给了我坚定的信心,这种信心不但给了我完成学业的勇气,也给了我坚持学术的决心。

特别感谢许明月老师、盛学军老师,在我博士后进站及考核中给予的建议与鼓励。

特别感谢博士后流动站的江燕老师、王路老师一直以来的耐心和温婉。

特别感谢师弟郭斌,每一次的热情接待与积极帮助,都让我铭记难忘。

特别感谢家人的支持，每一次陪同前往，使我的求学之路不孤单。还有许许多多帮助过我的老师和朋友。

谢谢你们！